AF549869

DANE RUDHYAR

Astrologie und Psyche

Standardwerke der Astrologie

DANE RUDHYAR

Astrologie und Psyche

Das Selbst im Spiegel des Kosmos

3. Auflage 2006

Übersetzung: Reinhardt Stiehle
Druck: Finidr

Zu beziehen durch den Buchhandel oder direkt beim
Chiron Verlag, Postfach 1250, D-72002 Tübingen
www.chironverlag.com

ISBN 10: 3-925100-10-5
ISBN 13: 978-3-925100-10-9

Vorwort

Mein Interesse an der Tiefenpsychologie erwachte im Frühjahr 1932, als ich ein Exemplar von DAS GEHEIMNIS DER GOLDENEN BLÜTE erhielt, eine Abhandlung über chinesische esoterische Lehren, mit einem Kommentar von Richard Wilhelm und Carl Jung. Ich war tief beeindruckt und verfaßte wenig später ein Rundschreiben mit dem Titel HARMONIC PSYCHOLOGY[1], welches den Beginn meiner Beschäftigung mit Astropsychologie, bzw. Humanistischer Astrologie, wie ich es später bezeichnet habe, markierte. Ich hatte mich schon seit 1920 mit Astrologie befaßt und näherte mich ihr eher auf philosophische und kreative Weise an, nachdem ich einige der frühen mimeographischen Kurse von Mark Edmund Jones gelesen hatte. Etwa um die gleiche Zeit war ich von Ian Smiths Arbeit HOLISM AND EVOLUTION begeistert, welche mir ein Grundkonzept zur Hand gab, das zur damaligen Zeit noch völlig neu war — die Idee des Holismus.

Im Jahre 1933 hatte ich die Gelegenheit, drei der damals ins Englische übersetzten Bücher C. G. Jungs zu lesen, und ich wurde noch stärker von der Möglichkeit überzeugt, Astrologie und Tiefenpsychologie miteinander verquicken zu können. Im selben Jahr wurde von Paul Clancy die erste Zeitung für populäre Sonnenstandsastrologie namens AMERICAN ASTROLOGY ins Leben gerufen. Als er von meiner Idee hörte, bot er mir sofort an, alles zu veröffentlichen, was ich in Zukunft für eine monatliche Spalte zum Thema psychologische Astrologie verfassen würde.

Als Grant Lewi der Herausgeber der Zeitschrift HOROSCOPE wurde, bat er mich ebenfalls um Artikel. Nachdem Clancy darauf verzichtet hatte, die Exklusivitäts–Klausel unserer Vereinbarung zu erneuern, begann ich monatlich zwei Artikel für HOROSCOPE zu verfassen, wobei einer jeweils kürzer war und inspirativen Charakter hatte.

Im Jahre 1942 traf ich in New York die Mitherausgeberin der inzwischen schon lange nicht mehr existierenden Zeitschrift WORLD ASTROLOGY. Sie bekundete gleichfalls starkes Interesse, mich als Autor zu gewinnen und so schrieb ich auch für dieses Magazin über viele Jahre hinweg jeden Monat zwei Artikel. Eine Artikelreihe, die unter dem Pseudonym Daniel Morison gedruckt wurde, befaßte sich mit Persönlichkeiten und Alltagsereignissen. Mit der zweiten Serie, die unter meinem eigenen Namen erschien, versuchte ich die Ideen einiger der damals führenden Tiefenpsychologen, mit deren Arbeit ich vertraut war, zu popularisieren. Gleichzeitig wollte ich zeigen, wie sich die psychologischen Lehren dieser Männer, mit dem Persönlichkeitsbild ihres Horoskopes in Beziehung setzen ließen.

Gerade diese zweite Artikelreihe über Tiefenpsychologie und Astrologie liegt großen Teilen des vorliegenden Buches zugrunde. Im letzten Abschnitt fügte ich noch mehrere Artikel hinzu, die in HOROSCOPE veröffentlicht worden waren, da sie auf signifikante und mit dem Thema verknüpfte Kernfragen Bezug nehmen. Alle diese Aufsätze wurden unter meiner Aufsicht von meiner Freundin und Assistentin Leyla Rael sorgfältig redigiert und überarbeitet, deren Geist sich wärmstens auf die Ideen und Weltanschauungen, denen ich während so vieler Jahre Vorschub zu leisten versuchte, einstimmt. Ich bin ihr für ihre tatkräftige Mitarbeit zu aufrichtigem Dank verpflichtet. Mein Dank geht auch an Stephen Arroyo von CRCS Publications, der ursprünglich auf die Idee kam, all das Material auf den neuesten Stand zu bringen und zu publizieren. Ich möchte noch erwähnen, daß alle Horoskope in diesem Buch mit Campanus–Häusern berechnet wurden, weil ich in den letzten Jahren ausschließlich mit diesem Häusersystem gearbeitet habe, anläßlich der Gründe, die ich im ersten Teil meines Buch DAS ASTROLOGISCHE HÄUSERSYSTEM[2] erklärt habe.

So wie es nun aussieht, gewährt das in diesem Band gesammelte Material meines Erachtens viele wertvolle und vielleicht neuartige Perspektiven, sowohl für den aufgeschlossenen Interessenten an Psychologie, als auch für den Schüler der Astrologie, der erpicht ist, ein vollständigeres Verständnis der verschiedenen Aspekte einer komplexen Thematik zu erlangen, die mehr und mehr in unseren Alltag hineingreift. Ich hoffe und vertraue, daß dieses Buch den vielen Menschen, die sich heute zu dem faszinierenden Thema Astrologie hingezogen fühlen, zu tieferen psychologischen Einsichten verhelfen wird. Außerdem soll es in stärker formalisierter Hinsicht die Studenten der Psychologie dazu anregen, unbedingt die Grundzüge der Persönlichkeit eines Psychologen zu studieren, um die Essenz und die Qualität seiner Lehren ganz verstehen zu können.

Palo Alto, Kalifornien
April 1976

Inhalt

Teil 1

Die Tiefenpsychologie und ihre Pioniere

Kapitel 1

Freud und die Tiefenpsychologie

Vor einigen Dekaden hörte man das Wort *Psychologie* noch relativ selten, es sei denn in Diskussionen zwischen Philosophen, Moralisten oder Aspiranten bestimmter religiöser Techniken, die danach trachteten, das Leben einiger weniger erlesener Individuen zu läutern und heiligzusprechen. Psychologie war Gegenstand eines Universitätsstudiums. Die Medizin zollte ihr geringste Aufmerksamkeit. Geistige Störungen, Hysterie, Wahnsinn — einst auf die »okkulten« Ursachen von dämonischer »Besessenheit« zurückgeführt — wurden vornehmlich als unheilbare Krankheiten betrachtet, und die daran leidenden Menschen wurden als Ausgestoßene, ja manchmal sogar als Kriminelle gebrandmarkt. Geistige Gesundheit und Denkvermögen wurden als Merkmale des Göttlichen im Menschen angesehen, und da man glaubte, daß das Individuum über einen »freien Willen« verfüge, und daß sein Verstand und seine Gefühle ihm »gehörten«, bedeutete der Verlust des geistigen Gleichgewichtes und der Selbstkontrolle mehr oder weniger, daß man freiwillig auf seine göttlichen Anlagen verzichtete und sich animalischen oder teuflischen Mächten verschrieb. In den meisten Fällen wurde der Wahnsinnige dann auch entsprechend behandelt.

Während des letzten Jahrhunderts begann man damit, Vorstellungen von der menschlichen Natur, die seit Jahrhunderten unangetastet geblieben waren, heftig in Frage zu stellen. Die materialistischen Philosophen der Deutschen Schule hinterfragten sie ganz grundsätzlich und versuchten zu beweisen, daß sich alle Aktivitäten der Seele und des Geistes auf die Ergebnisse biochemischer, materieller Prozesse zurückführen und sich als solche erklären lassen. Die psychologischen Phänomene wurden speziell von denjenigen, deren Hauptaufgabe die Krankenheilung war, einer eingehenderen Prüfung unterzogen. Krankheiten an der Schwelle zwischen rein körperlichem und psychischem Schaden — und besonders alle Formen der »Hysterie« — zogen seit Ende des 18. Jahrhundert und der Zeit von Franz Mesmer die Aufmerksamkeit der Forscher auf sich. Die Kette unterschiedlichster Heilversuche mündete schließlich in der Psychoanalyse und bei Sigmund Freud.

Seit damals hat sich die moderne Psychologie in verschiedene Zweige aufgespalten: zum einen die »experimentelle Psychologie« der Hochschullabors, die vorwiegend behavioristisch ausgerichtet ist und primäre Phänomene der Wahrnehmung, Reflexhandlung, Assoziation usw. erforscht. Andererseits gibt es noch verschiedene »Psychotherapien«, welche die Krankheiten des Geistes und des Innenlebens der Menschen zu heilen suchen. Was wir hier vorwiegend diskutieren werden, sind jene Formen der Psychotherapie, die sich nicht in erster Linie damit beschäftigen, akute Fälle von Wahnsinn zu behandeln. Unser Hauptaugenmerk wollen wir vielmehr auf diejenigen Therapien richten, deren Grundziel es ist, die Menschen unseres chaotischen Jahrhunderts zu einem größeren Bewußtsein für Gesundheit (psychologisch, moralisch und geistig) und einer lebendigen Verwirklichung ihrer inneren Kräfte hinzuführen. Die verschiedenen Störungen, welche diese Psychotherapien zu lindern versuchen, werden im wesentlichen durch eine weniger gute Anpassung der Individuen an ihre Umgebung — seien es Familie, Schule, Freunde oder Gesellschaft — ausgelöst. Diese Therapien befassen sich direkt mit dem Grundkonflikt zwischen Individuum und Gesellschaft, mit dem Zwiespalt zwischen Ego und dem, was nicht das Ego ist, also der »äußeren Welt«.

Dieser Zusammenprall ist ein vollkommen elementarer Bestandteil der menschlichen Natur, und zwar nur der menschlichen Natur. Es gehört zu den Privilegien des Menschen, aus der Herde, dem Stamm, der sozialen und religiösen Gemeinschaft, in die er hineingeboren wurde, herauszutreten und ein Individuum zu werden. Und es gehört auch zu den Vorrechten des Menschen, sich selber als ein »abgesondertes Ich« zu empfinden, als ein Ego, welches einmalige Charakteristiken aufweist. Es ist sein Privileg und zugleich ist es seine tragische Last oder Verantwortung. Es macht aus ihm einen Gott oder aber einen Teufel.

Alle Psychotherapeuten seit Freud befassen sich vorwiegend mit dem Ego — damit, wie das Ich sich entwickelt, reift oder an der Reifung scheitert, wie es sich entlang den sozialen Mustern von Anpassung oder Rebellion herauskristallisiert, wie es sich transformiert, indem es Beschränkungen überwindet, und wie es (in seltenen Fällen) Teil einer größeren spirituellen Integration wird. Jede psychotherapeutische Schule wählt indessen einen eigenen Weg, um sich den Problemen des Ichs anzunähern, und hebt normalerweise eine Art von Störung auf Kosten der restlichen übermäßig stark hervor. Dies ist deshalb in solch hohem Maße der Fall, weil es der Psychologe versäumt, den gesamten Menschen als ein *organisches Ganzes* zu begreifen, und vor allem deswegen, weil er keine Methode hat, die Struktur dieses Ganzen direkt zu erfassen.

Hier schreitet die Astrolgie dazwischen; denn mit dem Geburtshoroskop hat der Astrologe ein Mittel an der Hand, um die übergreifenden Schablone der Handlungen, Fähigkeiten und Antriebskräfte einer Person zu prüfen. Er kann die Blaupause der Gesamtpersönlichkeit lesen, genauso wie den groben Fahrplan ihrer Entfaltung von Geburt an. Deswegen ist es ihm möglich, sich mit der *ganzen Person* auseinanderzusetzen, und nicht nur mit ein oder zwei fundamentalen Bedürfnissen und Handlungssträngen, die etwas zum Wachstum des Bewußtseins und des Egos — oder aber zu deren Mißbildung, wenn nicht gar Zerstörung — beisteuern. Jedoch ist die Sorte von Psychologie, welche für die meisten Astrologen und astrologischen Textbücher kennzeichnend ist, im Normalfall ziemlich unfähig, diesen Möglichkeiten gerecht zu werden. Es handelt sich um eine Psychologie, die noch auf den Werken von Ptolemäus und Aristoteles basiert[3] — durchtränkt von antiken religiösen und ethischen Vorstellungen und sie ist bislang noch wenig mit den gärenden Ideen in Berührung gekommen, welche Freud und seine Nachfolger ins Rollen brachten.

Freud ist jedoch kein Phänomen ohnegleichen. Betrachten wir die Lebenseinstellungen näher, welche sowohl von Freud als auch von Darwin begünstigt und popularisiert wurden, dann stellen wir fest, daß zwischen beiden eine grundsätzliche Übereinstimmung vorliegt. Denn bei diesen beiden Pionieren finden wir den Ausdruck einer tiefen Rebellion gegen das »klassische« Vertrauen in die intellektuellen und rationalen Faktoren der menschlichen Natur, welches auf den Erkenntnissen der Theologie und des Rationalismus des 18. Jahrhunderts basierte; ihr Widerstand war verantwortlich für das Entdecken biologischer und psychologischer Phänomene, ebenso wie für die Entstehung individueller Ichs im Menschen. Während klassische und religiöse Psychologen an eine gottgegebene Seele und Biologen an eine gesonderte Schöpfung jeder Gattung durch die Hand Gottes glaubten, gaben Darwin und Freud die Vorstellung einer solchen Schöpfung »in den Höhen« auf und trachteten danach, eine progressive, evolutionäre Entfaltung von Arten und Egos »aus der Tiefe« in Worte zu fassen. Damit war die »Tiefenpsychologie« geboren — eine Psychologie, welche kühn in die unterbewußten Tiefen der menschlichen Seele eintaucht, eine *evolutionäre Psychologie* des Ichs.

Was Darwin und Freud zu zerstören versuchten, war das sogenannte platonische Konzept, demgemäß eine »geistige« Welt von Gedanken oder Archetypen der »körperlichen« Welt materieller Organismen vorausgeht. Diese Archetypen waren direkte »Emanationen« des universellen Geistes und seiner göttlichen Hierarchien, und man zog nicht in Betracht, daß sie sich »entwickeln« können. Man sagte, daß diese vollkommen und perfekt geschaffen worden seien. Evolution war nur in der materiellen Welt zu finden: ein langsamer Versuch physischer (und psychologischer) Organismen, sich immer enger an jene idealen Muster anzunähern, welche die »Realität« bilden.

Andererseits stützt sich die »klassische« Psychologie auf die Annahme, daß der Mensch eine »göttliche Seele« ist, welche durch die mehr oder weniger enge Verbindung mit einem materiellen Körper und einer erd–abhängigen »Persönlichkeit« funktioniert. Jede Person ist demnach ein »Kind Gottes«; oder, um es in philosophischen Begriffen auszudrücken, jeder Mensch ist an erster Stelle ein geistiges Wesen, dessen wesentliche Struktur und Funktion schon *vor* der Geburt als Urgebilde feststeht und nach dem körperlichen Tod immerwährend erhalten bleibt. Diese geistige Entität ist das »wirkliche« Selbst; und zu ihm gehören die geistigen Attribute des Willens, des Charakters, das Unterscheidungsvermögen zwischen Gut und Böse, Moral, Denkfähigkeit und Schöpfungskraft. Besagte Eigenschaften stehen in ständigem Konflikt mit den Wünschen und Leidenschaften des erdgebundenen Körpers und der Psyche.

Im Viktorianischen Zeitalter erkannte die Menschheit urplötzlich, daß sie sich im Besitz ungeheurer materieller Macht befand. Die Kluft zwischen den geistigen Attributen und den persönlichen Wünschen nach Selbsterhöhung und Selbstbefriedigung wuchs stetig, besonders als die Allmacht bisheriger religiöser und sozialer Zwänge ebenfalls unter den Seitenhieben der intellektuellen Kritik dahinschwand. Die Ergebnisse lagen auf der Hand: moralische Leitsätze und hochtrabende Ideale wurden Schritt für Schritt weniger mit »den Tatsachen des Lebens« vereinbar. Der Mensch versuchte zusehends zwei Leben in einem gleichzeitig zu führen. Neurosen, Psychosen und Persönlichkeitsspaltungen vermehrten sich. Die Gefahr drohte sowohl in sozialer als auch in persönlicher Hinsicht.

Es *mußte* etwas geschehen. Die Osteopathie und die Chirurgie entwickelten sich zwangsläufig zu einer Zeit, als sich berufliche Unfälle und Mißbildungen mit der Einführung von Maschinen und bewegungsarmen Büroberufen stark vervielfachten. Ebenso mußte die Psychotherapie (das Heilen der persönlichen, erd–abhängigen Seele oder »Psyche«) Techniken erarbeiten, die den bei zivilisierten und mechanisierten Stadtbewohnern der nachviktorianischen Ära allgemein verbreiteten Zustand einer leichten Geisteskrankheit lindern konnten. Wenn der Mensch sich aufgrund eines tiefen inneren Konfliktes oder aus Furcht dazu gezwungen sieht, ständig Handlungen zu unternehmen, und zwar nicht nur gegen seinen sogenannten »Willen«, sondern sogar ohne zu wissen, daß er diese ausführt, dann hört die klassische Psychologie auf, von irgendeinem praktischen Nutzen zu sein. Wenn ich nicht weiß, wer ich bin oder was ich tue — dann hat der Begriff »Ich« faktisch seine Bedeutung verloren. Eine unter Hypnose stehende Person befindet sich in diesem Zustand; aber dies trifft ebenso auch auf einen »Zwangsneurotiker« zu — bloß in geringerem Ausmaß. Die klassische Psychologie klärte den strittigen Punkt, indem sie den Menschen als »geisteskrank« deklarierte, da seine innere geistige Entität den »Körper verlassen« habe.

Wenn jedoch die Grenzlinie zwischen Gesundheit und Geisteskrankheit von Millionen nach außen hin normal wirkenden Bürgern übervölkert wird, kann man über diesen kritischen Punkt nicht so flüchtig hinweggehen. Die Problematik von Zurechnungsfähigkeit und Rationalität — nein sogar die Bedeutung von Willen, Persönlichkeit und Ich — muß neu gefaßt werden. Die Formulierung darf kein *schwarz–weiß* Urteil auf der Basis von »Bewußtsein ganz oder gar nicht« fällen. Sie muß vielmehr auch abgestufte Grautöne gelten lassen: unbewußt, unterbewußt, halbbewußt, teilbewußt .... vielleicht auch Bewußtsein mit variierenden Helligkeitsstufen und unterschiedlicher Durchschlagskraft; in einigen Fällen erlangt das Bewußtsein sogar Zugang in Bereiche, die jenseits der normalen Reichweite des »weißen Lichtes« liegen — könnten wir es vielleicht ultravioletes Bewußtsein nennen?

Eine solche »Skala« für Bewußtsein legt die Existenz eines evolutionären Prozesses nahe; einen Prozeß des Wachstums von den Wurzeln an, ein sich Erheben aus den Tiefen. Anstatt das individuelle »Ich« *a priori* als ein archetypisches Selbst — ein für das organische Leben auf der Erde übernatürliches »Musterbild der Perfektion« — anzusehen, wird es als das Endresultat des menschlichen Lebens verstanden, als ein Sieg, den man gewinnen muß; als das Ziel einer langsamen und anstrengenden Bemühung um Integration und Individualisierung (oder »Individuation«). Diese Anstrengung kann verfrüht eintreten, genauso wie die Geburt. Das Ich–Bewußtsein kann gesund hervorgebracht werden, oder es kann sich aus dem dunklen, unbewußten Abgrund des Instinkts gebären, von Frustrationen und Unterdrückungen aller Art mißgebildet und verdreht.

Das Auftauchen des Egos aus der Triebhaftigkeit vollzieht sich in den ersten Jahren der Kindheit — ja es kann sogar von vorgeburtlichen Ursachen abhängig sein! Die Schwäche des Willens und des Verstandes, aber auch die «Prädisposition« für psychologische Schocks und geistig–pathologische Zusammenbrüche, muß sich folglich auf das zurückführen lassen, was sich während den frühesten Lebensjahren ereignete. Der Psychiater sollte deswegen auf diese Anfänge der individuellen Eigenpersönlichkeit zurückgehen, ähnlich wie der darwinistische Naturwissenschaftler im Detail besonders jene Überreste der Fossilien untersucht, die zeigen, wie neue Lebensformen sich aus älteren Arten herausbilden. Naturwissenschaftler und Paläontologen suchen nach ihre Spuren in den in antike Steine eingelagerten Fossilien, die durch erdgeschichtliche Katastrophen oder jahrtausendelange Erosion an die Erdoberfläche befördert wurden. Der Tiefenpsychologe muß ebenso seinen Weg hinunter in die Tiefen, die frühesten Schichten des kindlichen Bewußtseins finden — oder psychische Eruptionen und umwälzende Krisen im Wachstumsprozeß der Seele ausnutzen, welche längst vergessene Erinnerungen an Schocks oder Frustrationen an die Oberfläche bringen.

Normalerweise können *bewußte* Erinnerungen eines bereits von Spannung oder Furcht deformierten Geistes jedoch keine wirkliche Hilfe für den Psychologen sein, wenn er darauf aus ist, in den Grenzbereich zwischen unbewußten Trieben und einem ersten schwachen Schimmer von Ichbewußtsein vorzudringen. Das Ego widersetzt sich dieser Untersuchung, genauso wie ein Kind sich dagegen wehren würde, in die Gebärmutter zurückzukehren, welche ursprünglich ja gerade die Voraussetzung für den Aufbau seiner Körperstruktur war. Doch jeden Morgen beim Aufwachen erlebt man diesen Prozeß des Aufsteigens von Bewußtheit aus dem Unbewußten aufs Neue. In dieser Grenzphase der geistigen Aktivität neigen jene Zustände, welche im Säuglingsalter vorherrschten, dazu, sich zu reproduzieren. Wir bezeichnen diese als »Träume«. Wenn wir morgens träumen sind wir wieder wie ein Baby, welches damit kämpft, sich aus der Gebärmutter der Triebe herauszulösen, um an die Oberfläche der Probleme von Egobewußtsein und zu einer Anpassung an unsere komplexe Umgebung zu gelangen. Lernen wir, die Welt der Träume zu verstehen, dann schließen wir folglich auch mit dem Bekanntschaft, was das Bewußtsein bislang unternahm oder noch ständig versucht, um sich selbst zu behaupten und mit den Triebkräften fertig zu werden.

Triebe haben Macht. Sie sind das Leben in Aktion. Ihre Kraft entspricht dem, was die Psychologen *Libido* oder psychische Energie nennen. Wenn das Ego seinen Weg in die Welt von Familie und Gesellschaft findet, stößt es auf Voraussetzungen, welche eine Energieabfuhr der Libido herausfordern. Es versucht, sich diesen Bedingungen anzugleichen, aber gerade deshalb muß es die Triebimpulse oftmals unterdrücken. Dadurch entstehen Konflikte. Wiederholte auftretende Konflikte, unzureichende Möglichkeiten der Befriedigung und Repressionen verursachen Verkrampfung, Steifheit und Blockaden in dem wachsenden Gefüge des Bewußtseins. Die Psychologen bezeichnen dies als »Komplexe«, die dann ihrerseits wiederum die spätere Anpassung des Egos an neue Erfahrungen während der Pubertät bedingen. Indem das Ich seine Spontaneität und Flexibilität verliert, wird es starr und mit Abwehrmechanismen beladen — vergleichbar einer mit Muscheln behafteten Schildkröte — oder entwickelt einseitige, aggressive Konfliktmuster, ähnlich einem Tiger oder einer Klapperschlange. Erleidet das Ich einen starken Schock, dann wird es zum Opfer seiner eigenen unnachgiebigen Reaktionsmuster. Neurosen und Psychosen entstehen, die zu pathologischen Zuständen und Krankheiten führen.

Um diese Störungen zu heilen, muß der Psychotherapeut ihre Grundursache herausfinden. Er muß die Kristallisationspunkte des Ichs bzw. »Komplexe« verringern, und die psychische Energie freisetzen, welche von diesen fehlgeleitet und verdorben wurde. Dies ist eine Art »Seelenchirurgie« oder Psycho–Osteopathie; und dies entspricht genau dem, was Freud versuchte. Die Freudianische Psychoanalyse ist im wesentlichen eine *psychochirurgische Technik*. Sie verwendet Traumanalyse als ein Mittel, um verborgene Symptome aufzudecken. Sie zwingt das Ego zurück in den Anfangszustand des erwachenden Bewußtseins (kindliches Bewußtsein) und hilft der Person, das nachzuholen, was sie in der Kindheit versäumte.

Für eine detaillierte Beschreibung der Freudianischen Technik gibt es an dieser Stelle nicht ausreichend Platz. Ich habe hier lediglich einige Grundzüge isoliert, und zwar solche, die sich in Freuds Horoskop[4] besonders eindrucksvoll symbolisch aufzeigen lassen. Dieses Geburtshoroskop illustriert seine Art von Abstieg in die Tiefen der Psyche recht anschaulich: mit dem Skalpell in der Hand! Dem Skalpell entspricht hier selbstverständlich der Mars, das Symbol für Stahl und Schneidewerkzeuge — Mars, der sich genau am Fußpunkt von Freuds Geburtsbild befindet und rückläufig ist. Ganz allgemein gesprochen, repräsentiert ein retrograder Planet eine Lebensfunktion, welche nach innen gewendet ist. Ähnlich wie der Chirurg nach innen schneidet, versucht Freud die tiefsten Schichten des Organismus zu erreichen, um zu befreien, was verzerrt oder angestaut, verfestigt oder brodelnd geworden ist.

Wenn sich die Libido in den Fesseln eines Komplexes verfängt, wird sie in Destruktion abgeleitet. Werden normale Bedürfnisse frustriert, dann geraten sie zu psychischen Eiteransammlungen, die Selbstvergiftung auslösen. Freuds rückläufiger Mars steht auf 4° Waage, auf dem Nadir des Horoskopes, welcher die Mutter (und in einigen Fällen den Vater) repräsentiert. Dieser Mars versinnbildlicht den Mutterkomplex bzw. Ödipus–Komplex, der für die Psychoanalyse von so grundlegender Bedeutung ist. Waage gilt als das Zeichen des aufkeimenden Sozialbewußtseins, wohingegen Widder das eintretende Persönlichkeits–Bewußtsein symbolisiert. Und Mars, alleine in der unteren Hemisphäre des Geburtsbildes stehend — von wo aus er seine ganze Kraft gegen jene aller anderen Planeten am Zenit aufbietet — enthüllt eine schreckliche Anspannung innerhalb Freuds Seele. Die Planetenstruktur entspricht bildlich gesehen einem nach unten weisenden Dreieck.

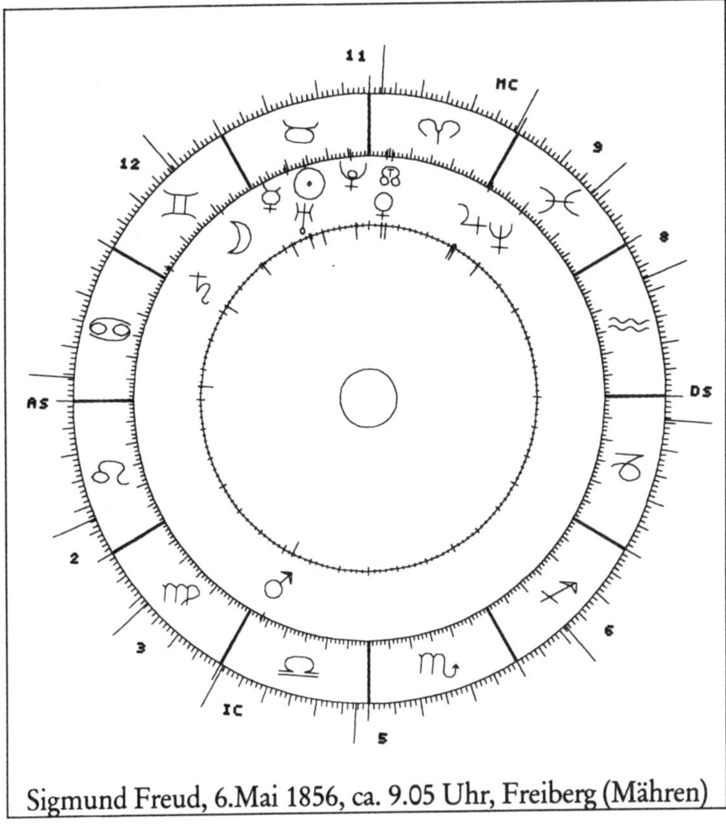

Sigmund Freud, 6.Mai 1856, ca. 9.05 Uhr, Freiberg (Mähren)

Die Gestirne über dem Horizont befinden sich alle innerhalb des Quadrates von Neptun/Jupiter in den Fischen und Mond/Saturn in den Zwillingen. Die Sonne, im Zentrum dieser Gruppierung, bildet Halbquadrate zu Jupiter und Saturn — eine potentiell sehr aufreibende Kombination. Saturn in dem Haus, welchem man Introspektion, Beschränkung, Vergeltung oder *Karma* zuordnet, deutet darauf hin, daß Freud in der Tat eine schwere Last auf sich genommen hat. Saturn steht jedoch auf einem Tierkreisgrad, der »Konkurs« und den Beginn einer neuen Lebensmöglichkeit symbolisiert. Freud war jüdischer Abstammung und auf ganz besondere Weise enthält sein Horoskop mehr als einen Hinweis auf den tiefen Pessimismus und den Willen zur Sühne durch Selbstaufopferung, welcher für die jüdische, spirituelle Tradition charakteristisch ist. Seine Forschungsausflüge in die menschlichen Seelengründe setzten Denkanstöße in Gang, welche ihren endgültigen Abschluß erst noch finden müssen. Aber seine Ideen wühlten auch eine Menge giftiges Gedankengut auf, setzten viele psychischen »Toxine« frei und führten oft zu Mißbräuchen; dieses Wachrütteln des Unterbewußtseins wurde zu Freuds spiritueller Verantwortung. Jeder große Lehrer muß die Last der Zweckentfremdung seiner Lehren durch unkundige, unkluge oder gierige Nachfolger tragen!

Freud öffnete eine Pforte. Seine Schüler Carl G. Jung und Alfred Adler führten die Psychoanalyse in eine andere Richtung. Adler, ebenfalls jüdischer Herkunft, vertritt im wesentlichen eine Position, welche derjenigen von Freud entgegensteht (und ergänzt ihn damit). Jung, Erbe der tiefsinnigsten geistigen Tradition des germanischen Europas von Paracelsus bis Goethe, aber auch des freien und integrativen Lebens des Schweizer Volkes, präsentiert eine grundlegende Neudefinition der Hintergründe und Absichten der Psychoanalyse.

Freud befaßte sich mit Seelen-Chirurgie, Adler mit dem sozialen Wohlergehen von milieugeschädigten Personen. Jung ist ein moderner »spiritueller Führer«; sein Ziel ist die Integration der Persönlichkeit — der sich entwickelnden menschlichen Seele.

Kapitel 2

Alfred Adler und die Psychologie der individuellen Überwindung

Wie ich schon im letzten Kapitel ausgeführt habe, wurde die Psychologie, oder besser Psychotherapie, in ihren Anfängen stark von dem Evolutionsgedanken Darwins beeinflußt. Darwins Hauptbeschäftigung lag darin, die traditionelle Vorstellung zu widerlegen, daß jede Spezies eine völlig eigenständige biologische Wesenheit sei, die bei einem jeweils gesonderten göttlichen Schöpfungsakt geschaffen wurde. Stattdessen wollte er zeigen, daß die Eigentümlichkeiten der einzelnen Gattungen das Ergebnis eines kontinuierlichen Evolutionsprozesses waren, welcher durch die Prinzipien der zufälligen Anpassung an die Umgebung und das Überleben des Stärksten, oder die »natürliche Selektion«, bedingt wurde. Darwins Methode bestand darin, sich mit der Vergangenheit zu befassen, Urmenschen und Fossilien zu erforschen, und nach jenen vergessenen biologischen Übergangsphasen zu suchen, in denen die Kraft evolutionärer Anpassung neue organische Anfänge als Antwort auf die Veränderungen der äußeren Lebensbedingungen auf unserem Globus einleitete.

Darwin blickte vorwiegend *zurück*. Seine Methode war analytisch und »reduktiv« — das heißt, er versuchte, gegenwärtige Tatsachen auf frühere Ursachen zurückzuführen, um zu demonstrieren, daß sich alles Heutige während eines sehr weit zurückliegenden Gestern entwickelte. Sigmund Freud wählte eine ähnliche Vorgehensweise. Er arbeitete sich in die unterdrückten und vergessenen Inhalte des Unterwußtseins seiner neurotischen Klienten hinein, so wie ein Paläontologe oder Geologe in alte Gesteinsschichten eindringt. Er analysierte die Ursachen der Neurose, indem er aufzeigte, daß das Grundbedürfnis des Lebens — *die Libido* — von widrigen Umweltbedingungen herausgefordert wurde und sich auf die innere psychische Evolution des Heranwachsenden zerstörerisch auswirkte. Indem er die schädlichen Symptome der Neurose auf ihre Ursachen »reduziert«, wird dem nun *reifen* Bewußtsein eine Chance eröffnet, den Bedingungen, welche die Neurose erzeugten, abermals ins Auge zu sehen. Die betroffene Person erhält somit eine Gelegenheit, den Trugschluß oder die Unangemessenheit ihres in der Kindheit angenommenen Reaktionstyps zu erkennen. Dadurch kann sie eventuell die Libidoenergie, welche diesen neurotischen Gefühlen ihre Herrschaft verlieh, in konstruktivere Kanäle lenken.

Jedoch weder die darwinistische noch die Freudianische Betrachtungsweise berücksichtigt bei ihrer Annäherung an das jeweilige Untersuchungsmaterial ein *Ziel* des evolutionären Prozesses, oder stellt es zumindestens nicht eindeutig in den Vordergrund. Für Freud gibt es einen blinden und schicksalsträchtigen Konflikt zwischen den Trieben des Individuums und den traditionellen Einschränkungen und Tabus der Gesellschaft, und der Einzelne kann tatsächlich sehr wenig dagegen unternehmen. Seine Weltanschauung ist in der Tat, genauso wie die von Darwin, pessimistisch und düster. Allerdings haben nicht alle Verfechter der Evolutionstheorie diese in solch einer planlosen Art und Weise gesehen; Lamarck, ein Vorgänger von Darwin, maß den kreativen Antriebskräften innerhalb jeder Spezies sehr große Bedeutung bei. Und die Erkenntnis, daß der gesamte Evolutionsvorgang durch ein mehr oder weniger klar definiertes Ziel angespornt werde, wurde im Denken einiger englischer Philosophen des letzten Jahrhunderts besonders offenkundig. Dies führte zu dem Begriff »Holismus«, den der Philosoph und Staatsmann Ian Smuths in seinem großen Werk HOLISM AND EVOLUTION in Grundzügen darstellte.

Alfred Adler nahm an der Diskussionsgruppe teil, welche

sich ehrfürchtig um Freud scharte. Doch schon ziemlich bald stellte er die Position des »Meisters« auf sehr grundlegende Weise in Frage. Meinungsverschiedenheiten und anders gelagerte Temperamente führten zu einem heftigen Zusammenstoß. Adler traf Freud 1906 und verließ seinen Zirkel bereits 1911 wieder, trat dann im eigenen Namen als Lehrer auf und schlug eine eigene psychologische Theorie vor, der er den Namen »Individualpsychologie« gab.

Er führte einige neue Gedanken in die psychologische Interpretation von Neurosen und deren Folgeerscheinungen ein. Diese neuen Begriffe oder Lebenseinstellungen stehen in direktem Widerspruch zu dem, was für Freud Grundprinzipien waren. Wo Freud hartnäckig von der »Sexualität« spricht, bezieht sich Adler auf das Ego und dessen »Machtstreben«; während Freud alles auf vergangene Ursachen zurückführt und verborgene Abgründe zu erforschen versucht, sieht Adler einen am Zweck orientierten Plan, denn »das Ziel der menschlichen Seele ist Überwindung, Vollkommenheit, Sicherheit und Überlegenheit«;[5] zergliedert Freud alles in Einzelteile, Komplexe und ähnliches, so betont Adler dagegen *die Einheit der Persönlichkeit,* welche er mit dem Ich gleichsetzt.

Dieser seiner Feststellung, daß die Persönlichkeit eine Einheit sei, muß man eine besondere Bedeutung beimessen. Die traditionelle Psychologie hielt es für erwiesen, daß eine Person, die »ich« sagt, genau weiß, worüber sie spricht und auf was sie sich dabei bezieht; man setzte stillschweigend voraus, daß das sogenannte »Ich« ein eigentlich gleichbleibendes Gebilde mit einem unbeirrbaren Charakter, eine tatsächlich von Gott geschaffene Seele, sei. Freud zeigte demgegenüber, daß das Ich eine Zusammensetzung von verschiedensten Faktoren darstellt, bekannten und unbekannten, bewußten und unbewußten; daß das Ich sich in »Partiale« aufspalten konnte, und daß seine Einheit ständig der Triebenergie zum Opfer fallen konnte. Adler wehrte sich vehement dagegen, die Ganzheit der Persönlichkeit weg zu analysieren. Er klammerte sich hartnäckig an sein »Ich«, obgleich er mit den unbestreitbaren Tatsachen, welche die Psychiatrie und die Traumanalyse zutage förderten, konfrontiert wurde. Er mußte diese Fakten und seinen egozentrischen Protest gegen die Psychoanalyse dann irgendwie in Einklang bringen. Seine »Individualpsychologie« war als ein Versuch der Aussöhnung angelegt — obwohl er sich dessen vielleicht gar nicht einmal richtig bewußt war.

Adler, ein Mann der Wissenschaft unseres Jahrhunderts, war nicht der Ansicht, daß die Menschen mit von Gott geschaffenen, unauflösbaren Seelen geboren werden, sondern sah in der Persönlichkeit einen Organismus, der als ein Ganzes bis zu seinem Dahinscheiden im Tode fortdauerte. Denn er hielt es für gegeben, daß das Individuum eine ausgeprägte Offenbarung des die Menschheit durchdringenden evolutionären Impulses sei. Was als Symptom psychischer Desintegration auftritt, war für ihn ein Versuch der Gesamtpersönlichkeit (sprich des Egos), unangemessene Lösungen für die eigenen Probleme zu suchen. Liest man seine Schriften, dann spürt man jedoch seine unterschwellige Verdammung desjenigen, der diesen falschen Lebensstil wählt — vergleichbar mit der Verachtung des religiösen Moralisten für die Person, die es »zuläßt«, daß sie geisteskrank wird oder der Geringschätzung des wohlhabenden europäischen Bürgers für denjenigen, der sich bankrott gehen läßt (eine unverzeihliche soziale Sünde!). Adler schrieb in seinem Buch DER SINN DES LEBENS:

> Der Weg, das Bewegungsgesetz, das sich jedes Individuum im Beginne seines Lebens selbst gibt, in verhältnismäßiger Freiheit der Ausnützung seiner angeborenen Fähigkeiten und Unfähigkeiten, ebenso seiner ersten Eindrücke aus der Umgebung, ist für jedes Individuum verschieden in Tempo, Rhythmus und in der Richtung. Im steten Vergleich mit der unerreichbaren idealen Vollkommenheit ist das Individuum ständig von einem Minderwertigkeitsgefühl erfüllt und von diesem angetrieben.[6]

> Grundgesetz des Lebens ist demnach Überwindung ... Menschsein heißt, ein Minderwerigkeitsgefühl zu besitzen, das ständig nach seiner Überwindung drängt. Die Richtung der

gesuchten Überwindung ist ebenso tausendfach verschieden wie das Ziel der gesuchten Vollkommenheit. Je größer das Minderwertigkeitsgefühl ist und erlebt wird, umso heftiger der Drang zur Überwindung, umso stärker die Bewegung der Gefühle.[7]

Die Neurose ist ein schöpferischer Akt und kein Rückfall in infantile und atavistische Formen.[8]

Die Neurose ist die dem Verständnis des Patienten entzogene automatische Ausnutzung von Symptomen, die aus Schockwirkungen entstanden sind.[9]... Die Heilung kann nur auf intellektuellem Wege, durch die wachsende Einsicht des Patienten in seinen Irrtum und durch die Entwicklung seines Gemeinschaftsgefühls zustande kommen.[10]

...daß Organminderwertigkeiten und noch mehr ein verwöhnendes Regime in der Kindheit das Kind zu einem derartigen Lebensstil verleitet und die Entwicklung eines genügenden Gemeinschaftsgefühls eingeengt haben.[11]

Laut Adler wird das Kind durch *Verwöhnung*, *Vernachlässigung* und *Organminderwertigkeit* an der Entwicklung eines angemessenen »Lebensstils« (wozu ein angemessener Beitrag an sozialem Interesse und Gemeinschaftsgefühl zählen) gehindert. Diesen drei »gemeinschaftshindernden Kindheitssituationen« muß man begegnen und sie mittels der schöpferischen Kraft des Kindes überwinden. Der Erfolg oder das Versagen hängen vom Lebensstil des Kindes ab, welcher seinerseits wiederum dadurch bedingt wird, ob das Kind »vererbte Anlagen und den Einfluß der Umwelt« »mit verhältnismäßiger Freiheit« handhabt.

Was genau das Kind zu dieser »verhältnismäßigen Freiheit« veranlaßt, wenn es seinen alles bestimmenden Lebensstil einrichtet, sagt uns Adler nicht klar; aber vermutlich sieht er darin eine eindeutig individuelle Ausdruckskraft des kreativen Stromes menschlicher Evolution, welche keinen Ruhezustand kennt und dem höchsten Ziel der Vollkommenheit zustrebt. Nach Adler muß man jede Person als einen individuellen Fall behandeln. Tatsächlich ist Adlers Welt eine Welt von Einzelpersonen, deren Rolle als Individuen für fraglos und endgültig gehalten wird.

Um jedoch seinem extremen Individualismus und seiner Betonung von Ego und »Machtstreben« ein Gegengewicht zu setzen, hob er nachdrücklich auch das Gemeinschaftsgefühl und die Eignung des Individuums zur Teilhabe an der evolutionären Weiterentwicklung hervor. Für Adler wird der Wert eines Menschen dadurch bestimmt, inwieweit dieser dazu fähig ist, etwas »zur Höherentwicklung der ganzen Menschheit« beizutragen:

> Was geschah mit jenen Menschen, die nichts zum Wohle der Allgemeinheit beigetragen haben? Die Antwort lautet: sie sind bis auf den letzten Rest verschwunden. Nichts ist übrig von ihnen. Die Erde hat sie verschlungen. Es ging mit ihnen wie mit ausgestorbenen Tierspezies, die keine Harmonie mit den kosmischen Gegebenheiten finden konnten. ... als ob der fragende Kosmos befehlen würde: Fort mit euch! Ihr habt den Sinn des Lebens nicht erfaßt.[12]

Das Problem des Psychologen liegt in Adlers Augen darin, daß er dem Individuum hilft, dessen eigenes Bedürfnis nach höchster Erfüllung und sein »Ziel der Vollkommenheit« an das kollektive Ziel und zugleich »Endziel der menschlichen Evolution« anzupassen. Beim Neurotiker, Trinker oder Kriminellen »sehen wir dieses Ziel der Überlegenheit (...) auch, aber nach einer anderen Richtung, die der Vernunft insoweit widerspricht, als wir darin ein richtiges Ziel der Vollkommenheit nicht anerkennen können.«[13] Das Schicksal des Menschen ist es, sich siegreich an die Außenwelt anzupassen, und »alles Leben ist ständig im Ringen begriffen, um den Anforderungen des Kosmos zu genügen.«[14]

Wer war nun dieser Mann, der das »Machtstreben« so herauskehrte und das Ego mit der Basisschwingung der Gesamtpersönlichkeit gleichsetzte? Alfred Adler wurde am 7. Februar 1870 in der Nähe von Wien geboren. Seine Familie war jüdischer Abstammung, aber sein Vater war zum Protestantismus übergetreten. Im Alter von 15 Jahren zog er sich eine Lungenentzündung zu und beschloß schon als Junge, Arzt zu werden. Er gibt zu, daß seine Theorie des Minderwertigkeitskomplexes ihre ersten Wurzeln in einer frühen organischen Schwäche trieb, die zu überwinden er sich abmühte. Er meint hierzu: »gerade so wie die Natur einen Ausgleich für beschädigte Organe schafft, ebenso läßt sich der Geist des Menschen trainieren, um alle psychischen Störungen aufgrund defekter Organe wettzumachen.«

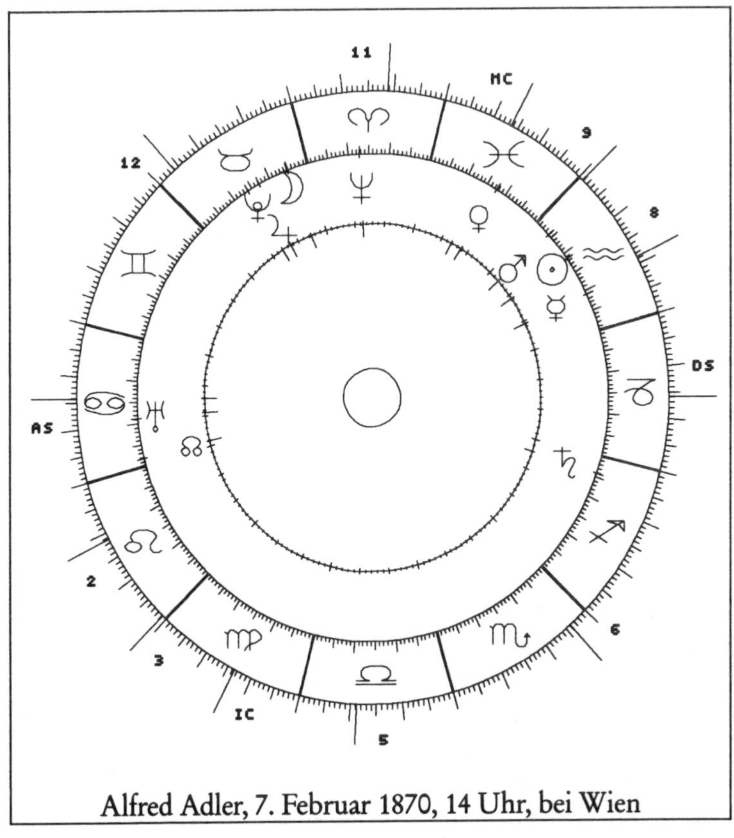

Alfred Adler, 7. Februar 1870, 14 Uhr, bei Wien

Er erhielt 1895 seine Approbation und eröffnete zwei Jahre später eine Praxis als Augenarzt. 1906 traf er Freud. Als seine progressive Sonne in den Widder eintrat, brach Adler mit Freud, gründete seine Schule der »Freien Psychoanalyse« und publizierte die Internationale Zeitschrift für Individualpsychologie. 1927 kam er nach Amerika, hielt Vorlesungen an der Columbia University und übernahm 1932 den ersten Lehrstuhl für medizinische Psychologie, der in den Vereinigten Staaten eingerichtet wurde (Long Island College of Medicine). Er verstarb 1937 an einer Herzattacke während eines Aufenthaltes in Aberdeen, Schottland. In Wien hatte er eine russische Studentin geheiratet, von der er drei Töchter und einen Sohn bekam — und folglich war sein Zuhause ein wirkliches Labor für experimentelle Kinderpsychologie und ein wichtiger Faktor für die Entwicklung seiner Ideen.

Es war mir nicht möglich, eine Aufzeichnung seiner exakten Geburtszeit zu finden und mehrere Aszendenten kommen einem in Anbetracht seines bio-psychologischen Typs und seines Lebensmusters in den Sinn. Aber am besten paßt Krebs als aufsteigendes Zeichen mit dem retrograden Uranus in Konjunktion zum Aszendenten (siehe das hier abgebildete Horoskop). Laut seinen Biographen war er gleichzeitig »der umgänglichste und der schwierigste, der offenherzigste und der feinfühligste, der versöhnlichste und der unbarmherzigste Mensch.« Er war »ein kleiner, untersetzter Mann mit feinen Augen und einer schönen Tenor-Stimme« (Mond/Jupiter im Stier); er hatte »ein glühendes Temperament (Mars/Sonne Quadrat Jupiter/Pluto), das er gut unter Kontrolle hielt und eine sympathische Umgangsweise mit seinen Patienten« (eine dominante rückläufige Venus im kreativen Quintil zu Saturn).

Vorausgesetzt die ausgewählte Geburtszeit stimmt, dann ist das sicherlich interessanteste Merkmal seines Horoskopes, vom Standpunkt der Analyse von Lebensmustern (oder *Gestalt*) her gesehen die Tatsache, daß sowohl Uranus als auch Saturn unterhalb des Horizontes stehen, nämlich im ersten und im sechsten Haus. Dagegen werden alle anderen Planeten von dem Quadrat zwischen dem retrograden Wassermann-Merkur und der Jupiter/Pluto-Konjunktion im Stier umklammert und gruppieren sich zu beiden Seiten des Fische-MC und der Venus. Die Planeten über dem Horizont, vor allem jene in Wassermann und Stier, beziehen sich auf Adlers emotionale Spannungen und seine organischen Schwierigkeiten; ebenso auf seine Probleme mit sozialer Anpassung (Neptun 90° zum aufgehenden Uranus), welche teilweise mit einem religiösen Konflikt in Beziehung stehen könnten, dessen er sich nicht bewußt war. Andererseits symbolisieren Uranus und Saturn seine persönlichen Anstrengungen, eine Lösung für seine Probleme zu finden, wobei die erhöhte Venus die öffentlich geäußerten und proklamierten Endergebnisse dieser Bemühungen verdeutlicht.

Saturn im sechsten Feld repräsentiert den »Minderwertigkeitskomplex«, der von körperlicher Schwäche hervorgerufen wird, aber auch die Neigung, sich strenger Selbstdisziplin und seelischer Prophylaxe zu unterwerfen. Der im Krebs aufsteigende Uranus könnte mit Adlers Beharren auf den kreativen Kräften des Individuums in Zusammenhang stehen, dem unabläßigen Versuch, die Minderwertigkeit zu überwinden und die Spitze der menschlichen Evolution zu erklettern. Das Symbol für den Tierkreisgrad des Uranus lautet (im sabischen System) »ein aristokratisches und zerbrechliches Mädchen heiratet einen proletarischen Jungen« und von daraus leiten wir den Gedanken der Vermischung von Vergangenheit und Zukunft ab, oder einer Gestalt mit ungestüm vorwärtsdrängenden emotionalen Antriebskräften. Es wird auch ein Hang zur Assimilierung unbewußter Inhalte (»der proletarische Jugendliche«) durch ein kultiviertes Bewußtsein angedeutet.

Adler maß dem Unbewußten keinen großen Stellenwert bei, weder in der Form, wie es von Freud beschrieben, noch in der Weise wie es von Jung verstanden wurde. Er schenkte auch den Träumen keine besondere Aufmerksamkeit:

> Man kann mit der Technik der Individualpsychologie die Dynamik eines Traumes finden. Sie sagt uns nichts Neues, nichts, was wir nicht sonst auch aus dem Verhalten des Patienten erkennen konnten. Man kann aus den richtig verstandenen Mitteln und aus der Auswahl der Inhalte erkennen, wie der Träumer, geleitet durch sein Bewegungsgesetz, bemüht ist, entgegen dem Common sense seinen Lebensstil durch künstliche Erwekkung von Gefühlen und Emotionen durchzusetzen.[15]

Einzig der gewaltige evolutionäre Trieb nach einem Ziel der Vollkommenheit, welcher das Individuum dazu reizt, seine Schwächen zu überwinden und Macht zu erlangen, war für Adler als unbewußte Reaktion akzeptabel. Dieser Antrieb ist *unvermeidbar.* Der Mensch ist dazu bestimmt, »von unten nach oben« zu streben, von *minus* zu *plus* Werten. Und laut Adler

> ...verankert dies nicht nur eine fundamentale Denkkategorie, die Struktur unserer Vernunft, sondern, und dies ist viel bedeutsamer, es ruft die *fundamentalen Fakten unseres Lebens* hervor. Der Ursprung der Menschheit und der sich ständig wiederholende Beginn des kindlichen Lebens reitet mit jedem psychischen Akt darauf herum: »Vollende! Steh auf! Überwinde!« Dieses Gefühl ist niemals abwesend.[16]

Dieses von ihm angenommene Streben nach Überwindung, Sicherheit und Zuwachs, welches an der Basis aller Lösungen von Lebensproblemen liegt und sich dergestalt äußert, wie wir diese Fragen angehen, läßt sich astrologisch in Adlers Radix–Konjunktion von Sonne und Mars im Wassermann ersehen. Sogar das Symbol des Tierkreisgrades der Sonne verweist auf *den bestimmenden Einfluß* dieser Position. Es lautet: »ein Waldbrand unter Kontrolle« und bedeutet eine Überbetonung von Lebensproblemen, welche dem Betreffenden seine wahre Struktur enthüllen, ihn testen und ihm eine völlige Aktivierung seiner Energien abverlangen. Darüberhinaus steht Mars auf einem Tierkreisgrad, der Kraftproben und die Fähigkeit, jene zu bewältigen, versinnbildlicht. In der Symbolik des Tierkreises steht Wassermann in Beziehung mit der Freisetzung von Kraft durch menschlichen Willen oder Imagination, um die Suche nach neuen Zielen voranzutreiben. Jupiter Konjunktion Pluto deutet auf ein möglicherweise kreatives Ventil für diese dynamische Kraftfreigabe hin, wohingegen das Quadrat von Sonne und Mars auf die Jupiter/Pluto Konjunktion ein angespanntes Verhältnis gegenüber konservativen Schicksalsidealen nahelegt.

Wir können noch hinzufügen, daß das Quadrat des Stier–Mondes zum rückläufigen Wassermann–Merkur einen grundlegenden seelischen Konflikt mit dem »Mutterbild« enthält, eine innere Rebellion, welche später vermutlich auf eheliche Krisen übertragen wurde. Der Verstand Adlers arbeitete, darauf wurden wir durch Jung aufmerksam gemacht, entlang der Linie von Introversion. Für Adler war die innere Wirklichkeit, das Ego, viel bedeutsamer, als die Welt der äußeren Objekte oder der Personen. Sicherlich, er legte großen Nachdruck auf das »Gemeinschaftsgefühl«, aber dies war eine rein kompensatorische Haltung (man beachte hierzu die Stellung und die Aspekte Jupiters). Das Ich war für ihn nicht nur die Mitte des Bewußtseins (wie in der Jungschen Psychologie); es nahm die Gesamtheit der vereinheitlichten Persönlichkeit in Anspruch — und das schließt mit ein, daß Adler den Bereich der Persönlichkeit auf die *bewußte Ebene* reduzierte.

Was Freud ungeschickt auf klinische Weise versuchte und was Jung auf einer viel umfassenderen Ausgangsbasis zu begründen beabsichtigte, war folgende These: das, was ein Individuum als »sich selbst« oder »einheitliches Ich« bezeichnet, macht nicht sein gesamtes Wesen aus, sondern nur ein oberflächliches Sein. Während Freud danach strebte, die Tiefen der menschlichen Psyche aufzudecken, reagierte Adler schärfstens gegen diese Enthüllungen und konzentrierte all seine Aufmerksamkeit und Deutungen auf die »Oberfläche des Selbsts.« Er lobpries das aus den untersten Seelengründen nach oben drängende evolutionäre Streben. Aber das wahre Selbst befand sich seiner Meinung nach auf dem konsolidierten Gipfel der Evolution, und manifestierte sich als individuelle Person mit einem einmaligen »Lebensstil« und »Bewegungsgesetz«. Adler sah nur integrierte Spitzen; er versuchte nicht, Menschen mit dichterer Verwurzelung und einem profunden Zugriff auf die unterdrückten Sphären der Instinkte und Grundenergien zu erschaffen. Er wollte nur *siegreichere Persönlichkeiten* entwickeln; und es schien ihn wenig zu kümmern, um welchen Preis man den Sieg davontrug.

Sieg, so behauptete er, kann nur durch ein erfolgreiches soziales Handeln unter Beweis gestellt werden. Das Ziel der Herrschaft wird *fälschlicherweise* auf eine tyrannisierende Überlegenheit über seine Mitmenschen gelenkt, oder aber *richtigerweise* auf die Zusammenarbeit mit anderen und eine Teilhabe am kreativen Aufbau der »idealen Gemeinschaft«. Ein Mangel an »Gemeinschaftsgefühl« führt in die falsche Richtung; Kooperation ist der Schlüssel zu einer konstruktiven Lösung, denn, so sagt er, »seit jeher habe ich daran festgehalten, alle Lebensfragen den drei großen Problemen unterzuordnen: dem Problem des Gemeinschaftslebens, der Arbeit und der Liebe.«[17] Wie kann nun dem neurotischen oder sozialgeschädigten Menschen dazu verholfen werden, daß er zur richtigen Einstellung gegenüber Gesellschaft, Arbeit und Liebesaktivitäten wechselt? Adler antwortet wie folgt:

> Wer nicht schon in der Kindheit ein gewisses Ausmaß an Sozialgefühl erworben hat, wird es auch im späteren Leben nicht haben ... außer daß von der Person zufällig einige nachteilige Konstruktionsfehler erkannt und korrigiert werden. Keine noch so große Summe bitterer Erlebnisse kann ihren Lebensstil verändern, *solange sie kein Verständnis davon gewonnen hat.* Die ganze Arbeit der Erziehung, Heilung und des menschlichen Fortschritts kann nur aufgrund besserer Einsicht gefördert werden. (Anm.Rudhyar: Sonne und Mond dominieren im 9. Haus, welches im wesentlichen das Haus des Verständnisses ist.) Für die Individualpsychologie liegt die Substanz der Therapie darin, dem Patienten seinen Mangel an Kooperativkraft bewußt zu machen und ihm ins Bewußtsein zu führen, daß die Ursprünge dessen in frühkindlichen Störungen liegen; was sich während dieses Prozesses vollzieht ist keine Kleinigkeit; seine Bereitschaft zur Kooperation wird von dem Arzt verstärkt. Sein »Minderwertigkeitskomplex« entpuppt sich als Irrtum. Mut und Optimismus werden geweckt. Und die »Lebensaufgabe« kristallisiert sich als ein Faktum heraus, dem man Bedeutung verleihen muß. Mit dieser Behandlung kann an jedem Punkt im spirituellen Leben angesetzt werden.[18]

Adler wurde vor allem in seinen späteren Lebensjahren zu einem Pädagogen und sozialen Moralisten. Seine Psychologie war eine Lehre des individuellen Erfolges. Und er verstand psychologischen Erfolg als einen monolithischen Vorstoß des vernünftigen Menschen, welcher gut an die Gesellschaft angepaßt und eine Lanzenspitze der Evolution ist. Es erheben sich jedoch Fragen: Wird dieses siegreiche Individuum nicht oberflächlich sein? Wird seine erfolgreiche persönliche und soziale Integration nicht eine Armut an innerem Gehalt verbergen?

Adler machte Freuds Herumstöbern in den verdorbenen und unterbewußten Seelengründen der Psyche dadurch wett, daß er die »Höhen« und den Machtwillen des bewußten Individuums herausstellte. Aber wenn man Adler liest, dann erkennt man bald, daß seine Ideen und Techniken in den meisten Fällen nur zu seichten Triumphen des allzu bewußten (da *ausschließlich* bewußten) Egos führen. Aus diesem Grund erzielte er seine größten Erfolg in einem Amerika, welches durch den blühenden Optimismus der Neugeistbewegung (einer etwas freien Spielart der Christian Science) hindurchgegangen ist. Es sollte Jungs Aufgabe werden, eine Psychologie zu entwickeln, welche die Integration der Gesamtperson auf der Basis einer endlosen Suche nach »Assimilierung« von Inhalten des Lebens, der Gesellschaft und des Universums zu vollbringen versuchte.

Kapitel 3

Carl G. Jung und die positive Annäherung an das Unbewußte

In den vorangegangenen Kapiteln haben wir gesehen, wie sich die Psychotherapie zu einer Behandlungsmethode für abweichendes Verhalten entwickelte, in welchem man äußere Anzeichen von Neurosen zu erkennen glaubte. Die Analyse von neurotischen Phänomenen (im Handeln, Denken und Fühlen) enthüllte den ersten Forschern die Tatsache, daß diese Bewußtseinsinhalte neutralisiert werden konnten, wenn man in der Lage war, den Neurotiker durch Hypnose, Traumanalyse oder ähnliche Methoden dazu zu bringen, sich an bestimmte schmerzhafte Erlebnisse in der Kindheit und Jugend zu erinnern. Man zielte dabei auf solche Vorkommnisse ab, die einen tiefen Eindruck oder emotionalen Schock hinterließen, die der Betreffende aber schon längst vergessen hatte.

Dieser Sachverhalt führte Philosophen wie Pierre Janet und Psychiater wie Sigmund Freud zu der Erkenntnis, daß die innere Natur des Menschen, die Psyche, nicht nur aus einer Ansammlung *bewußter* Gedanken, Gefühle und Einsichten beschaffen ist, sondern auch eine gewaltige Menge *unbewußten* Materials enthält. Über das hinausgehend, was eine Person von ihrem Sein wußte — außer den Gedanken, Gefühlen, Stimmungen, Bestrebungen, Begierden und Erinnerungen, welche sie als »zu ihr gehörig« anerkannte — weilten in ihr noch viele unwillkommene, seltsame, häßliche, unmoralische und vielleicht sogar kriminelle Impulse und Sehnsüchte, welche ihr bewußtes Ich nicht akzeptieren konnte und folglich in Furcht,

Abscheu oder Schrecken unterdrückte. Auf diese Weise im Zaume gehalten, fielen die solchermaßen unliebsamen Inhalte der Psyche in das Schattenreich des »Unterbewußtseins« zurück, d.h. unter die Schwelle der bewußten Wahrnehmung. Sie waren die Verfemten und Ausgestoßenen der Seele. Die Psyche hatte ihre »dunklen Slums«, genauso wie unsere modernen Großstädte; und wenn diese psychischen Slums auf die eine oder andere Art überfüllt oder wachgerüttelt wurden, dann ergossen sich ihre ausgezehrten, ungehobelten und kriminellen Bewohner in die bewußte Hälfte der Psyche (vergleichbar mit der »guten Gesellschaft«) und verursachten ein Chaos, das sich in neurotischen Symptomen äußerte.

Als Begründung für das Vorhandensein dieser psychischen Unterwelt und ihrer unerfreulichen Bewohner wurden zu Beginn unseres Jahrhunderts verschiedene Erklärungen vorgelegt, allen voran jene von Pierre Janet, Freud und Adler. Tatsächlich betonten diese Erklärungsmodelle den *negativen* Charakter der unbewußten Anteile innerhalb der Psyche. In Freuds Sichtweise entspringen die unwillkommenen und unterdrückten Begierden, Gefühle und Gedanken den dunklen, tierischen Trieben und vor allem den ersten Anzeichen von Sexualität; tatsächlich sah er sie als das Ergebnis eines Grundkonfliktes zwischen »Leben« und »sozialer Ordnung«. Bei Adler hatten die unbewußten Seeleninhalte beinahe überhaupt keine Bedeutung, abgesehen von dem Ergebnis, daß das Individuum bei seinem Überlegenheitsstreben und Selbstbehauptungswillen gegenüber physiologischen und sozialen Handikaps die falsche Methode anwendete. Die unbewußten Inhalte waren für Adler überflüssiges, giftiges Material, welches von dem gesunden Individuum aus eigenem Antrieb zugunsten seines Lebensziels und des Leitziels der menschlichen Gesellschaft ausgemerzt werden muß.

Dann kam Carl Gustav Jung. In seinen Büchern und Heilverfahren skizzierte er, mit einer Fülle an Details, Analogien und imaginativem Verständnis, ein völlig anderes Bild des Unbewußten. Wir erkennen einige der Charaktermerkmale, die schon Freud erwähnte, in diesem Bild wieder; aber Jung zeigt, daß Freuds Interpretation vom Wesen und Ursprung der für Neurose, Hysterie und Ähnliches verantwortlichen psychischen Faktoren, einseitig und unvollständig ist. Vor allen Dingen unterscheidet Jung zwischen einem »persönlichen« Unbewußten (Freuds Unterbewußtsein) und einem »kollektiven« Unbewußten. Diese Abgrenzung entfernt Jungs Methode sofort von dem streng klinischen Bereich der Neurosenheilung und führt sie in das Gebiet der psychologischen Erziehung oder religiösen Führung. Jungs Ideen sind somit für all diese Menschen von Interesse, die darauf erpicht sind, ein volleres und ausgewogeneres, ein reicheres und ausgeglicheneres Leben zu führen.

Jungs Psychologie geht an die Wurzeln der Probleme des Menschenlebens und verkündet eine neue Ära des psychologischen und philosophischen Verständnisses. Seine wissenschaftliche Vorsicht und sein Wunsch, mit der Entwicklung des Denkens im 20. Jahrhundert Schritt zu halten, haben meines Erachtens den Spielraum seiner spirituellen Vision eingeschränkt, wenigstens soweit wir diese in seinen veröffentlichten Schriften formuliert finden; nichtsdestoweniger leistete er für die Psychologie das, was Einstein im Bereich der Physik vollbracht hat. Er hat einen neuen Bezugsrahmen für psychologisches Denken aufgestellt; und weil die Psychologie dazu ausersehen ist, eine ständig wachsende Aufgabe in der Evolution des menschlichen Denkens zu übernehmen, ist und wird eine neue Zivilisation — die jetzt um angemessene Formulierungen und konkrete Manifestationen im Gewebe des sozialen und persönlichen Lebens kämpft — Jung zu tiefem Dank verpflichtet sein.

Es ist möglich, Jungs Interesse an Mythen und religiösem Symbolismus darauf zurückzuführen, daß sein Vater nicht nur ein liberaler Geistlicher war, sondern auch viel Zeit auf das Studium orientalischen Gedankengutes verwendete. Auf alle Fälle veröffentlichte Jung 1912 sein Buch WANDLUNGEN UND SYMBOLE DER LIBIDO, welches der Interpretation einiger Grundthemen antiker Mythologien, aber auch den inspirativen Schriften moderner Poeten und Visionäre gewidmet war. Das

Erscheinen dieses Werkes trieb die Meinungsunterschiede mit Freud auf den Gipfel. Freud beharrte (wenigstens noch zu jener Zeit) darauf, sich selber auf den Bereich persönlicher Konflikte zu beschränken, deren erkennbare Ursachen in den objektiven Erlebnissen der frühen Lebensgeschichte der Einzelperson lagen. Jung begann dagegen in die allgemeine menschliche Seelennatur vorzustoßen, also in das psychische Erbe der vergangenen Jahrhunderte menschlicher Entwicklung, welches jedem neugeborenen Individuum vermacht wird.

Mit anderen Worten, Jung trachtete danach, die Existenz eines kollektiven, kulturellen und biologischen Fundaments in der menschlichen Seele nachzuweisen — einen Sockel auf den jede Person in mehr oder weniger kreativer und origineller Weise die Struktur ihrer Persönlichkeit aufbaut. Dieser Grundstock ist das Ergebnis vererbter biologischer, sozialer, kultureller oder religiöser Erfahrung. Sie existiert in den Tiefen des persönlichen Innenlebens, aber sie ist in der Regel so unbewußt wie die Organtätigkeiten des Atmens oder der Nahrungsaufnahme. Die Einzelteile, aus denen sich dieses Fundament des Bewußtseins addiert, können jedoch an die Oberfläche dringen oder aber das bewußte Ich kann sich dafür entscheiden, ihre mysteriösen Abgründe zu erkunden. Dann erscheinen diese Aufbaumaterialien im Bewußtsein als Bilder von besonderer Lebendigkeit und Stärke. Sie offenbaren sich in dieser Form dem Mystiker, dem großen Dichter, oder dem Schöpfer künstlerischer, religiöser und politischer Symbole, welche über unzählige Menschen Macht ausüben können. Die Symbole wirken deshalb mit einem so großen Einfluß, weil sie latent schon in jeder Person schlummern. Da nicht jeder Mensch diese Symbole *direkt* in seinem eigenen Bewußtsein erfahren kann, wird er dann zu Gefühlen oder Handlungen angeregt und motiviert, wenn ihm solch ein Sinnbild beispielsweise in der Literatur oder der Malerei dargeboten wird.

Jung spricht in diesem Zusammenhang entweder von »Urbildern« oder von »Archetypen« des kollektiven Unbewußten. Erwähnt seinen hier unter anderem folgende Motive: die

»große Mutter«, das »Seelenbild« (*Anima* oder *Animus*), der »Alte Weise«, der »Sonnenheld«, der »Schatten«, die »große Schlange« (Lebenskraft), das »Symbol der Rettung« oder der »rettende Erlöser«. Diese archetypischen Bilder sind mehr als nur Ideen, phantasievolle Mythen oder Produkte der Einbildungskraft außergewöhnlicher Menschen. Jung betrachtet sie als die grundlegende Substanz des kollektiven Unbewußten oder als entscheidende Strukturen im psychischen Haushalt. Der gewöhnliche Mensch entdeckt diese Bilder in den sozialen und religiösen Traditionen seiner Jugend; er ist sich zwar als *ein Individuum* der Art und des Gehalts dieser Archetypen nicht wirklich bewußt, aber er wird mit ihrer Bedeutung aus seiner Tradition heraus vertraut, und ist somit fähig, dieses Kraftfeld auf die gleiche unbewußte Weise anzuzapfen, wie er auch atmet.

Es gibt jedoch Menschen, die aus dem einen oder anderen Grund diese unbewußte Berührung mit ihrer vererbten Tradition und mit den kollektiven Einstellungen ihrer Gesellschaft verlieren. Sie streben friedvoll oder, was noch öfters der Fall ist, unter Anspannung und Streß danach, ihren eigenen individuellen Zugang und ihre eigene Grundierung zu entwickeln. Nicht damit einverstanden, das zu akzeptieren, was ihre Gemeinschaft oder Rasse über Jahrhunderte hinweg aufgebaut hat, rebellieren sie. Ebenso wie sie sich einst gegen ihre Mutter und deren entfaltende Liebe auflehnen mußten, um sich ihrer eigenen Individualität zu vergewissern, genauso trachten diese Menschen danach, aus der »kollektiven Gebärmutter« zu entkommen, die man mit Tradition, Religion, Kultur und Moral gleichsetzen kann. Dieses Loslösen von der kollektiven Mutter ist die Grundstufe für das, was Jung den »Individuationsprozeß« nennt, jenen Vorgang, der allein am Ende zu psychischer und spiritueller Reife führt.

Geburt und spirituelle Wiedergeburt, Freiheit von der Mutter und Befreiung von der Vergangenheit sind immerdar wiederkehrende Themen der menschlichen Erfahrung. Sie sind Manifestationen des ewigen Ringens zwischen dem Individuellen und dem Kollektiven: ein Kampf, welcher die Wichtigkeit dieser zwei polaren Gegensätze, die sich in allem Leben vorfinden lassen, intensiviert; ein Zwist, der aber auch eine individuelle, bewußte Form und Bedeutung in der Lebenspraxis eines jedes Menschen annehmen muß, insofern der Betreffende Anspruch auf ein reifes persönliches Selbst erhebt. Derartige Erfahrungen werden z.B. durch Beziehungsprobleme herbeigeführt, wenn sie eine gewisse Tiefenwirkung, sei es in Freude oder in Schmerz, erlangen. Erreicht man diesen Punkt — unterhalb der Ebene des »persönlichen Unbewußten« und seiner Unterdrückungen oder Frustrationen, welche sich auf anstrengende Kindheitsereignisse und Schockerlebnisse zurückführen lassen — dann wird das Individuum mit außergewöhnlichen Situationen und Träumen konfrontiert.

Die Schwierigkeit liegt nun nicht mehr länger darin, seine eigene Gefühlsreaktion zu normalisieren und Erinnerungen an persönliches Versagen zu löschen; stattdessen rückt nun ganz wesentlich das Problem in den Vordergrund, im Inneren eine andere Beziehung zwischen der neu gewonnenen Individualität und den fundamentalen Antriebskräften, Aufgabstellungen und funktionalen Zwängen seiner angestammten Tradition schaffen zu müssen. Die individuelle Person tritt der Menschheit, ihrer gesamten Vergangenheit ... und ich würde noch hinzufügen (obgleich sich Jung zu diesem Punkt nicht klar äußert), auch der ganzen Zukunft, einschließlich der kosmischen und göttlichen Bestimmung der menschlichen Evolution entgegen. Solch einer Herausforderung muß man ehrlich begegnen. Sie kann sich nur in spirituellem Erfolg oder Versagen auflösen. Gemäß Jung führt der Erfolg zur »Integration der Persönlichkeit«; Versagen führt zu einer regressiven Kristallisation, zum Zerfall der Psyche, zu einer Überschüttung des bewußten Ichs mit Energien aus dem wachgerüttelten Unbewußten.

Um die ganze Bedeutung dieser Zusammenhänge verstehen zu können, müßen wir das Wachstum, die Entwicklung und den Niedergang von Staaten und Gesellschaften, vor allem der europäischen Zivilisation, studieren. Der »Prozeß der Individuation« ist in seinem Ausmaß ein universeller Prozeß, und wirkt auf unterschiedlichen Ebenen und in Bezug auf verschiedene individualisierte Wesensformen. Er ist universell, weil er auf der zyklischen Wechselwirkung und der ständigen Auseinandersetzung zwischen den zwei Polen des Lebens beruht: Individualität und Kollektivität. Der Sinn dieser zwei Polaritäten wurde von den alten chinesischen Weisen sehr gut erfaßt, die sie *yin* und *yang* nannten und ihre gesamte Lebensphilosophie, ihre Ethik, Kunst und ihr Sozialsystem auf den regelmäßigen Rhythmus dieses Wechselspiels in der Natur stützten.

Der ständig wiederkehrende Rhythmus kommt in der Astrologie vor allen Dingen in der Symbolik des Tierkreises zum Ausdruck, welche auf der *in Deklinationen gemessenen* jährlichen Pendelbewegung der Sonne beruht; gemeint ist damit die nördliche und südliche Verschiebung der Punkte des Sonnenunterganges während des Jahres. Zur Zeit der Sonnwenden erreicht die Sonne dann jeweils ihre größte nördliche bzw. südliche Deklination. Ich habe dies eingehend in meinem Buch DIE ASTROLOGISCHEN ZEICHEN[19] beschrieben. Aber in Hinsicht auf das Geburtshoroskop wird der Dualismus von individueller Bewußtseinsstruktur und von den Faktoren des kollektiven Unbewußten durch folgende Unterscheidung dargestellt: einerseits durch die Planeten des Sonnensystems bis einschließlich Saturn und andererseits durch die später entdeckten äußeren Planeten, also Uranus, Neptun und Pluto. Ich habe die ersteren als »Planeten des Bewußten« und zweitere als »Planeten des kollektiven Unbewußten« bezeichnet[20] und in einem späteren Kapitel werden wir die Bedeutung dieser Unterscheidung und ihren Gebrauch bei der Analyse eines Geburtsbildes näher betrachten.

Der Leser dürfte jetzt eine generelle Vorstellung davon erlangt haben, wie weit Jung von Freuds psychologischer Betrachtungsweise abgewichen ist. Wir sehen, daß bei Jung eine deutlich unterschiedene Auffassung des Unbewußten zum Vorschein kommt. Im Kontrast zu Freuds Bild der Unbewußtheit als einem Fegefeuer oder einer Hölle von unterdrückten und bösartigen psychischen Inhalten, präsentiert Jung das Unbewußte als ein unermeßliches Reich psychischer Energie, aus welchem das bewußte Ich emporsteigt. Dieser Vorgang, den Jung »Individuation« nennt, kann mehr oder weniger erfolgreich und kreativ vollbracht werden; das psychische Material, welches das Ich während seiner Lebensspanne bewältigt hat, kehrt nach dem Tode normalerweise wieder in das kollektive Unbewußte zurück. In gewissem Sinn ist dieses der Ur–Ozean des menschlichen Seins, der universelle Nährboden all dessen, was im lebenden Menschen an Wünschen, Gefühlen, Gedanken, Intuitionen und Sehnsüchten entsteht. In anderer Hinsicht bildet es das kollektive Sammelbecken, in welches alles einfließt, was Menschen zur Zivilisation beigetragen haben oder jemals beisteuern werden, *sei es positiv oder negativ.*

An diesem Punkt sollte ich vielleicht betonen, daß Jung nicht von *dem* Bewußtsein und *dem* Unbewußten als zwei verschieden Einheiten spricht. Jung begründet seine Lehre und Technik mit empirischen Ergebnissen, welche er und seine Klienten in ihrem Seelenleben erfahren haben. Er ist nicht in erster Linie Philosoph; er ist ein Forscher, der seine Interpretationen auf dem größtmöglichen Fundament errichten möchte, und nicht nur auf einer schmalspurigen Vorstellung von Individualität. Er sieht in der Psyche des Menschen etwas Unermeßliches, das sich aus vielen Einzelfaktoren (oder »Inhalten«) zusammensetzt. Einige dieser Inhalte sind bewußt (d.h. sie stehen in Bezug zu einem zentralen Punkt, einem Ego oder »Ich«); viele sind unbewußt, drücken jedoch gegen die Schwelle des vom Ego beherrschten Bewußtseins, um dann unter bestimmten Voraussetzungen wieder in dieses einzusickern oder einzuschlagen.

Was das Unbewußte ist wissen wir nicht mit Bestimmtheit, denn sonst würde es aufhören, unbewußt zu sein. Bewußt oder halbbewußt spüren wir lediglich, daß wir uns dem Eintritt von gewissen Gedanken, Gefühlen, Impulsen, Erkenntnissen und Intuitionen in den Bereich unseres Bewußtseins widersetzen. Aber warum leisten wir gegen diese verborgenen Seeleninhalte Widerstand? Vielleicht, weil sie an sich schon destruktiv sind, giftiger Abfall unseres »ungelebten Lebens«; es kann aber auch sein, daß sie einen Ruf nach einem größeren, erfüllteren und spirituellerem Leben darstellen — und daß unser Ego sich aus Furcht und Trägheit weigert, ihnen Einlaß zu gewähren.

Mit anderen Worten, die unbewußten Inhalte unserer Seele sind jene, die das Ego nicht erkennen will, oder aber jene, welche ein weiteres Wachstum der Ichstärke und der verfestigten Einflüße von bewußten und rationalen Anteilen unseres inneren Wesens herausfordern. Folglich erscheint das Unbewußte oberflächlich betrachtet als der Gegenspieler des Bewußtseins. Jedoch sind beide — und dies ist ein ganz wesentlicher Punkt — die zwei Hälften der Psyche. Jung sagt hierzu:

> Die Psyche besteht aus zwei inkongruenten Hälften, die zusammen ein Ganzes bilden sollten[21]....(aber) Bewußtsein und Unbewußtes ergeben kein Ganzes, wenn das eine durch das andere unterdrückt und geschädigt wird. Wenn sie einander schon bekämpfen müssen, dann möge es wenigstens ein ehrlicher Kampf mit gleichem Recht auf beiden Seiten sein. Beide sind Aspekte des Lebens. Das Bewußtsein sollte seine Vernunft und seine Selbstschutzmöglichkeiten verteidigen, und das chaotische Leben des Unbewußten sollte auch die Möglichkeit haben, seiner eigenen Art zu folgen, soviel wir davon ertragen können. Dies bedeutet offenen Kampf und offene Zusammenarbeit in einem. So sollte offenbar das menschliche Leben aussehen. Es ist das alte Spiel von Hammer und Amboß. Das leidende Eisen zwischen beiden wird zusammengeschmiedet zu einem unzerstörbaren Ganzen, und zwar zum ›Individuum‹. Dies ist ungefähr, was ich den ›Individuationsprozeß‹ nenne.[22]

All dies läuft auf die folgende Theorie hinaus: Die »Persönlichkeit« ist eine geordnete, ausbalancierte Gesamtheit menschlicher Erfahrungen und psychischer Inhalte, seien sie bewußt oder unbewußt. Das Unbewußte darf man niemals als einen abgeschlossenen Bereich mit festgelegten Grenzen ansehen, sondern eher als einen Kanal, durch den das gesamte Universum — Vergangenheit, Gegenwart und Zukunft — möglicherweise in die menschliche Psyche einfließen kann. Somit ist die

Persönlichkeit unaufhörlich offen für Expansion und Wachstum. Das fundamentale Wachstum ergibt sich aus der »gegenseitigen Durchdringung« von Bewußtsein und Unbewußtsein, dem Vermischen von rationaler Ordnung mit irrationalen Lebensenergien. Diese polaren Gegensätze müssen in der Erfahrung des Individuums ausgesöhnt werden; sie müßen in eine vibrierende und pulsierende Ganzheit der Persönlichkeit eingegliedert werden, und in dieser Persönlichkeit darf keine Funktion unterdrückt oder unterbewertet werden, sondern jede muß den ihr angemessenen Platz in dem Aufbau eines sich immer ausweitenden Ganzen einnehmen. Expansion geht von der Erfüllung zu immer größerer Erfüllung, durch Krisen des Wachstums, in welchen das individuelle Bewußtsein einen immer größeren Anteil des universellen Seins in sich aufnimmt. In diesem Wachstumsprozeß lernt der Einzelne zu erkennen, daß er nur durch seine Teilnahme an den Aktivitäten der Gesellschaft und eventuell durch seine Teilhabe an der universellen Ganzheit höchste Bedeutung erlangt. Anstatt lediglich aus seinem bewußten Mittelpunkt, dem Ego, heraus zu wirken, bewegt er sich regelmäßig und gelassen weiter und handelt aus dem Kern der integrierten Totalität des Seins heraus, welches Jung »das Selbst« nennt. Jolande Jacobi schreibt hierzu in ihrem bemerkenswerten Buch DIE PSYCHOLOGIE VON C.G. JUNG: »Das Selbst ist aber auch eine psychische Kategorie, als solche eben erlebbar, und wenn wir aus der psychologischen Sprache heraustreten, so dürfen wir es auch ›das zentrale Feuer‹, unseren individuellen Anteil an Gott oder das ›Fünkchen‹ Meister Eckeharts nennen. Es ist das urchristliche Ideal vom Reich Gottes, das ›inwendig in Euch ist‹. Es ist das letzte Erfahrbare in und von der Psyche.«[23]

Kapitel 4

Jungs Persönlichkeitstheorie und der astrologische Weg zur Selbstverwirklichung

Was ist »Persönlichkeit«? Die Antworten auf diese Frage gehen weit auseinander, genauso weit wie die psychologischen Wege, die der Mensch einschlug, um das zentrale Problem des Lebens zu bewältigen. Gemäß einigen mittelalterlichen Philosophen ist nur Gott mit dem höchsten Attribut der Persönlichkeit ausgestattet, denn er allein ist ein vollkommenes, unabhängiges und sich selbst erhaltendes Wesen. In theosophischen oder sogenannten okkulten Schriften wurde der Begriff »Persönlichkeit« im Kontrast zur Individualität verwendet, wobei Persönlichkeit die sich ständig verändernde und erdverhaftete Eigenart des Menschen bezeichnet, während Individualität sich auf die relativ andauernde und spirituell bedingte Wesenhaftigkeit bezieht, von welcher man annimmt, daß sie die eigentliche Realität des Menschen ist.

In der klassischen Psychologie ist Persönlichkeit eindeutig mit dem Bewußtsein verflochten; aber Freud versuchte, die bislang als gesichert angenommene Einheit der Persönlichkeit auf instabile Bestandteile, unterbewußte Energien, psychische Mechanismen, Komplexe und hoffnungslose Sehnsüchte nach unerreichbarer Vollkommenheit zu reduzieren. Adler wirkte Freuds Ansatz entgegen, indem er die Einheit der Persönlichkeit herausstrich, das Ego mit der Persönlichkeit gleichsetzte, und unbewußte Faktoren im Seelenleben als zurückgebliebene und giftige Nebenprodukte einer unwirksamen und unvollständigen Anpassung an Leben und Gesellschaft abtat — eine Anpassung, die von dem permanenten Machthunger und Überlegenheitsstreben des Menschen kontrolliert wird.

Studieren wir Jungs Psychologie näher, dann stellen wir fest, daß seine Vorstellung von Persönlichkeit sehr breitangelegt und umfaßend ist: Persönlichkeit ist ein sich entwickelnder Organismus, dessen Ganzheit und Ausgeglichenheit nicht selbstverständlich vorausgesetzt werden sollte, sondern stattdessen als das wesentliche (aber schwer zu erlangende) Lebensziel des Individuums angesehen werden muß. Die Integration der Persönlichkeit ist nicht nur ein komplexer und anstrengender Prozeß; sie hat kein begreifbares Ende, weil die Persönlichkeit vorwiegend das Ergebnis von gegenseitigem Durchdringen, Harmonisieren und dem Zusammenschluß zweier deutlich verschiedener und entgegengesetzter (jedoch sich ergänzender) Faktoren im Seelenleben des Menschen darstellt. Diese Faktoren stehen entweder in Bezug zum Bewußtsein und dessen Kontrollinstanz (dem Ego) oder sie gehören in den Bereich des Unbewußten. Da das Unbewußte keine erkennbare Grenzlinie hat, sondern sich theoretisch *ad infinitum* in Richtung auf eine immer breitere Erfahrung des Universums ausdehnt, folgt daraus, daß keine festgesetzten Grenzen auf den Umfang der Persönlichkeit angelegt werden können. Der Bewußtseinsraum kann immer die Gesamtheit der zuvor unbewußten Inhalte umfassen. Ein paar kurze Zitate von Jung sollen helfen, seine Idee von dem Verhältnis zwischen Bewußtsein und Unbewußtem in eine deutlichere Perspektive zu rücken:

> ...muß erwähnt werden, daß, wie der menschliche Körper über alle Rassenunterschiede hinaus eine gemeinsame Anatomie aufweist, auch die Psyche jenseits aller Kultur- und Bewußtseinsunterschiede ein gemeinsames Substrat besitzt, das ich als das *kollektive Unbewußte* bezeichnet habe. Diese unbewußte Psyche, die aller Menschheit gemeinsam ist, besteht nicht etwa aus bewußtseinsfähigen Inhalten, sondern aus latenten Dispositionen zu gewissen identischen Reaktionen. Die Tatsache des kollekti-

ven Unbewußten ist einfach der psychische Ausdruck der Identität der Gehirnstruktur jenseits aller Rassenunterschiede. Daraus erklärt sich die Analogie, ja sogar Identität der Mythenmotive und der Symbole und der menschlichen Verständigungsmöglichkeit überhaupt. Die verschiedenen seelischen Entwicklungslinien gehen von einem gemeinsamen Grundstock aus, dessen Wurzeln in alle Vergangenheiten hinunterreichen. Hier liegt sogar der seelische Parallelismus mit dem Tier. Es handelt sich – rein psychologisch genommen –um gemeinsame *Instinkte des Vorstellens (Imagination) und des Handelns.* Alles bewußte Vorstellen und Handeln hat sich über diesen unbewußten Vorbildern entwickelt und hängt mit ihnen stetig zusammen.[24]

Zweifellos geht das Bewußtsein ursprünglich aus dem Unbewußten hervor. Daran denken wir zu wenig und deshalb machen wir immer Versuche, die Psyche überhaupt mit dem Bewußtsein zu identifizieren...[25]

Die Trennung von Seele und Körper ist eine künstliche Operation, eine Diskrimination, die sicher weniger im Wesen der Dinge als vielmehr in der Eigentümlichkeit des erkennenden Verstandes begründet ist. So innig in der Tat ist die gegenseitige Durchdringung der körperlichen und seelischen Kennzeichen, daß wir aus der Beschaffenheit des Körpers nicht nur weitgehend auf die Beschaffenheit der Seele, sondern auch aus der seelischen Besonderheit auf entsprechende körperliche Erscheinungsformen schließen können.[26]

Es ist für den Abendländer charakteristisch, daß er zu Erkenntniszwecken Physisches und Geistiges auseinandergerissen hat. In der Seele liegen aber diese Gegensätze beisammen. Das muß die Psychologie anerkennen. ›Psychisch‹ ist physisch *und* geistig.[27]

Die Seele als ein selbstregulierendes System ist balanciert wie das Leben des Körpers. Für alle exzessiven Vorgänge treten sofort und zwangsläufig Kompensationen ein, ohne sie gäbe es weder einen normalen Stoffwechsel, noch eine normale Psyche. In diesem Sinne kann man die *Kompensationslehre* als eine Grundregel für das psychische Verhalten überhaupt erklären. Das Zuwenig hier erzeugt ein Zuviel dort. So ist auch das Verhältnis zwischen Bewußt und Unbewußt ein kompensatorisches.[28]

> Ohne Bestimmtheit, Ganzheit und Reifung wird keine Persönlichkeit offenbar.[29]

> Entwicklung der Persönlichkeit aber heißt noch mehr als bloße Befürchtung abnormer Ausgeburten oder der Vereinsamung, sie heißt auch: *Treue zum eigenen Gesetz.*[30]

> Schließlich und am Ende ist ja auch der Held, Führer und Heiland jener, welcher einen neuen Weg zu höherer Sicherheit entdeckt. Man könnte ja alles beim alten lassen, wenn dieser neue Weg es nicht unbedingt verlangte, entdeckt zu werden und die Menschheit nicht mit allen Plagen Ägyptens solange heimsuchte, bis der neue Weg gefunden ist. Der unentdeckte Weg in uns ist wie ein psychisch Lebendiges, das die klassische chinesische Philosophie ›Tao‹ nennt und einem Wasserlauf vergleicht, der unerbittlich sich zu seinem Ziele bewegt. Im Tao sein, bedeutet Vollendung, Ganzheit, erfüllte Bestimmung, Anfang und Ziel und völlige Verwirklichung des den Dingen eingeborenen Daseinssinnes. Persönlichkeit ist Tao.[31]

Diese Zitate, obgleich sie nur fragmentarisch sind, legen in Umrissen das Persönlichkeitbild dar, welches Jung mit großem Detailreichtum in seinen umfangreichen Schriften ausarbeitete. Sie rufen aber auch die Gründe ins Gedächtnis zurück, warum die von der astrologischen Tradition angewandten Techniken für das Individuum, welches versucht, den schwierigen Pfad der Integration seiner Persönlichkeit zu beschreiten, von besonders praktischem Nutzen sein können — *vorausgesetzt, diese astrologischen Techniken werden auf neue Weise benützt, nämlich so, daß sie direkt auf die Erlangung einer positiven, eindeutigen, erfüllten und reifen Persönlichkeit gerichtet werden.*

Astrologie so anzuwenden ist nicht einfach, lassen wir über diesen Punkt bitte keine Irrtümer oder Mißverständnisse aufkommen! Es ist deshalb nicht leicht, weil eine Astrologie, welche auf die Erfüllung des »Gesetzes unseres Seins« ausgerichtet ist, zunächst von allen Einstellungen, Bekenntnissen und traditionellen Erwartungen bereinigt werden muß, die sowohl beim Schüler als auch beim Ratsuchenden Ängste, Minderwertigkeitsgefühle oder einen falschen Optimismus erwecken. Am schlimmsten ist dabei, daß Astrologie in ihrer populären Form häufig einer psychologisch ungesunden Abhängigkeit von den Ratschlägen äußerst fehlbarer oder ungenügend ausgebildeter Praktiker Vorschub leistet. Diese Abhängigkeit wäre im Prinzip nicht schlimmer als die des Klienten von seinem Therapeuten oder Analytiker, wenn der Astrologe ein ausgebildeter Psychologe und ehrlich um das psychische Wohlergehen seiner Klienten bemüht wäre, aber unglücklicherweise ist dies nicht oft der Fall. Das soll nun aber keineswegs heißen, daß die Astrologen weniger rechtschaffene Menschen als die Psychologen sind, sondern läßt sich vielmehr damit begründen, daß das Publikum von dem Astrologen eine Vorgehensweise *erwartet*, welche als Ganzes gesehen *nicht* psychologisch konstruktiv ist.

Wenn jemand einen Psychotherapeuten aufsucht, beabsichtigt er normalerweise, bessere Bedingungen für seine psychische Entwicklung zu erreichen, oder von einer akuten seelischen Störung befreit zu werden. Er erhofft Heilung oder eine größere Vollkommenheit des Seins. Aber die durchschnittliche Klientel, welche den Rat eines Astrologen einholt, erwartet jene Sorte von Informationen, die normalerweise nicht zu einem erfüllteren, reicheren, eindeutigerem und reiferen persönlichen Leben führen.

»Die Zukunft zu kennen« — selbst wenn man einsieht, daß es nur ein Wissen von der *Möglichkeit* zukünftiger Ereignisse geben kann — ist nicht an sich schon für die persönliche Integration förderlich. Es ist kein solides psychologisches Wissen per se. Selbst die Kenntnis, welcher Handlungsverlauf unter den gegebenen Umständen erfolgversprechend ist, hat keinen psychologischen Wert. Es kann verhängnisvoll sein, wenn dieser Einblick, während oder sogar *weil* er äußerlich zum Erfolg verhilft, einen Abhängigkeitszustand von falsch verstandenen astrologischen Methoden erzeugt und eine falsche psychologische Sicherheit vorspiegelt.

Aber was ist dann, von C.G.Jungs Warte aus betrachtet, der psychologisch richtige Gebrauch der Astrologie? *Sie kann nur eine Erklärung des »Gesetzes unseres Seins« darstellen, indem sie dies bewußt und deutlich macht.* Jedes astrologische Verfahren, welches nicht diese Absicht verfolgt und von dem der Praktiker oder Ratsuchende nicht diesen Zweck erwartet, ist schädlich für die psychische Gesundheit und kann nichts zum Prozeß des persönlichen Wachstums beitragen. Dies bedeutet nun aber nicht, daß astrologische Verfahren, die nicht in erster Linie oder überhaupt nichts mit dem psychischen Wohlergehen von Individuen zu tun haben, gar nicht praktiziert werden sollten. Damit soll lediglich das Grundziel jeder konstruktiven Anwendung astrologischer Methoden an Individuen zu verstehen gegeben werden, egal ob es sich nun um Radix–Horoskope, Progressionen oder Transite handelt. Trifft dies zu, so lautet die Frage, die wir uns beantworten müssen: Wie kann die Astrologie einem Menschen helfen, ein deutlicheres und objektiveres Bewußtsein von dem Gesetz seines Seins, und somit von seinem eigenen wirklichen Selbst, zu gewinnen?

In allen meinen Büchern und Artikeln setzte ich mich vorrangig mit dieser Frage auseinander. Ich habe gezeigt, daß die Astrologie als ein Mittel zur »Selbstverwirklichung«, als eine starke Hilfe im »Prozeß der Individuation«, verwendet werden kann; das bedeutet für den Werdeprozeß, für die Wirklichkeit und für die Fülle des bewußten Lebens, daß das, was man zum Zeitpunkt der Geburt ist, nur eine Möglichkeit darstellt. Individualität (d.h. strukturierte Einmaligkeit des Seins) ist potentiell oder latent in jedem neugeborenen Kind angelegt. Sie wird aber nur dann in die *Realität verwandelt*, wenn sich jung und alt stetig und gleichmäßig darum bemühen, innere Reife zu erlangen. Was die Astrologie zu einer größeren Erfolgsquote dieser Anstrengungen beitragen kann ist folgendes: sie kann der Möchtegern–Persönlichkeit oder dem verwirrten älteren Menschen, der die Last vieler Enttäuschungen trägt, die *Blaupause seiner Individualitätsstruktur* vor Augen führen.

Mit anderen Worten, die Astrologie zeigt also der sich entwickelnden Persönlichkeit, die vielleicht im Dunkeln tappt oder psychisch unreif ist, den Archetyp ihrer latent vorhandenen Individualität — das was sie sein wird, wenn sie zu dem wird, was sie potentiell ist. Ein Archetyp ist wie ein Same: die Möglichkeit einer bestimmten Struktur des organischen Seins. Der Same kann vielleicht niemals zu einer vollreifen Pflanze heranwachsen. Aber wenn er sprießt, dann wird das wirklich, was der Same als Anlage enthält. Keine Eichel kann jemals zu einem Apfelbaum gedeihen; aber wenn man eine Eichel zu Boden fallen sieht, so läßt sich daraus andererseits noch lange nicht schließen, ob an dieser Stelle jemals eine stattliche Eiche zu voller Reife heranwachsen wird. *Astrologie befaßt sich nur mit den Entwicklungsmöglichkeiten; niemals mit eindeutigen und schicksalsträchtigen Ereignissen.*

Jung verwendet ständig den Begriff »Archetypus« und so, wie er diesen definiert, ist er von großer Bedeutung für den Astrologen, der die richtige psychologische Bedeutung in dem Geburtshoroskop — einem Archetyp ganz besonderer Art — auswerten möchte. Archetypen sind in Jungs Philosophie Brennpunkte oder Kraftfelder des kollektiven Unbewußten; das heißt, sie sind Abbilder, welche die fundamentalsten Handlungen dessen, was wir »gesamtmenschliche Erfahrung« nennen, festlegen und kontrollieren. Sie bezeichnen die ursprünglichsten Grundreaktionen und Grunderlebnisse des psychischen Erfahrungsschatzes der Menschheit; und sie erscheinen als symbolische Bilder in unseren Träumen, aber auch in allen Mythen und religiösen Vorstellungen. Von diesen Dominanten des Unbewußten geht eine enorme Kraft aus. Sie können riesige Kollektivitäten mitreißen, religiöse Umkehr erzwingen oder zu rational nicht vertretbaren Verbrechen führen. Sie haben eine dunkle, aber auch eine lichte Seite.

Es ist jedoch wichtig zu erkennen, daß nur ihre *Form*, aber nicht ihr Inhalt festgelegt ist; daß der innerste Kern ihrer Bedeutung abgegrenzt, aber niemals beschrieben werden kann. »Die Form dieser Archetypen,« sagt Jung, »ist etwa dem Achsensystem des Kristalls zu vergleichen, welches die Kristallbildung in der Mutterlauge gewissermaßen präformiert (...), ohne selber eine materielle Existenz zu besitzen.«[32] Dieses Achsensystem bedingt nur die *Eigenschaften* zur konkreten Bildung eines bestimmten Charakters. Welche dieser möglichen Formationen sich tatsächlich in hohem Maße verwirklichen, hängt von der Art der Mutterlauge ab. Dieser entspricht, um wieder auf die Archetypen zurückzukommen, der gemeinsame Erfahrungsschatz der Menschheit oder einer bestimmten Rasse und Kultur, zu welcher die betreffende Person gerechnet wird.

Wenn ein Träumer von einer mysteriösen und mit kosmischen Attributen versehenen Mutterfigur träumt, oder wenn ein inspirierter Künstler solch eine Figur malt, dann ist das so entstandene Bild in Wirklichkeit keine Schöpfung des Träumers oder Malers *als Individuum.* Das Urbild liegt schon in seinem Unbewußten verborgen, so wie das Blattmuster der Eiche schon in der Eichel angelegt ist. Der Archetypus verfügt somit gewissermaßen über eine Art objektives Sein in einem unbewußten Reich der Möglichkeiten, welches sich mit dem vergleichen läßt, was Goethe im zweiten Teil des FAUST als das »Reich der Mütter« bezeichnet. Tatsächlich gibt Jung klar zu verstehen, daß »das Unbewußte die Mutter des Bewußtseins« ist. Auch Okkultisten haben beinahe im gleichen Sinne vom Reich des »Astrallichts« gesprochen, welches in seiner höheren Ausprägung kreativ und in seinen niedrigen Bereichen reflektierend ist. Sie haben auch die Ausdrücke »Anima Mundi« (Weltenseele) und »Jungfrauen des Lichts« verwendet. Der letztere Begriff bezog sich dabei auf die Zeichen des Tierkreises, die man für die symbolhafte Äußerung der großen »kreativen Hierarchien«, die Erschaffer des Universums und der Gattung Mensch, hielt. Diese Hierarchien wurden als kollektive Agenturen oder spirituelle Gastgeber angesehen, durch welche die *Anima Mundi* wirksam wird; Jung bezeichnet die Archetypen des Unbewußten auch als »Organe der Seele«.

Diese »Organe der Seele« sind jedoch Konzentrate der gemeinsamen Erfahrung seit Myriaden von Menschengenerationen. Sie sind der Menschheit so angeboren wie die Instinkte den Tieren, und zwar allen Menschen. Instinkte und Archetypen sind miteinander verwandt. d.h. archetypische Vorstellungen sind gewissermaßen zu Bild gewordene psychische Instinkte. Und wenn man dies verstanden hat, dann kann man auch einsehen, warum die oben erwähnten spirituellen Gastgeber in esoterischen oder gnostischen Kosmologien als das Konzentrat spiritueller Erfahrungen von zahllosen Wesenheiten aufgefaßt wurden, die in früheren Universen und Sonnensystemen gelebt und Unsterblichkeit erlangt haben.

> Die Anzahl der Archetypen bildet den eigentlichen Inhalt des kollektiven Unbewußten. Sie ist relativ begrenzt, denn sie entspricht ›den Möglichkeiten typischer Grunderlebnisse‹, die das menschliche Wesen seit jeher erfahren hat ...Die Summe der Archetypen bedeutet also für Jung die Summe aller latenten Möglichkeiten der menschlichen Psyche: ein ungeheures, unerschöpfliches Material an uraltem Wissen um die tiefsten Zusammenhänge zwischen Gott, Menschen und Kosmos. Dieses Material in der eigenen Psyche zu erschließen, es zu neuem Leben zu erwecken, und dem Bewußtsein zu integrieren, heißt darum nicht weniger, als die Einsamkeit des Individuums aufzuheben und *es einzugliedern in den Ablauf des ewigen Geschehens*[33] ...Die Einsamkeit und Verwirrung des modernen Menschen aufzuheben, *seine Einbettung in den großen Lebensstrom* zu ermöglichen, ihn zu einer Ganzheit, die *seine lichte Bewußtseinsseite zur dunklen des Unbewußten wissend und wollen rückverbindet,* zu verhelfen — ist Sinn und Zweck der Jungschen Seelenführung.[34]

Ich habe einige der zititierten Sätze hervorgehoben, weil sie die Verbindung zwischen Astrologie und Jungscher Psychologie aufhellen. Die symbolische Bedeutung des persönlichen Grundhoroskopes, welches für den genauen Moment und Ort der Geburt erstellt wurde, liegt tatsächlich darin, daß es, insofern es um seinen psychologischen Wert geht, einen Archetypus vom Unbewußten des Betreffenden darstellt. Das Horoskop ist vielleicht sogar der stärkste aller verfügbaren Archetypen, sobald er ins Licht des Bewußtseins gerückt wird — nämlich in Anbetracht der Tatsache, daß es das Verhalten des Individuums, seine Einstellungen zu sich selbst und seiner Lebensführung, aber auch die Qualität seiner Erwartungen hinsichtlich zukünftiger Ereignisse und seines Gesamtschicksals festlegen kann. Das

Geburtsbild ist ein Symbol von außergewöhnlicher Kraft, und es öffnet dem Menschen die Pforte, um seinen Platz im »großen Lebensstrom« vom Standpunkt eines archetypischen Ordnungsmusters her zu finden. Denn dieses Sinnbild basiert auf dem ursprünglichen Himmelserleben der Menschheit, der wunderbaren Erkenntnis einer transzendenten Ordnung inmitten eines Lebens voll irdischen Chaos. Durch das Kreisen unaufhörlich am Himmel sich bewegender Punkte und Lichtscheiben, wird diese Ordnungsschablone dem Menschen tatsächlich allgegenwärtig. Es liegt an ihm, sie zu betrachten. Das Geburtshoroskop zu untersuchen bedeutet, *die Struktur des Himmels an der Wurzel des eigenen Seins zu entdecken.* Es heißt die besondere Phase der *Anima Mundi* (der Weltenseele, der Großen Mutter) herauszufinden, die zur *Gußform* wurde, in welche die generische und kollektive menschliche Wesensart geschüttet wurde, während das Individuum als atmendes und neugeborenes Kind in die Welt von Luft und Licht entstieg.

Der Augenblick des ersten Atemzuges ist das große Symbol für den Individualisierungsakt, durch den sich die ungeborene menschliche Natur aus der »dunklen Mutter« (der Gebärmutter der Erde) erhebt, und anfängt, im Reich der »himmlischen Mutter« zu handeln. In der Gebärmutter ist der Mensch gebunden und äußerst abhängig von seiner Gattungsnatur, aber wenn er sich aus dieser Gebärmutter befreit und sich unter dem Gewölbe des Himmels wiederfindet (der himmlischen »Kirche«, in der die »Jungfrauen des Lichts« amtieren), dann betritt er das Reich der eigentlichen Freiheit. Er *atmet;* und durch diesen Vorgang des Atmens ist der Mensch der sinnbildliche Archetyp seines individualisierten Daseins. Es steht ihm frei, sein Atmen zu verändern, und durch die Kraft des Atems, welcher auch die Kraft des geäußerten Wortes ist, kann der Mensch sich als Individuum und Meister beweisen, oder sich selbst zu einem fruchtlosen und vereitelten Leben verdammen.

Hinduistisches Yoga basierte auf dieser Erkenntnis von der Bedeutung und Kraft des Atems; und genauso verhielt es sich, in einem etwas anderen Sinne, mit der Astrologie. Astrologie war das Mittel, um den ersten Moment der individualisierten Freiheit (den ersten Atemzug) mit dem »ewigen kosmischen Prozeß« in Beziehung zu setzen. Astrologie war deswegen eine Methode, und kann auch heute noch eine solche sein, um »die Einsamkeit des Individuums aufzuheben und es einzugliedern in den Ablauf des ewigen Geschehens« — eine Verfahren also, das auf die exakt gleiche höchste Erfüllung abzielt, welche Jacobi als das Ziel der Jungschen psychologischen Führung beschreibt. Die Absichten beider Vorgehensweisen sind im Kern identisch; die Hilfsmittel weisen viele charakteristische Analogien auf mit genauso typischen Unterschieden.

Der erste Punkt, den ich hervorheben möchte, ist, daß die Hauptaufgabe der Astrologie (in dem oben beschriebenen psychologischen Sinne betrachtet) darin liegt, zu helfen, »sich selber als das zu erkennen, was man von Natur aus *ist*, im Gegensatz zu dem was man sein möchte. Und nichts ist wohl schwerer für den Menschen, als gerade das.«[35] Das Geburtshoroskop, sehen wir darin ein Symbol für die *verwurzelte Teilnahme* des Individuums am *universellen Prozeß*, kann dem Geborenen enthüllen, was er von Natur aus ist, und was er erreichen kann, wenn er gemäß dieses »Gesetzes« seines individuellen Seins lebt. Allerdings befaßt sich das Horoskop mit symbolischen Beziehungen, mit Formeln des funktionellen Wechselspiels, die genauso wie Träume gedeutet werden müssen, wenn sie psychologisch bedeutsam und wirkungsvoll werden sollen. Und ebenso wie ein Traum läßt sich auch ein Horoskop auf vielfältige Weise interpretieren. Es kann als ein dynamisches und kreatives Ganzes betrachtet werden, als eine Aufforderung zur Intergration oder aber als eine Ansammlung fragmentarischer Informationshäppchen über die gängisten Hauptbeschäftigungen der Menschen (Wohlstand, Heim, Liebesaffären, Gesundheit, Heirat, Geschäft, Erfolg usw.).

Die traditionelle und herkömmliche Praxis der Astrologie befaßt sich mit der zweiten Thematik. In der Regel sucht der Astrologe dann nach Informationen über vergangene oder zukünftige Ereignisse, oder Wissen über zerstückelte Charaktermerkmale des Klienten. Astrologie erfüllt in diesem Falle keine psychologisch integrative Absicht — vornehmlich deswegen, weil sowohl Astrologe als auch Klient diesen Zweck *überhaupt nicht erwarten.* Die meisten Menschen nähern sich der Astrologie generell auf die gleiche Art, wie sie auch an Traumgegenstände herangehen: auf unorganisierte, dilettantische und bruchstückhafte, sprich ungesunde Weise.

Jeder, der erwartet, daß die Symbole des Traumes oder des Horoskopes ihn zu einer vollkommeneren, gefestigteren und reiferen Persönlichkeit führen sollen, muß eine ernsthafte und verantwortungsvolle Haltung einnehmen. Man sollte sich darüber im Klaren sein, daß die Berührung mit den Archetypen des Unbewußten oder den himmlischen Strukturen des Geburtsmoments dem Betreffenden einen ergiebigen und gelassenen Zustand persönlicher Erfüllung bringen *kann,* daß dieser Kontakt aber genauso bloß auf dünne psychologische Ergebnisse beschränkt bleiben könnte. Das Geburtshoroskop unterscheidet sich in der Tat beträchtlich von einer rein wissenschaftlichen Berechnung von Einzelfaktoren. Wenn man es untersucht und ihm lebendige Aufmerksamkeit schenkt, dann wirkt es als eine *dynamische Kraft im Unbewußten.* Es »macht« gewissermaßen etwas. Es zwingt Neigungen in das Bewußtsein (und erwirkt dadurch Ereignisse), die ansonsten verborgen geblieben wären. Jeder, der an die Wichtigkeit des Geburtsbildes und den Wert von dessen Interpretation glaubt, ist nicht mehr länger die gleiche Person. *Seine Orientierung am Unbewußten wurde verändert,* und wenn auch noch so geringfügig. Dies nicht wahrhaben zu wollen, kommt einem Spiel mit dem Feuer gleich, denn die Orientierung am Unbewußten ist der stärkste Faktor in der Persönlichkeit.

Der Prozeß der Integration der Persönlichkeit ist tatsächlich auch immer mit ernsten psychischen Gefahren belastet. Keiner erkannte dies deutlicher als Jung; und er stellte mit schonungsloser Offenheit fest, daß niemand in diesem Vorgang gänzlich erfolgreich sein könne, es sei denn, er werde von innen heraus durch einen echte »Berufung«, durch eine innere Notwendigkeit, dazu gezwungen.[36] Wie sehr doch Astrologen diese Feststellung beherzigen sollten! Nichtsdestoweniger gibt es sowohl kollektive wie auch individuelle Notwendigkeiten. Wir leben in einer explosiven Zeit, in einer globalen Krise der menschlichen Entwicklung, was uns alle dazu auffordert, neue Verantwortlichkeiten zu übernehmen und bedächtig neuen Gefahren ins Auge zu sehen, im Namen einer kollektiven Bestimmung, welche wir nicht mehr länger ignorieren können. Dies ist das Jahrhundert der globalen Integration, ob wir unter »global« nun den Planeten Erde verstehen oder die Sphäre von Gesamtpsyche, Körper und Geist. Wir müssen deswegen in der Persönlichkeit wie auch in der Gesellschaft einen Pfad der völligen Integration finden. Und wir müssen gewillt sein, Risiken zu akzeptieren, oder wir verlieren unsere Menschlichkeit. Denn Menschsein heißt, *bewußt* ganz und vollkommen zu sein; es verlangt von uns, ein Mikrokosmos zu sein, ein Brennpunkt für die Bedeutung und Kraft, welche innerhalb dem riesigen Organismus des Makrokosmos, dem universellen Ganzen, liegt.

Kapitel 5

Animus und Anima bei Jung und das Mondsymbol in der Astrologie

Im letzten Kapitel untersuchten wir die Bedeutung, die Carl Jung dem Unbewußten und den daraus an der Schwelle des individuellen Bewußtseins auftauchenden Urbildern (Archetypen), in seinem psychologischen System beimaß. Die Archetypen des kollektiven Unbewußten basieren auf so lebendigen und universellen Urerfahrungen, daß die normalen Reaktionen auf sie als Triebe, traditionelle Einstellungen und zwanghaftes Verhalten tief in der menschlichen Seele eingebettet sind. Solche allgemeinen menschlichen Reaktionen auf universelle Lebenssituationen sind vererbt; tatsächlich sind sie durch die Organstrukturen des Körpers, vor allem des Gehirns, bedingt und sie sind die psychologische Ausdruckskraft derselben. Der durchschnittliche Mensch ist sich dabei der Inhalte seines psychischen Seelengrundes nicht mehr bewußt als er sich dem Funktionieren seines Verdauungssystems oder seines Blutkreislaufes bewußt ist.

Wenn sich ein Mensch jedoch in Umstände bringt (oder von den besonderen Anforderungen unserer modernen Zivilisation in sie hineinversetzt wird), die natürliche und vererbte Reaktionen auf die Grundsituationen des menschlichen Lebens in Frage stellen oder ausschließen, so ergeben sich einige meist unerfreuliche Störungen. Diese wirken sich ihrerseits auf die normale Organtätigkeit von Körper, Psyche oder beiden aus. Wird der Körper in Mitleidenschaft gezogen, dann kommt es zu Krankheit oder Schmerzen. Sind die Auswirkungen vorrangig psychologischer Natur, dann registriert das Bewußtsein seelische Störungen und diese beeinträchtigen wiederum das Ich. Die Behinderungen verändern den Gleichgewichtszustand zwischen Bewußtsein und Unbewußtem, greifen folglich also die Stabilität der vom Ich errichteten Strukturen an.

Das Ich herrscht als das Kontrollzentrum des Bewußtseins über eine Fülle psychischer Aktivitäten, welche ständig von der riesigen und mysteriösen Domäne des Unbewußten umgeben sind. Es regiert wie ein König über ein Land, jenseits dessen Grenzen sich Seen, Berge und Wälder ausbreiten, die von unbekannten Stämmen bewohnt werden. Diese Stämme können Barbaren oder auch kulturell hochentwickelte Völker sein. In beiden Fällen kann man sich ihrer besonderen und fremdartigen Lebensweise auf der Basis einer fruchtbaren Handelsbeziehung nähern, und ein belebender Werteaustausch könnte vonstatten gehen. Es treten jedoch möglicherweise auch Zeiten ein, zu denen der normale Kommunikationsfluß zwischen dem Königreich des Ichs (dem Bereich des Bewußtseins) und den weiten Regionen des Unbewußten unter dem Druck äußerer oder innerer Bedingungen unterbrochen wird. Das Ich kann sich dazu entschließen (oder von sozialen Zwängen dazu genötigt werden), seiner Persönlichkeit dergestalt Ausdruck zu verleihen, daß es den angestammten und kulturellen menschlichen Verhaltensmustern bzw. den tieferliegenden Traditionen einer bestimmten Religion oder Kultur entgegenläuft. Dann gerät die Psyche als Ganzes (welche teils bewußt, teils unbewußt ist) in Unordnung. Ist die Verwirrung nachhaltig, bildet sich ein Komplex heraus oder eine Neurose gedeiht. Das Bewußtsein wird rigide oder kriegerisch, isoliert oder aggressiv; es geht mit dem Unbewußten nicht mehr friedfertig um, welches nun seinerseits, nachdem es seine Energien im Zaume gehalten oder im Namen des Ichs geknechtet hatte, explodiert und Rache sucht.

In der ersten Phase des Konflikts scheint das Unbewußte einzurenken. Die menschliche Natur versucht sich den Forderungen des Ichs und seinem bewußten Willen anzupassen; und wir alle wissen, welche Ausmaße Anpassung annehmen kann — für eine Weile. Wenn der Druck des abnormalen Ichverhaltens auf die natürlichen gesamtmenschlichen Rhythmen aufrechterhalten oder gar vergrößert wird, dann revoltiert die »menschliche Natur« offen oder durch Widerstände im »Untergrund« dagegen. Die Rebellion muß sich zunächst noch nicht einmal merklich auf das Gleichgewicht der biologischen Funktionen auswirken; aber sie äußert sich wahrscheinlich in psychischer Hinsicht, zum Beispiel in Form seltsamer und quälender Alpträume voller Angst oder düsterer Bedrohung. Jeder Trieb kann sich als ein archetypisches Motiv in Träumen äußern oder kann durch Tagträume und künstlerische Symbole, deren versunkene Bedeutungen dem Künstler bekannt sein mögen oder auch nicht, freigesetzt werden. Allerdings treten diese Archetypen des Unbewußten nur dann in das Bewußtsein ein, wenn eine *Notwendigkeit* dafür vorliegt — ein Bedürfnis der Persönlichkeit, im Rahmen dessen sie nach antiken und vererbten Vorbildern Gestalt annehmen.

Laut Jung gleicht sich das Bewußtsein mit einer Zielrichtung, Absicht und Entschiedenheit an seine Umgebung an und das Unbewußte verfährt so, daß es alles, was in den bewußten Aktivitäten vorgeht, *kompensiert.* Jung betont diese kompensatorische Funktion des Unbewußten und hält sie für einen Beweis dafür, daß die Psyche ein organisches Ganzes ist. Wird das organische Gleichgewicht verschoben, sei es durch willentliche und angespannte Handlungen, denen der zivilisierte Mensch ständig freien Lauf läßt oder aber durch den Verlust eines Organes (bzw. durch die teilweise Zerstörung des Gehirns), dann neigt der Körper als ganzheitliches System immer dazu, diesen Mangel auszugleichen, indem er ein anderes Organ oder eine andere Funktion überentwickelt. Genauso balanciert die Psyche sich aus. Zwingt ein Mensch seine Psyche absichtlich dazu, auf äußere Erfahrungen genormt und einseitig zu reagieren, dann hat diese künstliche und überbewußte Einstellung eine ähnlich übertriebene, aber gegenläufige Aktivität im Unbewußten zur Folge.

Wenn ein junger Mensch seinen Vater vergöttert hat und

wenn diese Verehrung seine natürlichen Reaktionen auf die Gesellschaft und auf seine eigene Entwicklung aus dem Gleichgewicht geworfen hat, dann kann ihm sein Vater in eindringlichen Träumen als ein kleines, unbedeutendes oder gar monströses Wesen erscheinen. Falls sich jemand selbst mit seiner ständig zur Schau getragenen beruflichen und sozialen Einstellung oder den typischen Merkmalen seiner gesellschaftlichen Position identifiziert und dem zum Opfer fällt, dann entwickelt er eine Maske (oder *Persona*), die er zusehends weniger verbergen kann. Das Unbewußte wird dies dadurch kompensieren, daß es ihn in unbedachten Momenten dazu zwingt, in genau entgegengesetzter Weise zu handeln. Der populäre Held, der sich mit den Erwartungen seines Publikums gleichgeschaltet hat und tagein tagaus seine Rolle spielt, kann bei seiner Frau und seinen Kindern dennoch als schwach, nörgelnd und reizbar bekannt sein. In dieser Situation reagiert das Unbewußte auf die einseitige und fixierte Haltung des bewußten Ichs mit unwiderstehlichem Druck. Es zwingt die Person, so zu handeln, daß ihr Ich Abscheu empfinden würde, wenn sie sich dieser Seite ihres Verhaltens voll bewußt wäre. Jung nennt diesen Anteil des Unbewußten die *Anima.* Die *Anima* tendiert immer dazu, die *Persona* im Gleichgewicht zu halten; also jenen Teil der Psyche, der sich den Forderungen der Außenwelt (oder Organminderwertigkeiten bzw. Kindheits–Komplexen) anzupassen versucht, oder die Angleichung übertreibt und somit ein Sklave sozialer Einstellungen wird.

Die Anima bildet den unbewußten Funktionskomplex, der danach strebt, die Persönlichkeit auf die Anforderungen der »menschlichen Natur« abzustimmen, d. h. den normalen Reaktionstyp, den ein Mensch auf äußere und innere Erfahrungen anwenden sollte, wenn er als gesunde und umfassende Persönlichkeit auftritt. Die menschliche Natur hält am Hergebrachten fest und das generische oder kollektive Unbewußte (ein anderer Begriff für »menschliche Natur«) reagiert auf die Belastung und Anspannung der bewußten, willentlichen und überindividualisierten Einstellungen mit vererbten und archaischen Gußmodellen, die sich genauso schwierig näher bestimmen lassen wie tierische Instinkte.

Häufig erweist sich die gesammelte Weisheit vergangener Zeiten viel gesünder und viel sicherer als jene überspezialisierten und überrationalisierten Handlungspläne eines Ichs, das sich gezwungenermaßen einer hektischen Zivilisation anpassen muß. Jung betont nachdrücklich die Tatsache, daß das, was in Träumen, Inspirationen und schöpferischen Phantasien aus dem Unbewußten aufsteigt, Schätze der Weisheit und oftmals prophetische Intuitionen enthüllt, die wesentliche Bestandteile einer jeden Persönlichkeit sind, die von sich behauptet, gesund, bedeutungsreich und wahrlich kreativ zu sein. Nichtsdestoweniger sind diese Träume und Eingebungen in der Regel rätselhaft und müssen gedeutet werden. Sie treten als Bilder und dramatische Episoden oder Symbole in Szene, weil das Unbewußte weder rational oder logisch, noch an die Aufeinanderfolge von Ursache und Wirkung gebunden ist. Deshalb kann sich das Unbewußte der Bewußtheit nur in einer Vielzahl von Bildfolgen oder Archetypen offenkundig machen. Diese Bilder — ob sie sich nun auf persönliche, vergangene, universale oder archaische Erfahrungen beziehen — stellen das einzig mögliche Mittel zur Kommunikation mit dem Unbewußten dar. Wenn nun unbewußte Inhalte, Warnungen oder Entscheidungen zu bestimmten Zeiten von dem Bewußtsein auch in Worten mit logischer und klarer Folgerichtigkeit registriert werden, dann deshalb, weil sie zuerst von einer *vermittelnden psychischen Funktion* ausgearbeitet und übersetzt wurden. Diese innerpsychische Funktion versucht immer, dem bewußten Ich das Unbewußte begreiflich zu machen. Die Anima erfüllt in ihrer tiefgründigsten und positivsten Hinsicht eine solche Aufgabe.

Die Anima muß man also folgendermaßen verstehen: Erstens als eine kompensatorische Reaktion auf eine einseitige bewußte Einstellung, mit welcher das Ego sich selbst identifiziert (die Persona). Zweitens hat die Anima eine Vermittelungsfunktion, um die Kluft zwischen Unbewußtem und Bewußtsein, zwischen »menschlicher Natur« und Ich, zwischen der kollektiven, immerwährenden Weisheit der Menschenrasse und den differenzierten, zugespitzten, vergeistigten und sich immer verändernden Wissensformen des Ichs zu überbrücken. Als dritten Aspekt beschreibt Jung die Anima als das Idealbild für Weiblichkeit, das jeder Mann unbewußt in sich trägt, und welches sowohl seine persönlichen Bedürfnisse, als auch die archaische, überpersönliche Bedeutung des weiblichen Prinzips für den Mann widerspiegelt.

Was beim Mann die Anima ist, wird bei der Frau der *Animus* genannt. Anders ausgedrückt, Anima und Animus repräsentieren das jeweils gegengeschlechtliche Element im Einzelnen. Hier sind wir nun gerade dabei, einen sehr wesentlichen Aspekt der Jungschen Psychologie zu erfassen, der auch für die Astrologie seit ihren frühesten Tagen bei den Chaldäern oder den Chinesen ein unerläßlicher Faktor war. Gemeint ist die Tatsache, daß alle psychischen Anlagen, genauso wie alle Energieformen des Universums, mit Polarität ausgestattet sind. *Das Gesetz der Polarität ist das Gesetz des Lebens.* Wo immer es Leben gibt, beeinflussen, durchdringen und balancieren sich ständig zwei Kräfte gegensätzlicher Polung. Jeder lebende Organismus veranschaulicht diesen dynamischen und polaren Rhythmus, der sich einerseits in dem Gesetz des kompensatorischen Handelns, von dem oben die Rede war, und andererseits in der Sexualität äußert.

Sexualität (im weitesten Sinne als die Polarisation der menschlichen Lebensenergie verstanden) bezieht sich nicht nur auf die körperlichen Organe. Diese haben mit *dem äußeren und dem nach außen gerichteten* sexuellen Ausdruck des Körpers zu tun; aber in der Psyche finden wir ähnliche Anzeichen einer entgegengesetzten Polarität, welche die *inneren und inwärtig aktiven Phasen der Lebensenergie* darstellen. Und genau darauf beziehen sich die psychologischen Vorstellungen von Anima und Animus. Es ist also tatsächlich so, daß sowohl männliche als auch weibliche Elemente in der Gesamtpersönlichkeit des Mannes wie auch der Frau enthalten sind. Was einen Mann »männlich« macht ist lediglich der prozentual höhere Anteil an männlicher Energie in seiner *physischen* Natur; aber komplementär dazu ist in seiner psychischen Natur gleichzeitig auch ein (im Verhältnis) geringerer Prozentsatz an weiblicher Energie vorhanden.

Biologische Sexualität ist also mit anderen Worten bloß der nach außen verlagerte Gesichtspunkt der bi–polaren Lebenskraft, welche durch die Person wirkt und für deren Aufbau verantwortlich ist. Diese schöpferische Lebenskraft, die als Sexualität externalisiert und freigesetzt wird und den Körper erhält und regeneriert, wird unter den Anweisungen eines noch ursprünglicheren Unterscheidungsprinzips (*Karma*) in der Astrologie von Saturn symbolisiert. Andererseits hält der internalisierte und nicht losgelassene Teil der Lebenskraft (Anima und Animus) — in umgekehrter Polarität zum Geschlecht des Organismus — jene psychologischen Funktionen aufrecht, durch welche charakteristische Formen innerer Aktivität (man könnte auch sagen »Seelenaktivität«) in Erscheinung treten. Die Anima/Animus–Funktion ist für die anfängliche Entwicklung aller Bilder, Symbole und kreativen Phantasien verantwortlich, durch die sich das Unbewußte mit dem bewußten Ich austauscht. Sie ist auch der Kontrollfaktor bei der Übernahme frommer Einstellungen oder okkulter Techniken, die sich als Ergebnis einer nach innen gerichteten Neuorientierung des Ichs enfalten, nämlich weg von der Individualisierung und Differenzierung und hin zu den spirituellen Wirklichkeiten, an denen alle Menschen teilhaben.

Wann auch immer wir es mit der Lebensenergie zu tun haben, befassen wir uns mit dem, was in der Astrologie grundsätzlich von Sonne und Mond widergespiegelt wird. Der Aktionsradius des »Lebens« (wenn wir den Begriff Leben in seinem strengen Sinne als die Kraft deuten, welche Organismen aufbaut, erhält und erneuert) liegt im Bereich der Dualität. Diese Thematik von Leben und Dualismus drückt sich astrologisch, wie ich schon an anderer Stelle klargemacht habe[37], in dem zyklischen Wechselspiel der solaren und lunaren Wirkprinzipien aus. Ein dritter Einflußfaktor, der bei jeder grundlegenden Analyse berücksichtigt werden muß, ist die Erde. Die Erde setzt den Maßstab für unsere Wahrnehmungskategorien der Größenordnung und Himmelspositionen von Sonne und Mond. Die *Bedürftigkeit* der Menschen (und aller anderen Kreaturen auf der Erdoberfläche) ist es, was die Manifestationen der solar–lunaren Energie, und zwar vor allem die Kreisbewegungen des Mondes, erzwingt. In der esoterischen Tradition wird vom Mond behauptet, daß er älter sei als die Erde, obwohl er nur ihr Trabant ist. Der Mond ist die Mutter, welche eifrig für die Bedürfnisse ihrer Kinder sorgt und folglich um sie herumschwebt und jeden ihrer Schritte begleitet. Mit anderen Worten, die Umlaufbahn des Mondes um die Erde skizziert die Grenzen der »kosmisch–psychischen Gebärmutter«, innerhalb denen sich alles irdische Leben vollzieht und Nährkraft empfängt. Diese »Gebärmutter« stellt das *sub–lunare Reich* der mittelalterlichen Astrologen dar, die Welt in welcher (bei den christlichen Gnostikern um 200 n. Chr.) der Mondgott Jehovah herrschen soll.

Dieser Gott war mit der Erschaffung des »astralen Menschen« beschäftigt. Er war ein eifersüchtiger, besitzergreifender Gott, jedoch auch einer, der Lebensstrukturen erzeugte, um die Bedürfnisse der irdischen Geschöpfe zu erfüllen. Weil diese Erdgeschöpfe insgesamt gesehen unfertig waren, um die ewige und schöpferische Wirkkraft des Sonnengeistes *direkt* zu empfangen, kam jene Energie durch den Mondgott, *den Demiurg* herab und regelte ihre Begierden. Sonnenenergie wird bei jeder Neumondphase auf den Mond übertragen, aber nur in einem für die beschränkte Kapazität der Erdgeschöpfe verträglichen Ausmaß. Danach errichtete der Mondgott spezielle Strukturen (von Körper und Seele), wodurch die Sonnenenergie für irdische Organismen und Persönlichkeiten verwertbar wurde.

Saturn legt die Menge und Art der solaren Energie fest, die am Beginn jedes Mondzyklus frei wird; denn während die Sonne die Mitte der Einzelpersönlichkeit repräsentiert, steht Saturn für die Begrenzung dieses Systems — die Beschränkungen und das besondere Schicksal des Individuums. Saturn symbolisiert das Wirken des individuellen Bestimmungsgesetzes (des *Kar-*

ma). Er entspricht der dauerhaften organischen Struktur des Körpers (dem Skelett), und *ebenso* der Struktur des Ichs. Solange das Ich als das Zentrum der Persönlichkeit vorherrscht und solange die weit entfernten Planeten Uranus und Neptun den saturnalen Zugriff auf die Persönlichkeit nicht anfechten oder auflösen, solange kontrolliert Saturn die Freisetzung der solaren Energie (oder des universellen Geistes) durch die vom Mond periodisch aufgebauten Schablonen (die physiologischen und ich–beherrschten Strukturen von Körper und Bewußtsein). Die Übergriffe des kollektiven Unbewußten auf das ich–zentrierte Bewußtsein treten vornehmlich durch die Kraft des Uranus in Erscheinung. Uranus ist zwar der Herausforderer, aber die durch ihn entfesselte Energie wird vom Mond umgesetzt. Alle Lebensenergie kommt im wesentlichen von der Sonne, wird aber durch den Mond in differenzierter Weise verarbeitet.

Die Kampfansage des Uranus an die saturnal bedingte Herrschaft des Egos bedeutet, daß einige neue und revolutionäre Inhalte des Unbewußten in Aktion treten. Als Folge dessen gerät die Persönlichkeitsbildung in eine dramatische Wandlungsphase. Dieser Vorgang führt aus dem ich–zentrierten Zustand (die von Saturn kontrollierte Persönlichkeit) heraus zu der Erkenntnis, daß das Selbst (im Sinne Jungs; die Sonne) der integrierende Kern der Gesamtpersönlichkeit (symbolisiert durch das Sonnensystem) ist. Diese Metamorphose entspricht dem, was Jung den »Prozeß der Individuation« nennt. Der Durchschnittsmensch ist jedoch noch weit von solch einer Konfrontation entfernt. In ihm verhält sich Uranus auf *reflektierende* Weise, als ein Faktor für Turbulenzen, die aus unsicheren und zerrütteten Sozialbedingungen entstammen. Die Herrschaft Saturns wird in dieser Person nicht wirklich durch einen *individuellen Weg* angefochten. Ein solcher Mensch sollte deswegen besser strikt innerhalb der saturnalen Grenzen seiner normalen psychologischen Schwingung handeln.

Dies bedeutet, daß sein Bewußtsein normalerweise für Kontakte mit den kraftvollen Archetypen des kollektiven Unbewußten immun ist. Bei entwickelten (oder unausgeglichenen!)

Menschen treten die archetypischen Urbilder durch einen stark konzentrierten und individualisierten Uranus oder Neptun in Erscheinung. Die Seele der Durchschnittsperson kennt nichtsdestotrotz unbewußte Aktivitäten; aber diese beziehen sich entweder auf ihr *persönliches Unbewußtes* (Freuds Unterbewußtsein) oder ihre nicht individualisierte und passive Reaktion auf die sozialen, kulturellen und religiösen Strömungen, welche ihre Gemeinschaft, Klasse und Nation mit Leben erfüllen. Animus und Anima wirken hauptsächlich unter Berücksichtigung dieser zwei unbewußten Faktoren.

In der astrologischen Symbolik kennzeichnet dieser Funktionskomplex einen bestimmten Gesichtspunkt des Mondes: die nach innen gelenkte Mondaktivität. Der andere Teilaspekt bezieht sich auf die nach außen gerichtete Mondenergie, die sich, wie wir oben gesehen haben, mit dem Aufbau biologischer Strukturen und psychologischer Fähigkeiten befaßt, und zwar unter der Zielsetzung, die bestmögliche Anpassung an die Außenwelt zu erreichen. Mit einem Satz gesagt, im gewöhnlichen Menschen repräsentiert der Mond zwei unterschiedliche Wirkkräfte von gegensätzlicher Polarität. Antike Traditionen haben diese Tatsache klar herausgestellt, wenn sie dem Mond ein doppeltes Genus gaben und von dem Planet als *Lunus–Luna* sprachen — dem maskulinen und dem femininen Mond. In der deutschen Sprache ist das Wort Mond maskulin, und in alten hinduistischen Büchern finden sich unter dem Titel »König Soma« ständig Hinweise auf den Mond.

Gerade dieser hinduistische Name ist besonders interessant, weil dasselbe Wort *soma* im Griechischen »Körper« bedeutet, und weil von ihm viele moderne wissenschaftliche Begriffe abgeleitet wurden, die mit dem Körper zu tun haben. König Soma oder *Lunus* ist tatsächlich der Herrscher über alle Aktivitäten zur Zeugung, Erhaltung und Erneuerung des Körpers, aber auch über alle diejenigen Seelenteile, die sich nach den Bedingungen der Außenwelt ausrichten. *Er ist die männliche Kraft im Mann und die weibliche Kraft in der Frau.* Er leitet den externalisierten Gesichtspunkt der Lebenskraft. Und in der Astrologie handelt es sich um den Mond *außerhalb der Umlaufbahn der Erde*, die Hellphase des Mond zwischen dem ersten und dem Beginn des letzen Viertels. Also den Mond, der von der Anziehungskraft des Mars, Jupiter und Saturn in Bann gezogen wird, den »maskulinen« Planeten einer Astrolgie, welche von einer Zivilisation hervorgebracht wurde, in der alle äußeren menschlichen Aktivitäten von Männern beherrscht wurden.

Der andere Aspekt des Mondes heißt *Luna*, die Kraft hinter den internalisierten Auswirkungen der Lebenskraft, die Anima im Mann und der Animus in der Frau: also der jeweils andersgeschlechtliche Faktor. Dieser führt zu der inneren Erscheinungsform aller Anima/Animus–Figuren und Symbole, die Jung detailliert untersucht und gedeutet hat und denen er den generellen Namen »Seelenbild« gab. Dieses Seelenbild erscheint beim Manne hauptsächlich mit femininen Attributen (die Großen Mutter, die Muse, die erlösende Frau, die Beatrice der »Divina Commedia«, aber auch in den dunklen Polarisationen: die Spinnenfrau, die »femme fatale«, die Verführerin usw.). Das Seelenbild der Frau trägt männliche Merkmale, und zwar genauso positive wie negative. Luna bezieht sich symbolisch auf den Mond *innerhalb* der Umlaufbahn der Erde, d.h. die Dunkelphase des Mondes zwischen dem letzten und vor Beginn des ersten Viertels.

Aus dieser *Lunus/Luna* Dualität folgt, daß die äußere Strömung (vornehmlich durch Sexualität, soziale Unterwürfigkeit und Selbstzentriertheit — also durch Mars, Jupiter und Saturn repräsentiert) zur Steigerung des inwendigen Energieflusses beschnitten und verdammt werden muß. Dies ist der Hauptzweck vieler religiöser und okkulter Praktiken, die Isolation, Askese und Selbstüberwindung miteinbeziehen — vom hinduistischen Yoga bis hin zum christlichen Klosterleben. Das Seelenleben wird als polarer Gegensatz zum Sexualleben und zum ich–zentrierten (oder *Persona*–gelenkten) Sozial– und Berufsleben angesehen. Es wird auch angenommen, daß sich das Seelenleben im Gegensatz zum rationalen Geistesleben des Intellekts entwickelt, denn dieses fällt in den Bereich der von Saturn gelenkten logischen Formen. Dagegen hat das Seelenleben seine Wurzeln im irrationalen Anima/Animus–Funktionskomplex und geht später in die Aktivitäten des kollektiven Unbewußten über, welche von Uranus, Neptun und Pluto versinnbildlicht werden.

In Jungs Konzeption der Persönlichkeitsentwicklung wird jedoch keine Funktion auf Kosten der anderen unterdrückt. Die Technik der »Individuation«, das Erlangen einer vollkommenen Persönlichkeit durch eine abgerundete Entwicklung ihrer vielfältigen Teilfunktionen, schließt eine wechselseitige Durchdringung aller psychischen Gegensätze, vor allem von Bewußtem und Unbewußtem, mit ein. Für die Astrologie bedeutet dies, daß alle planetaren Faktoren des Geburtshoroskopes herausgebildet werden müssen, und daß das Geburtsthema als eine organische Ganzheit verstanden werden muß, als ein Symbol für die Vollständigkeit der Persönlichkeit. Die völlige Entfaltung dieser Persönlichkeit kann sich durch relativ glatte Wechselbeziehungen oder durch scharfe Spannungen zwischen den einzelnen Funktion vollziehen; aber es ist absolut sinnlos, das eine »gut« und das andere »schlecht« oder gar »glücksverheißend« bzw. »ungünstig« zu nennen.

Das Horoskop ermöglicht uns bemerkenswerte Einsichten in das funktionale Gleichgewicht, im Rahmen dessen eine Persönlichkeit handelt. Was es übermittelt ist jedoch nur ein abstraktes Bild vielschichtiger Beziehungen, eine Formel oder Blaupause. Nichtsdestoweniger erlaubt der Besitz solch eines *objektiven Rasters,* psychotherapeutische Verfahren in die Einflußsphäre dessen zu bringen, was Jung die »objektive Seele« nennt. Es reduziert die unendliche Vielfältigkeit physio–psychologischer Handlungen auf die wichtigen Grundfunktionen (alle Planeten einschließlich Sonne und Mond), auf ein Dutzend charakteristische Wirktypen (die Zeichen des Tierkreises) und einige fundamentale Kategorien persönlicher Erfahrungen (die Häuser).

Diese astrologischen Daten sind allesamt *symbolisch,* zu verstehen und man muß sie deuten, genauso wie man Träume deuten muß. Man muß ihnen *hinsichtlich des Bedürfnisses und der*

Wirkebene des Betreffenden Sinn verleihen. Die Symbole der Astrologie haben jedoch universelle Gültigkeit: sie sind für jeden Einzelnen allgemein zugängliche Strukturen. Die Erfahrung des Himmels ist grundmenschlich und berührt die Wurzeln des Bewußtseins. Alle Menschen streben, auch wenn sie verschiedenen Wegen folgen, einer einzigen evolutionären Bestimmung zu, welche sowohl das zentrale Selbst als auch das Gottesbild in jedem ist. Die Bedeutung der astrologischen Symbole wächst mit der Bereitschaft des Menschen, sich seiner Wesensart insgesamt zuzuwenden und in den Tiefen wie in den Höhen zu leben.

Kapitel 6

Carl Jungs Horoskop

Bevor ich das Horoskop dieses Mannes deute, der vielleicht mehr als jeder andere für einen widerspruchsfreien Zugang zum Problem der individuellen Integration sorgte, sollte ich nochmals betonen, daß der einzig gültige Gebrauch der Astrologie psychologisch gesehen in der Klärung des individuellen Seinsgesetzes liegt — also einer strukturierten Fundierung des individualen Selbst. Jede gründliche astrologische Deutung sollte ein Wegweiser zur Selbstverwirklichung und eine Hilfe im »Prozeß der Individuation« sein. Sie sollte danach trachten, die psychologische Verwirrung in ein klares Verständnis der innerseelischen Möglichkeiten umzuwandeln und diese auf die »logischste« Weise (hinsichtlich des Gesetzes des individuellen Seins) zu gänzlich gelebten Tatsachen entfalten.

Mit diesen Zielen im Hinterkopf sollte der Astrologe zuallererst versuchen, aus dem Horoskop das typische Verhältnis von unbewußten und bewußten Faktoren zu bestimmen, weil dieses die Entwicklungsstufe im Prozeß der Persönlichkeitsintegration und der Selbsverwirklichung festlegt. Es ist offensichtlich, daß sich diese Beziehung in ihrer tatsächlichen und genauen Erscheinungsform ständig verändert; aber sie ist nichtsdestotrotz in gewisser Weise auf einem strukturierten Fundament begründet, welches den »Archetyp« für das zukünftige Selbst ausmacht.

Das bewußte Ich tendiert in jedem Individuum dazu, sich auf eigentümliche und unterschiedliche Weise zu entfalten; ungestüm oder zaghaft, unter großem Druck oder auf glatte und sanfte Weise geht es aus dem Nährboden des Unbewußten hervor. Der Standpunkt des Ichs zum Unbewußten hängt davon ab, wie sich dieser Prozeß ausbreitet. Die Ich–Haltung wird in hohem Maße um die Zeit des 28. Lebensjahres festgelegt, welche ich an anderer Stelle als eine theoretische »zweite Geburt« bezeichnet habe.[38] Das Ich–Bild kann sich auch später noch ändern, aber wenn dies eintreffen sollte, dann in Form eines gewaltigen Umschwunges. Das heißt, aus reiner Unzufriedenheit mit sich selber wird die Einstellung in ihr Gegenteil umpolarisiert. Kein alleinstehender astrologischer Faktor kann das Verhältnis des Ichs zum Unbewußten anzeigen — genausowenig wie nur ein Merkmal ausreicht, um eine Person als extrovertiert oder introvertiert zu klassifizieren, was einer der schwierigsten Punkte überhaupt sein dürfte, der sich aus einem Horoskop entnehmen läßt. Betrachtet man jedoch die ganze Schablone des Geburtsbildes und die Art, wie die planetaren Wirkkräfte individuell miteinander verbunden sind, dann lassen sich sehr viele Grundbestandteile des Charakters ermitteln.

Marc Edmund Jones hat gezeigt, daß das Gesamtmuster eines Geburtshoroskopes in ein paar fundamentale Strukturtypen mündet.[39] Ob man seine Definitionen und Charakterisierungen voll zufriedenstellend findet oder nicht, das Prinzip, das solch einer Klassifikation zugrunde liegt, ist völlig intakt, vor allem wenn das Modell des Horoskops dem der Idealtypen nahekommt. In seinem Buch führt uns Marc Jones das Horoskop von Jung als eine Illustration dessen vor, was er ein *gespreiztes* Muster nennt — eine Konfiguration, die in ihrer Idealform eine »starke und zugespitzte Planetenhäufung an irregulären Punkten« aufweist. Er vermutet dahinter »einen sehr individuellen und zweckorientierten Lebensschwerpunkt, bei dem das Temperament gemäß des ureigenen Geschmacks in die Erfahrung hineinragt.« Durch die Berücksichtigung aller Motive eines Geburtsthemas kann der Astrologe die Konzentration oder Zerstreuung der Interessen und Aktivitäten einer Person näher festlegen — also ihre jeweils persönliche Methode, mit der sie ihr Erleben in den Dienst ihrer Daseinsbestimmung stellt. Erfahrung muß vom Ich benützt werden, wenn es eine Integration der Persönlichkeit und Selbstverwirklichung geben soll. Die Hauptaufgabe des Ichs liegt darin, die Ernte, welche sich aus den zahlreichen Erfahrungen eines Menschenlebens ergibt, zu personifizieren, indem diese auf eine verhältnismäßig dauerhafte Bewußtseinsstruktur bezogen werden und indem ihnen eine individuelle Bedeutung verliehen wird.

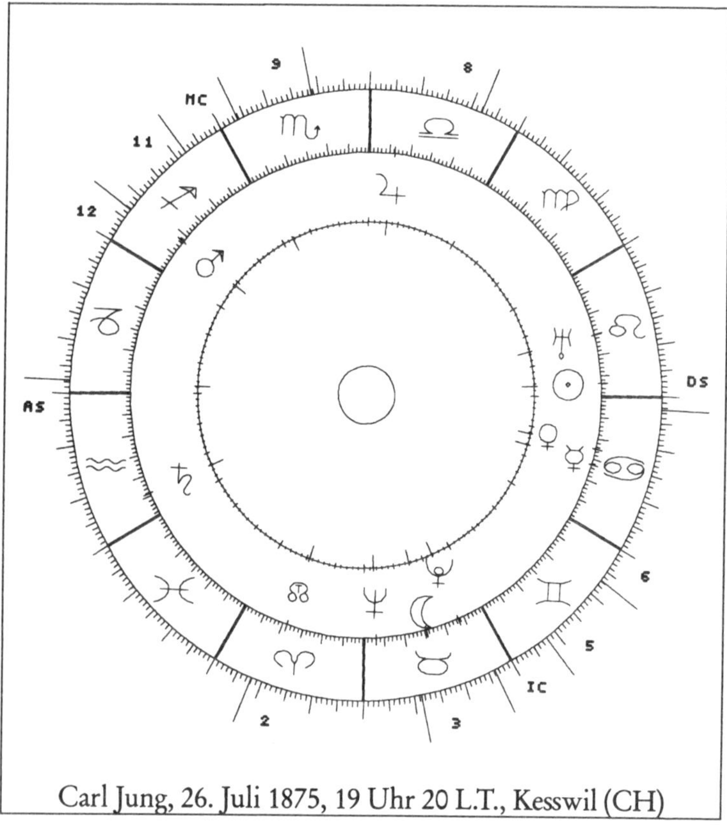

Carl Jung, 26. Juli 1875, 19 Uhr 20 L.T., Kesswil (CH)

Sind die Planeten gleichmäßig über das Geburtsbild verstreut, dann neigt das Ich dazu, verschiedenste Erfahrungsformen oder angeeignete Kenntnisse einzusetzen, um die persönlichen Interessen zu vereinheitlichen. Das Individuum kann dann in viele unterschiedliche Lebensbereiche verwickelt werden. Es findet Bezugspunkte zwischen sehr vielen Facetten des Seins heraus. Verfügt das Ich darüberhinaus über ein starkes Gespür für die strukturelle Vollkommenheit und über genügend Visionsvermögen, um dieses verteilte Material einzugliedern, dann kann sein Beitrag für die Menschheit von unschätzbarem Wert sein. Besonders die Planeten, die an den Kardinalpunkten des Horoskops betont sind, zeigen an, welche charakteristische Erscheinungsform die Planetenstruktur annehmen wird. Zum Beispiel verweist der aufsteigende Mars von Theodore Roosevelt (von Marc Jones als Erklärung seines gespreizten Planetenmusters angeführt) auf ein aggressives Verhalten gegenüber dem Problem der Integration. Pluto am Nadir, Mond an der Spitze des 7. Hauses und die Skorpion–Sonne am Zenith heben den imperialistischen und willensstarken Charakter dieses tatkräftigen Amerikaners noch deutlicher hervor.

Andererseits ist das Ich, wenn viele Planeten zusammengebündelt oder in bestimmten Gruppierungen im Raum verteilt sind, schnell dazu geneigt, sich an spezielle Erlebnisformen zu klammern, indem es Schwerpunkte setzt oder Gegensätze anregt, um die Bewußtseinsinhalte zu ordnen und ihnen Bedeutung zu verleihen. Beim Untersuchen mancher Horoskope können wir die Fähigkeit des Ichs, die Belastungen der widerstreitenden Schwerpunkte oder eines unausgeglichenen Temperaments unter Kontrolle zu halten, regelrecht spüren. Bei anderen Geburtsbildern wiederum nehmen die das kollektive und transzendente Erfahrungsspektrum symbolisierenden Planeten eine dermaßen dominierende Position ein, daß verschiedene Gefahren für das Ich auf der Lauer liegen können. Diese Bedrohungen erstrecken sich von Fanatismus und irrationaler Einseitigkeit bis hin zu tatsächlichen Persönlichkeitsspaltungen, oder auf jede andere Form des Versagen im Prozeß der persönlichen und spirituellen Integration.

Jungs Horoskop läßt eine deutliche Streuung der Planeten, sichtbar werden, gleichzeitig aber auch eine bemerkenswerte Symmetrie. Neun Planeten stehen innerhalb von zwei jeweils 90° großen Zonen: Saturn, Neptun, Mond und Pluto in der einen, Jupiter, Uranus, Sonne, Venus und Merkur in der anderen Hälfte. Auf halbem Wege zwischen beiden Zonen steht der Schütze-Mars in der Hemisphäre des offenen Himmels: stationär, hartnäckig und mit feuriger Intensität. Auf die entscheidenden Elemente reduziert läßt sich die Planetenstruktur folgendermaßen schematisieren:

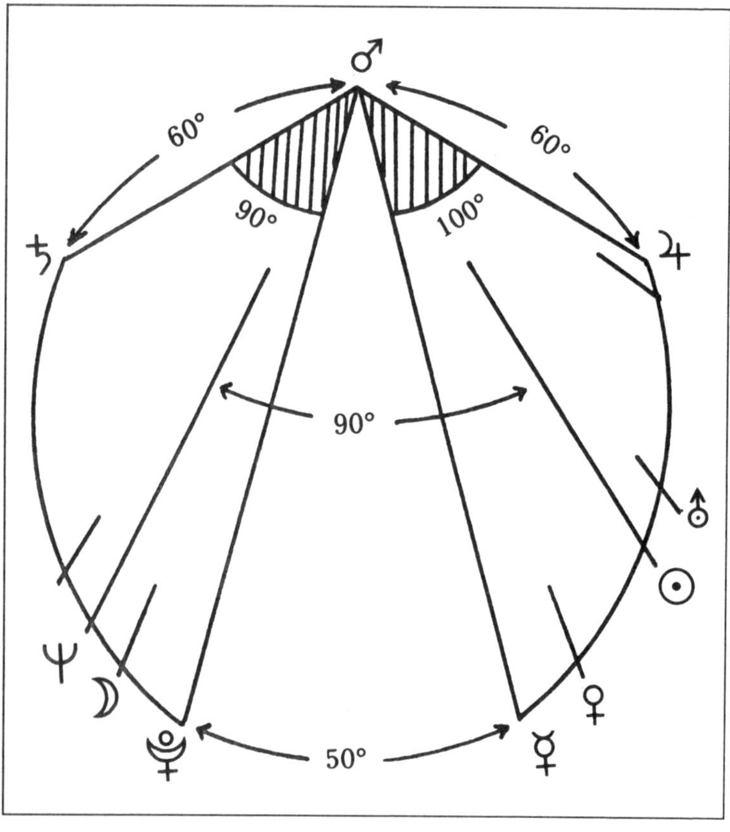

Mehrere außergewöhnliche Tatsachen stechen hervor, wenn wir diese bemerkenswerte Planetenverbindung näher untersuchen. Zunächst stellen wir fest, daß sich zwei Faktorengruppen in den Tierkreiszeichen, einschließlich der Äquinoktialpunkte die Waage halten. Dabei enthält jede Gruppe jeweils die Planeten mit entgegengesetzter Polarität zu denen der anderen Gruppe (Saturn, Neptun und Mond sind der polare Gegensatz zu Jupiter, Uranus und Sonne — und Pluto kann in gewisser Weise als der Kontrapunkt zu den »inneren Planeten« Merkur und Venus aufgefaßt werden). Dann läßt sich weiterhin erkennen, daß diese Planetenballungen so ausgeglichen sind, daß sie an dem überragenden Mars zu hängen scheinen, ähnlich wie zwei Gewichte, die mit Seilen an einem Haken hängen. Das zusätzliche Merkmal, daß Mars im Sextil zu den oberen Enden der jeweiligen planetaren Energiezonen steht (Saturn und Jupiter, die dadurch ein Trigon miteinander haben) ergänzt die Grundbedeutung er übergreifenden Struktur noch um einen eingliedernden und konstruktiven Beiklang. Der Mond steht außerdem im Sextil zu Merkur und Venus, Uranus im Sextil zu Jupiter; diese verschiedenen Sextile harmonisieren und gleichen die starken Quadrate aus: Saturn Quadrat Mond/Pluto, Jupiter Quadrat Venus/Merkur, Sonne Quadrat Neptun und Mond Quadrat Uranus. Schließlich stärkt der Mars als Angelpunkt den dynamischen Gleichfluß dieser kraftgeladenen Konfiguration, indem er sowohl mit dem Neptun als auch mit der Sonne in einem Anderthalbquadrat steht.

Wenn man alle diese Winkelverbindungen einzeln der Reihe nach betrachten würde, wie bei herkömmlichen astrologischen Techniken üblich, dann käme dabei ein ziemliches Wirrwarr heraus. Sieht man jedoch in der ganzen Planetenstruktur einen *Motor, der die integrierte Kraftfreisetzung in Gang hält,* dann ist das Bild nicht nur bedeutungstragend, sondern auch sehr inspirierend. Man findet selten Beispiele für eine derartig geglückte Verflechtung von aufreibenden und Kräfte freisetzenden planetaren Wirkfaktoren. Jungs Horoskop kann deswegen beinahe mit einem Blick schon als eine Formel für die Integration der Persönlichkeit angesehen werden. Wenn wir die zu dieser Formel gehörigen Ausdrücke und Ableitungen eingehender prüfen, dann werden wir auch auf ein höchst interessantes »Kräftegleichgewicht« von Ich und kollektivem Unbewußten stoßen. Dieser Zusammenhang kann auch als das Verhältnis zwischen »Form« und

»Energie«, zwischen »rational« und »irrational«, zwischen »Absicht« und »Leben« gedeutet werden. Es ist, wie man Jungs Kommentar zu DAS GEHEIMNIS DER GOLDENEN BLÜTE entnehmen kann, die wichtigste Verbindung zwischen dem alten chinesischen Mystizismus und der modernen Psychologie. Das »Leben« ist hauptsächlich durch die energetische Dualität von Sonne und Mond geprägt, während das Prinzip der »Form« unter dem Einfluß des Saturn steht.

In Jungs Horoskop (basierend auf den Geburtsdaten, die Jung selber an Frau Fleisher weitergab) finden wir den Aszendenten in den letzen Graden des Steinbocks. Saturn, der Geburtsherrscher, residiert im 1. Haus, und zwar rückläufig im Wassermann (in welchem er der Mitregent von Uranus ist, der seinerseits in Opposition im 7. Haus im Löwen steht). Dies verleiht der saturnalen Formgebungstendenz einen starken Überhang, auch wenn die Rückläufigkeit Saturns vermuten läßt, daß dieses Übergewicht gegen innere Feinde anzukämpfen hat. In den meisten Fällen zeigt der retrograde Saturn ein Ich, das seine Aufmerksamkeit stärker nach innen richten muß, um Kontrolle über die Lebensenergien zu gewinnen; dies ist deshalb so, weil die Lebensenergien normalerweise nicht den vererbten Modellen des menschlichen Organismus oder den kollektiven Traditionen und Gußformen der Gesellschaft unterworfen werden.

Tatsächlich zeigt Jungs Horoskop, wie schwierig es für herkömmliche bio-soziale Gebilde an sich wäre, seine stark pulsierenden Lebensenergien selber in Schach zu halten. Man beachte, daß Uranus in Konjunktion zur Sonne steht, daß der Mond von Pluto und Neptun umgeben ist, und daß beide Planetenkombinationen ein Quadrat zueinander haben; daran sieht man, wie radikal die »Planeten des Unbewußten« die Substanz von Jungs körperlicher und geistiger Vitalität in Anspruch nehmen. In Jungs Sein ist die bio-psychische Energie ruhelos und explosiv. Die dominierende Sonne im Löwen und der im Stier erhöhte Mond verstärken die Intensität eines Aspektgefüges, welches von sich aus schon leicht zu emotionalen Ausbrüchen oder einer Überwältigung des Bewußtseins durch das Unbewußte führen könnte. Andererseits verweist die Stärke von Sonne und Mond darauf, daß sich Jung bei seiner Arbeit an der Integration auf eine große geistige und biologische Vitalität verlassen konnte.

Nichtsdestoweniger ist Saturn von entscheidender Bedeutung, wenn die Gewalt der äußeren transsaturnischen Planeten in Schach gehalten werden soll. Die Legierung des Motors der Persönlichkeit muß eine enorme Menge an unbewußter Kraft oder »Libido« enthalten und sinnvoll ableiten. Wenn Saturn mit der Zusammensetzung zu tun hat (da seine Aufmerksamkeit auf das Unbewußte »zurückgewendet« ist), dann liegt auf Mars die Last der Freisetzung; und dieses Loslassen verläuft hier auf außergewöhnlich harmonische Weise, weil Mars an der ausschlaggebenden Schlüsselposition des ganzen Planetenmusters steht. Er ist gleich weit von Saturn und Jupiter (Kontraktion und Expansion), von Sonne und Neptun (das Selbst und sein universelles Gewand) sowie von Pluto und Venus entfernt. Er steht im Haus der sozialen Bestrebungen und Reformen und im Zeichen des abstrakten Wissens und der spirituellen Lehren.

Mars ist das Symbol für alle gelenkte Kraftentfaltung, und in einem Horoskop, das einen derartig einflußreichen Kontrollmechanismus erkennen läßt, ist alles, was mit Mars zu tun hat, von Wichtigkeit. Wird nun dieses Ventil der Marsenergie blokkiert oder verdreht, dann wird eine psychische Explosion in der Tat unvermeidbar sein, ganz ungeachtet des enormen Widerstandes von Saturn. Die Quadrate von Saturn *können* konstruktive Kräfte erzeugen, aber wenn der dynamische Gleichfluß durch das Mars–Ventil aus den Angeln gehoben wird, dann werden sich dieselben Quadrate leicht ins Zerstörerische wenden, vor allem wenn Pluto oder Mond beteiligt sind. Der Mars zeichnet sich bei Jung jedoch als ein besonders sensibles Energiefeld aus, nicht in erster Linie wegen seiner Position im Tierkreis, sondern weil er stationär ist und eine Schlüsselfunktion im Gesamthoroskop innehält. Er ist so dominant, weil die Massen zweier entgegengesetzter Polaritäten sich um ihn herum die

Waage halten und sich somit beinahe neutralisieren. Dadurch, daß der Mars sich im Stillstand befindet, ist er vom Charakter her beinahe unbeweglich. Das sabische Symbol für seinen Tierkreisgrad auf 22° Schütze ergänzt diese Ausprägung des Marseinflusses, denn es lautet: »*Der Laden geschlossen, chinesische Wäschemänner fallen in Rassentypus zurück. Sicherer Rückzug zu angestammten Verhaltensmustern.*« Dies ist das Symbol für die Realität der Innenwelt, den Rückzug auf die Seele, in die niemand außer man selber eindringen darf. Positiv gesehen ist dies der Tierkreisgrad müheloser Gelassenheit, negativ symbolisiert er eine Welt übermäßiger Genußfreude. Der zentrale Schlüsselbegriff lautet *Ruhe.*[40]

Die buchstäbliche Genauigkeit des sabischen Symbols ist geradezu erstaunlich, denn jeder Schüler Jungs weiß, daß er für die Deutung psychologischer Vorgänge eine metaphysische und alchimistische Grundlage in der chinesischen Philosophie gefunden hat (der Ying/Yang–Zyklus ständiger Wandlung und das Prinzip der Integration durch eine vermittelnde Funktion). Ist psychologische Tätigkeit zudem nicht auch Reinigungsprozeß und Katharsis, und erfordert somit viel Gelassenheit, innere Ruhe und einen zeitweisen Rückzug auf das eigene Innere?

Jungs Mars steht durch sein Sextil mit Jupiter in Beziehung zum 9. Haus und befindet sich außerdem im Schützen, dem Zeichen für Philosophie, Weisheit, Wissenschaft und Lehre. Tatsächlich bedeutete das Lehren und die psychologische Praxis für Jung eine notwendige Freissetzung von Energie. Als Psychologe mußte er zwischen *Extraversion und Introversion* abwägen; analog dazu steht sein stationärer Mars ausgewogen zwischen retrograder und direkter Planetenbewegung. Dieser Mars ist mit anderen Worten der Auslöser in einem von ausgeglichener Dynamik gekennzeichneten Geburtsbild, und deshalb befindet er sich besonders gut ausgelotet wie ein Wechselschalter zwischen den zwei planetaren Bewegungsrichtungen. Seine Sextile zu Jupiter und Saturn schaffen ein praktisches und schöpferisches Fundament für die Marsenergie. Jungs bahnbrechende Anstöße funktionieren innerhalb des Rahmens einer reifen Einstellung zur Gesellschaft und zum bewußten Ich. Die Qualität des Vorstellungsvermögens und des Verständnisses, angedeutet durch das Trigon zwischen Jupiter und Saturn, ist nach außen konzentriert und durch den Mars mit Idealismus gefärbt.

Der annähernde 135°-Aspekt des Mars zu Sonne und Neptun enthüllt die tieferen Quellen für Jungs öffentliche und erzieherische Aktivitäten. In der Aspektreihe bezieht sich das Anderthalbquadrat auf die Überwindung anstehender Krisen. Es geht der Opposition voraus, welche (in positiver Ausdeutung) Bewußtheit und Erleuchtung repräsentiert, und es folgt dem Trigon, welches dem Anderthalbquadrat einen visionären Hintergrund verleiht, und deshalb ist dieser Winkel ein Mittel zur Bewältigung von Krisen. Die Löwe-Sonne in Jungs 7. Haus ist ein stolzes Symbol für Selbstentfaltung und Manneskraft. Neptun im Stier, kurz davor rückläufig zu werden, repräsentiert andererseits inneren Reichtum und die kollektive Evolution. Die zwei Gestirne versinnbildlichen, spirituell gesehen, »männlich« und »weiblich« und befinden sich im Quadrat. Die Sonne entspricht dem Zentrum der Gesamtpersönlichkeit, dem Selbst. Neptun ist die universelle Substanz, welche dieses Selbst zu einem »spirituellen Gefährt« umformen kann. Der Gestalter und das zu Gestaltende stehen im exakten Quadrat zueinander, dem Krisenaspekt. Kann die Spannung gelöst werden? Ja, wenn sie nach außen verlagert wird. Mars ist das externalisierende Planetenprinzip. Jung hat seine eigene Krise spiritueller Gestaltwerdung dadurch bewältigt, daß er andere lehrte und psychologische Techniken erneuerte; er gelangte dadurch zu »Unsterblichkeit«, gemeint in gesellschaftlicher Hinsicht, und schuf sich den Diamantkörper im Sinne der chinesischen Esoterik bzw. das innere Christkind der christlichen Mystiker.

Die außerordentliche Bedeutung dieses Werdeganges spiritueller Integration in Jungs Leben zeigt sich an der ungewöhnlichen Tatsache, daß seine Geburtssonne 11½° hinter Uranus und sein Geburtsmond 12½° vor dem Neptun steht. Uranus ist gewissermaßen auf dem »Sonnenpfad« zwischen Unbewußtem und Bewußtsein; Neptun auf dem »Mondpfad«. Wiederum sehen wir, daß beide Wege in kritischem Winkel zueinander stehen, denn Neptun hat ein exaktes Quadrat mit der Sonne und Uranus befindet sich ebenfalls genau 90° vom Mond entfernt: eine abgeflachte, x-förmige Konfiguration. Darin lassen sich abermals bedeutsame Polaritäten erkennen.

Im vorangegangenen Kapitel strich ich die Bedeutung des Mondes als Vermittler zwischen dem Unbewußten und dem Ich, aber auch als Symbol für die »Anima« des Mannes, heraus. Jungs Anima zeigt sich in seinem Horoskop in einem ungewöhnlichen Licht, denn wie ich schon sagte, sein Mond ist von Neptun und Pluto umgeben und wird von Uranus im Quadrat bestrahlt. Mit anderen Worten, die Planeten des kollektiven Unbewußten dominieren über ihn. Aber der Mond wird auch von Saturn im Quadrat aspektiert, und zwar sehr stark in biologischer Hinsicht, weil er im Zeichen seiner Erhöhung, dem fruchtbaren Erdzeichen Stier steht. Nicht zu vergessen die Opposition zum Glückspunkt im 9. Haus im Skorpion. Der Mond empfängt also den vollen Druck eines Kreuzes in den fixen Tierkreiszeichen und wird andererseits von Neptun und Pluto erweitert. Dieser Mond steht in direkter Beziehung zum 7. Haus (Partnerschaft, Ehe). Jungs Stier-Mond befindet sich außerdem in Rezeption mit der Krebs-Venus, was sowohl auf Venus als auch den Mond verstärkend wirkt. Es handelt sich um eine sehr komplizierte Verflechtung. Da der Mond weiterhin auch die psychische Energie repräsentiert, welche sich im Frauenbild eines Mannes bündelt, könnte man nach der ungewöhnlichen Rolle suchen, die Frauen in Jungs Leben spielten.

Die zur Verfügung stehenden biographischen Notizen verraten nichts Spektakuläres. 1908 heiratete Jung im Alter von 28 Jahren ein Mädchen aus einer »konservativen Schweizer Familie«, und aus der gemeinsamen Ehe gingen vier Töchter und ein Sohn hervor. Zum Zeitpunkt der Heirat wechselte seine progressive Sonne vom Löwen in die Jungfrau. Uranus kreuzte den progressiven Mars im Transit und Saturn stand in Opposition zur Radix-Sonne; Pluto hatte eine Opposition mit Uranus. Die Ehe verlieh Jungs Leben vermutlich mehr Stabilität. 1902 erwarb er seine Zulassung als Arzt, kam mit Freuds Theorien in Berührung (traf ihn aber erst 1906) und hörte ein Semester bei Pierre Janet in Paris. Dies war ohne Zweifel die formgebende Periode für seine reifende Persönlichkeit, aber sehr viel mehr wissen wir nicht. Es scheint jedoch so zu sein, daß diese Ehe ein polarisierender Punkt auf der konkret irdischen Ebene biologischer Fruchtbarkeit gewesen sein muß. Venus hat viel mit Heirat zu tun, vor allem in Jungs Horoskop; und der Akzent liegt hier auf der tatsächlichen Fruchtbarkeit. Die Essenz des Mond-Prinzips scheint im Gegensatz dazu stärker auf einer eher psychischen Ebene zum Ausdruck gekommen zu sein. Das dem Mond in Jungs Horoskop zugeordnete sabische Symbol kann auch etwas aufdecken, ebenso die Tatsache, daß sich der Mond im 3. Haus befindet.

Das Symbol für den Tierkreisgrad des Mondes spricht von einem *alten Mann, der sich sehr bemüht, verborgene Wahrheiten einer bunten Menge mitzuteilen*. Man sagt auch, das Grad-Symbol bilde »den bewußten Besitz von größerem Wissen und mehr Möglichkeiten, als genutzt werden können« ab. Dem Sinnbild der »bunten Menge« sollte dabei besondere Aufmerksamheit geschenkt werden, denn C.G. Jungs Mond-Funktion scheint in umfassendem Maße (der Neptun-Pluto Einfluß) von der »bunten Menge« der Frauen polarisiert worden zu sein, die als Patientinnen nach seiner Hilfe verlangten, um durch geistige Anregung wieder eine Verbindung mit ihrer inneren Natur herstellen zu können. Sein Mars — der auslösende Schaltpunkt seines Horoskopes — steht im Biquintil zum Mond (dazu kommen noch Quintile zwischen Saturn und Neptun sowie zwischen Pluto und Sonne) und die Quintil-Aspekte haben viel mit Kreativität zu tun (das Pentagramm symbolisiert den Sieg des Menschen über die Instinkte). Nichtsdestoweniger läßt sich auch deutlich ersehen, daß Jungs Mond infolge seiner Beteiligung an der Saturn/Pluto-Quadratur in den Sog saturnaler Aktivität hineingedrängt wird. Er war jedoch »mystisch« veranlagt und man fragt sich, was für eine Person seine Mutter wohl gewesen sein muß, oder ob er ungewöhnliche weibliche Verwandte hatte. Sein Schicksal (Saturn) zwängte ihm diese Anima–Einstellung auf, nämlich die Realität der sozialen Außenwelt zu quadrieren und seine zweifellos intensivsten Intuitionen in den logischen Rahmen seines starken Ich–Bewußtseins einzufügen. Ohne Saturn und ohne das Ventil seiner Lehrtätigkeit hätten sich Jungs psychische Energien in einer unsäglichen »Stratosphäre« transzendenter Visionen verzettelt.

Die vorangegangene Diskussion berührt nur einige der wichtigsten Punkte, die sich durch die Untersuchung eines bemerkenswerten Geburtshoroskopes aufdecken lassen. Was Jungs Horoskop für den Psychologen so wertvoll macht ist die Tatsache, das es ein hervorragendes Symbol all dessen darstellt, was Jung in seinem Lebenswerk verewigte. Dies trifft mehr oder weniger immer zu, wenn eine große Persönlichkeit das kreative Stadium erreicht — das heißt, wenn eine organische Gesamtheit aller Lebenserfahrung die Form eines »Samens« annimmt und dadurch die Kraft erlangt, sich selber unsterblich zu machen und ihre Vision in den Köpfen zukünftiger Generationen fortzupflanzen. Wir sahen auch die Bedeutung von Freuds Horoskop mit seiner bohrerähnlichen Konstellation. Man konnte seine chirurgische Vorgehensweise darin wiederentdecken und sein Zurechtschneiden der Wurzeln der Persönlichkeit. Wenn wir feststellen wollen, was C. G. Jung der von Freud initiierten Psychoanalyse hinzufügte, dann brauchen wir nur die Horoskope beider Männer nebeneinander zu legen. Was dabei herauskommt ist sehr eindrucksvoll, und um es in voller Länge aufzuzeichnen, bräuchten wir viel zu viel Platz. Aber wir können sofort ersehen, daß Freuds Sonne genau auf Jungs Mond steht, und daß die stärkste Wechselbeziehung zwischen beiden Geburtsbildern in den betonten Planetenballungen im Stier zu finden ist. Es läßt sich auch feststellen, daß die horizontale Achse in beiden Horoskopen *identisch, aber seitenverkehrt* ist: d.h. der Aszendent des einen liegt genau auf dem Deszendent des anderen. Und in beiden Fällen übernimmt Mars (stationär bei Jung, bei Freud beinahe stationär) eine bedeutende Schlüsselrolle und strukturiert das Gesamtbild. Aber wie unterschiedlich sind die jeweiligen Auswirkungen des Mars! Freuds Mars ist auf die tiefsten Seelengründe zugespitzt und deckt unbarmherzig die verborgenen Überreste gesellschaftlicher Frustrationen auf; Jungs Mars weist demgegenüber den Weg hin zu einem bewußten Griff nach den Problemen der Erziehung und der Regeneration. Freud, der Seelen–Chirurg und Jung, der spirituelle Führer — ein moderner westlicher Guru, mit einer besonderen Empfänglichkeit für die Allgemeinbegriffe im Umkreis des saturnalen Brennpunktes von klarem Bewußtsein und determiniertem Ich.

Wir können beide Horoskope auch mit dem von Adler vergleichen, das mit selbstzufriedenem und heiterem Optimismus ausgeschmückt ist. Erstaunlicherweise wird es durch die widersprüchlichen Energiefelder von Uranus und Saturn mit der Grundlinie des Bewußtseins verankert, hat aber keinen Boden! Auch hier sehen wir den Mars durch die Konjunktion mit der Sonne in starker Stellung. Aber es ist ein rechtläufiger, übermächtiger Mars (der auf Jungs Radix–Saturn steht) und die Venus ist retrograd. Auch bei Adler ist das Zeichen Stier durch die Häufung von Planeten betont — sein Jupiter und Pluto stehen auf Jungs Mond. Adlers Mond hat eine Konjunktion mit Jungs Neptun. In den Horoskopen der drei wichtigsten Repräsentanten der neuzeitlichen Psychologie taucht wiederholt eine starke Schwingung bei 16° Stier auf und man fragt sich zurecht, ob dem nicht eine grundsätzliche Bedeutung beizumessen ist. Ziehen wir das zugehörige sabische Symbol für besagten Tierkreisgrad (siehe oben) in Erwägung, dann ließe sich daraus vielleicht entnehmen, daß diese drei Männer auf unterschiedliche Weise und in unterschiedlichem Ausmaß versuchten, der »bunten Menge« ihrer Nachfolger eine Form von Wissen zu vermitteln, welches die zur damaligen Zeit bekannten Seinsmöglichkeiten bei weitem überschritt.

Dieses Kapitel schließt unsere Untersuchung der modernen Tiefenpsychologie *per se* ab. Im weiteren Verlauf wenden wir uns einer späteren Generation von Psychologen zu, die nach verschiedenen neuen Wegen suchte, um der Psychologie wieder einige der religiösen oder »spirituellen« Elemente zurück zu geben, welche der Freudianische Materialismus zuvor energisch auszumerzen versucht hatte.

Teil 2

Jenseits der Tiefenpsychologie

Kapitel 7

Fritz Künkel und die Wir–Psychologie

Als die psychoanalytische Bewegung mit Freud einsetzte, konzentrierten sich ihre Pioniere vornehmlich auf klinische Verfahren. Die Freudsche Psychoanalyse erprobte neue Wege in der Psychiatrie und suchte nach Alternativen zu der herkömmlichen Methode, Neurosen mittels Hypnose zu verringern. Psychiatrie war damals noch eine sehr junge Wissenschaft und klammerte sich an die Neurologie. Zwischenzeitlich hat sie sich enorm weiterentwickelt, aber sie beschäftigt sich vorwiegend mit der Heilung von Geisteskrankheiten und ist eingegrenzt auf die Untersuchung von Störungen des Gehirns und des Nervensystems. Eindeutig kranke Menschen stehen im Mittelpunkt und sie konzentriert sich auf die Symptombeseitigung anhand bestimmter Behandlungenformen.

Der abnormale Streß und der Bedarf nach einer plötzlichen Anpassung an die unnatürlichen Lebensbedingungen der modernen Zivilisation haben jedoch zu einer völlig neuen Sachlage geführt. Das Grenzgebiet zwischen akuter Geisteskrankheit und verhältnismäßig normaler psychischer Gesundheit ist ein ausgeweitetes und dicht bevölkertes Feld geworden. Geistig und emotional unausgeglichene Menschen finden wir heute auf dem flachen Land genauso wie in den Städten. Sie müssen im pathologischen oder neurologischen Sinne nicht krank sein; aber sie betrachten das Leben nicht aus einer gesunden oder natürlichen Perspektive heraus. Ihre Reaktionen sind von geistigem oder emotionalem Druck beeinträchtigt, abgelenkt oder durchkreuzt. Dies macht sie blind oder so müde, daß ihnen die Kraft fehlt, sich energisch an neue Situationen anzupassen. Sie begegnen dem Leben und ihren Mitmenschen bruchstückhaft, unsicher, frustriert, sinnentleert oder zwanghaft. Wir können diese Personen als »Neurotiker« bezeichnen; es wäre aber vielleicht besser, sie als Wesen zu betrachten, die den Glauben an sich, die Menschheit und an das Leben verloren haben; Menschen, denen die Kraft fehlt, ihren Erfahrungen eine Bedeutung abzugewinnen; denn sie haben ihr Sicherheitsgefühl verloren, aber auch jedes Empfinden dafür, daß das Universum geordnet, voller Werte und von der göttlichen Intelligenz und Liebe beseelt ist.

Die Psychiatrie hat diesen Leuten in der Regel nichts Aufbauendes anzubieten — genausowenig wie die moderne klinische Medizin den Millionen energielosen Menschen, die weder krank noch gesund sind, etwas feilzubieten hat. Die Zunft der Mediziner ist heute vornehmlich an der schnellen Heilung von Krankheiten interessiert, aber nicht daran, den Menschen die Kraft zu einem reicheren und erfüllteren Leben zu geben. Freud war ein typischer Mediziner; seine Methode war reduktiv und analytisch, eine chirurgische Methode. Seine Philosophie war pessimistisch, und konnte sicher nicht den Glauben an das Leben, den Sinn für das Wunderbare oder ein gesundes Empfindungsvermögen für kreative Freude in Schwung bringen.

Adlers Reaktion auf Freuds klinische und pessimistische Einstellung führte ihn zu einem oberflächlichen Optimismus und einer Überbetonung von Ego und Wille, was in gewisser Weise, obschon nicht ganz offensichtlich, doch den verherrlichenden Beteuerungen der amerikanischen Neugeistbewegung gleichkam. Die Erfolgs–Psychologie zielt auf die Entwicklung großer, starker und positiver Egos mit glühenden »spirituellen Muskeln« ab. Die soziale Eingliederung mag sich dabei zwar erfolgreich vollziehen lassen, aber in den meisten Fällen besteht keine Möglichkeit zu wirklicher Integration auf einer individuellen Grundlage. Der »Erfolg«, den diese Menschen für sich verbuchen, führt im Endeffekt zu einem Zusammenbruch der Kollektivität, weil die Schattenseiten und Frustrationen dieser sogenannten »erfolgreichen« und künstlich positiv gestimmten Individuen von den Mitmenschen oder der ganzen Gemeinschaft absorbiert werden müssen.

Carl Jung verstand dieses Problem und er suchte in den kollektiven Seelengründen der Menschen nach einem Lösungsweg. Das Individuum, das sich aus irgendwelchen Ursachen nicht in gesunder Weise den Herausforderungen der menschlichen Gattungsnatur und den gesellschaftlichen Konventionen stellen kann, verwickelt und verliert sich zu sehr in seiner Abgesondertheit und zwar genau in den Bahnen, durch die es sich selber als von der Norm abweichend empfindet. Seine Rettung ist nur durch eine Neuorientierung und Wiederanpassung an die Regeln möglich. Aber diese Norm ist nicht nur, so wie Adler zu denken schien, eine soziale Norm und ein Thema von Verhalten und Erfolg. Sie ist eine lebende Kraft. Sie ist der tiefe Urquell für humanes Verhalten bei allen Männern und Frauen. Jung faßte dieses gemeinsame Fundament als eine Ansammlung von Urbildern auf, welche tief im kollektiven Unbewußten einer jeder Person schlummern. Die Integration der Persönlichkeit folgt in der Hauptsache aus der fortschreitenden Assimilation dieser generischen, bio-kulturellen Bilder, welche Jung als eine Synthese aus angestammten Erfahrungen und Urmustern allgemein menschheitlicher Verhaltensweisen darlegt. Der Prozeß der Integration wird als das »große Werk« des Individuums beschrieben, welches sich allerdings nicht in Isolation von der Gesellschaft, aber gleichzeitig dennoch als hauptsächlich individuelle Leistung vollzieht. Jung, ein Erbe der philosophischen und alchimistischen Tradition, war ein Individualist und ein Mystiker. Er begegnete dem Universum und der Menschheit aus seiner eigenen kollektiven Mitte heraus.

Diese Gelegenheit eröffnet sich nicht vielen Menschen. Sie würden sich auf dem Weg verirren. Für diese eigenständige Integration des Selbst haben sie weder den persönlichen Heroismus noch die geistige Stärke, auch nicht unter der zwangsweise limitierten Hilfestellung eines Psychologen. Diese Menschen benötigen etwas anderes wie Urbilder als Brennpunkt der Integration. Sie brauchen nicht nur ein Bild des »Selbst« oder der Göttlichkeit; sie brauchen vielmehr einen Gott, der real ist, der sie fesselt, der *mit* ihnen, aber auch *in* ihnen ist. Es genügt ihnen nicht, den »gemeinsamen Ursprung« der Menschheit als Grundstock oder Quelle für Kraft und Substanz in Betracht ziehen zu können. Stattdessen wollen sie als geistigen Überbau vielmehr den Schöpfungsakt durch ein universelles Wesens, welches in seinem unendlichen Geist ein »Ideal« von ihnen bereithält und das ihnen durch seine Gnade dazu verhilft, diesem Ichideal gleichzukommen. Der Jungianische Psychologe ist dazu aufgefordert, in den Mantel eines modernen Hindu–Gurus zu schlüpfen, bloß mit weniger Verantwortung und geringerer psychischer Identifikation mit seinem Klienten oder Schüler. Aber die wenigsten Menschen sind heute für einen Guru bereit. Sie brauchen einen »religiösen Lehrer«, der nicht nur über Religion »redet«, sondern auch Psychologie praktiziert. Fritz Künkel formte seine psychologische Methode als Antwort auf dieses Bedürfnis.

Dr. Fritz Künkel wurde am 6. September 1889 in der Nähe von Berlin geboren; als sich seine Aufmerksamkeit von der Psychiatrie zur Psychoanalyse hin verschob, fühlte er sich zunächst zu Adler hingezogen. Er wurde schließlich sogar Präsident der deutschen Sektion der Internationalen Gesellschaft für Individualpsychologie. Ein Faktor, der den Reiz an Adlers Sichtweise für ihn ausmachte, war vielleicht die Tatsache, daß er während des Ersten Weltkrieges in die Feuerlinie geriet und seinen linken Arm verlor. Adlers Psychologie widmete sich eingehend den Auswirkungen von Organminderwertigkeit, weil sie, wie schon gezeigt, eine Psychologie des bewußten Überwindens ist. Im Alter von 28 Jahren mußte Künkel sich plötzlich mit einer drastisch veränderten neuen Lebenssituation zurechtfinden. 28 ist das Alter der theoretischen »zweiten Geburt«, d.h. des bewußten Ausgestaltens der Eigenpersönlichkeit. Für Fritz Künkel war diese Lebensphase von einem gräßlichen Schock begleitet und sein Grundhoroskop enthüllt das komplexe Wirken eines Schicksalszwanges zu jener Zeit. Mars und Sonne stehen in Konjunktion im Löwen und im 6. Haus (Krankheit, Wehrdienst). Als er am 20. August 1917 verwundet wurde, ging die Sonne über seinen Radix–Saturn, Neptun und Saturn waren im Transit zur Geburtsvenus (ebenfalls im 6. Haus und in exakter Opposition zum Natal–Mond). Gleichzeitig befand sich der progressive Mond im 12. Haus kurz vor einer Opposition zum Radix–Mars. Folglich stand Fritz Künkel am Beginn eines neuen Lebensabschnitts, als der Saturn seinen ersten Zyklus vollendete.

Ein Jahr später heiratete er, als Saturn die Spitze des 7. Hauses überquerte und Uranus seinen Aszendent kreuzte. Es war keine allzu glückliche Ehe, aber es kamen Kinder und ohne Zweifel gewann Künkel aus der teilnehmenden Beobachtung ihres Heranwachsens einen scharfen Blick für die Eltern/Kind–Beziehung. Dies verhalf ihm nicht nur zu einem guten Ruf als Kinderpsychologe, sondern daraus erwuchs auch der theoretische Unterbau für seinen eigenen Beitrag zur Psychologie: das Prinzip der »Wir–Erfahrung«.

Ich bin der Meinung, daß sich Künkels Leben in drei Phasen untergliedern läßt. Dadurch erhalten wir ein gutes Beispiel für den dreiteiligen Rhythmus des Persönlichkeitswachstums, welchen ich in meinem Buch ASTROLOGIE DER PERSÖNLICHKEIT diskutiert habe. Die ersten 28 Jahre sind die Periode von Familie und Gattung; der Mensch erfüllt seine Abstammung und die Vergangenheit seiner Familie und Rasse, kurz sein Gattungs–Selbst. Künkel wuchs auf großen preußischen Gutshöfen auf; er besuchte die Universitäten von Berlin und München und erlebte den Glanz der intellektuellen Oberschicht deutscher Tradition. Dann wurde er in die Wirren des Krieges hineingezogen und vom Schicksal hart getroffen.

Der zweite Zeitabschnitt bezieht sich auf das individuale Selbst und umfaßt die Jahre 28 bis 42. Bei Künkel teilt er sich nochmals in zwei weitere Hälften auf und brachte ein zunehmendes Erwachen seines individuellen Geistes unter Streß und Spannungen mit sich. Künkel siegte über das Schicksal durch die Kraft seiner eigenen Kreativität und seines Glaubens. Das Ergebnis davon war die »Wir–Psychologie«. Diese basiert auf der Annahme, daß jeder Mensch Selbsterfahrung nur insoweit erlangen kann, als er in Beziehung zu einer Gemeinschaft steht. Selbst wenn er in völliger Isolation lebt, bleibt er in gewisser Weise (in Gedanken oder Vorstellungen) noch durch Haß oder Hoffnung an eine Gruppe gebunden.

Wie kann ein heranwachsender Mensch als Kind, Jugendlicher und später als reifes Individuum harmonisch und glücklich aus dem Nährboden des »Ur–Wir« hervorgehen? Wie können Psychologie und Erziehung diesem Wachstumsprozeß zu Erfolg verhelfen? In welcher Weise kann man den allgegenwärtigen Wachstumskrisen begegnen? Wie kann das Individuum die Macht einer kollektiven Vergangenheit und jedes schicksalhaften Hindernisses bezwingen? Welche Fähigkeiten sind dazu notwendig? Welche psychologischen Methoden müssen dazu entwickelt werden? Diese Fragen sind die Leitmotive, die sich in Künkels Büchern finden lassen.

Während der ersten Hälfte dieses zweiten 28–Jahre–Zyklus (28. bis 42. Lebensjahr) mußte Künkel nach Antworten auf gesellschaftliche Fragen suchen, indem er innere Widerstände und Bedrängnisse, Unglück und persönliches Karma bewältigte. Dies bildet sich dadurch ab, daß Venus, Mars und Saturn bei ihm im Löwen und im 6. Haus stehen, und daß der Mond dazu in Opposition im 12. Haus liegt. Im zweiten Teil dieser 28–jährigen Lebensspanne (vom 42. bis zum 56. Lebensjahr) und nach seiner Zweitehe im Winter 1931–32 konnte Künkel seinen früheren Erfahrungen eine genauere Form verleihen und stellte seine Weisheit und starke Begabung als Pädagoge und Lehrer unter Beweis. Seine Bücher wurden bekannt und auch in den USA veröffentlicht. Im Sommer 1936 kam er zum ersten Mal nach Amerika und siedelte 1939 ganz über. Er ließ sich in Los Angeles nieder, wo er 1955 starb. Er schrieb, hielt Vorträge, gab Seminare und arbeitete in seiner Privatpraxis, deren Ausmaß er aber in Grenzen hielt, um seine schriftstellerische Tätigkeit weiterzuverfolgen können.[41]

Die dritte Phase in Künkels Leben begann, als er am 23. Juni 1936 in Amerika landete. Neptun berührte die Geburtssonne im Transit und Pluto den Glückspunkt; Uranus trat in das 2. Haus ein und befand sich im Quadrat zu der wichtigsten Opposition (Mond–Venus) seines Horoskopes. Saturn, der sich seit dem vorangegangenen Jahr im ersten Quadranten aufhielt, zeigte eine Periode der Neugestaltung des Ichs an. Jupiter näherte sich der Himmelsmitte, gleichzeitig standen Mars und Venus gegenüber in seinem 4. Haus. Die Anforderungen seines öffentlichen Schicksals widersetzten sich der Verwurzelung seines persönlichen Lebens im angestammten Heim. Das Gerüst für eine *dritte Stufe des Überwindens* war errichtet.

Künkels Jupiter ist der Schlüssel zu seinem Schicksal, genauso wie die Neptun–Transite die bedeutensten Wendepunkte in seinem Leben markieren. Dieser dominante Jupiter im Schützen, »Herr« des 9. und 10. Hauses (Religion/Philosophie und öffentliche Stellung) ist ohne Zweifel der »Regent« des ganzen Horoskopes. Er ist der Schlüssel zu Künkels psychologischen Grundsätzen — zu dem erzieherischen und religiösen Akzent in seiner Lehre. In der Tat sind die gepaarten Prinzipien von *Selbsterziehung* und *religiösem Bewußtsein* der Grundstein seines Denkenansatzes.

Zunächst betonte Künkel den Übergang von der ursprünglichen »Wir–Erfahrung« in einen Zustand individueller Differenzierung und Isolation. Er wußte sehr genau, welche Probleme dies mit sich brachte, denn von Krise zu Krise trachtet das Individuum stärker danach, seine »wahre Mitte« zu erreichen, aber nicht nur in der oberflächlichen Ichhaftigkeit des sozialen Überwindens (Adler), sondern im Urgrund der unbewußten, vererbten Wurzeln (Jung). Nachdem Künkel dieses »Unbewußte der Vergangenheit« in der Tiefe seines Seins erfahren hatte, versuchte er sich dem polaren Gegenstück in den Höhen des Bewußtseins zu nähern, dem »Unbewußten der Zukunft«. Er erkannte darin die »Gegenwart Gottes«, welche den Menschen in die Zukunft treibt und die auf dem Gipfel der Psyche inthronisiert wird.

Künkel begann sich später für religiösen Mystizismus aus der Perspektive der Quäker und im Geiste des Evangeliums zu interessieren. In seinem Buch DIE SCHÖPFUNG GEHT WEITER setzt er sich intensiv mit dem Matthäus-Evangelium auseinander. An seinem 56. Geburtstag begann sein letzter Lebenszyklus unter einer annähernden Konjunktion von Jupiter und Neptun zu seinem Geburtsmerkur. Gleichzeitig war sein progressiver Mond dabei, den Radix-Aszendent in den Fischen (vorausgesetzt die von ihm angegebene Geburtszeit ist exakt) zu überqueren. Der Akzent ist durch einen Fische betonten »Interessenschwerpunkt« in der Tat neptunisch-jovisch. Uranus war knapp davor, in das 4. Haus einzutreten; Pluto näherte sich der Venus/Mars-Halbsumme. Ein neuer Abschnitt begann für den Begründer der Wir-Psychologie, die zunehmend zu einer Gott-Psychologie wurde.

> Je mehr ein Mensch sich selbst findet, um so stärker entdeckt er, daß sein persönliches Interesse von seiner Verantwortlichkeit für das Ganze abgelöst wird. Er ist wirklich nur er selbst, soweit er ein Glied seiner Gruppe ist, und seine Gruppe ist nur lebendig, soweit sie in Verbindung ist mit der Menschheit. Das wahre Selbst ist daher nicht das *Ich;* es ist das *Wir.* Darüberhinaus ist das menschliche Selbst nicht nur menschliche Liebe und Brüderlichkeit, es ist zugleich die Schöpferkraft des Schöpfers, die durch menschliche Einzelwesen wirksam ist. Wer sich wirklich selber findet, findet Gott. Und er darf mit Paulus sagen: »Ich lebe, doch nun nicht ich, sondern Christus lebt in mir« (Luther). In diesem Sinne ist unser wahres Selbst das letzte Ziel unserer religiösen Entwicklung. Zuerst ist es das *Ich*, dann wird es zum *Wir* und schließlich wird es *Er* sein.[42]

> Wir müssen unterscheiden zwischen dem *Unbewußten der Vergangenheit*, dem rassisch bedingten Erinnerungsvermögen und der Vererbung, und dem *Unbewußten der Zukunft*, das die unendliche Pyramide von Werten, Möglichkeiten und Aufgaben enthält, die gleichsam noch vor uns liegen. Genau gesprochen sind diese Werte zeitlos, aber sie müssen in der Zukunft gelebt werden.[43]

> Die Macht, die uns dazu veranlaßt zu lieben, zu streben und zu schaffen, wirkt nicht durch die Vergangenheit. Sie ist nicht eine blinde Gewalt, die uns von hinten anstößt, so wie das explodierende Benzingas den Kolben eines Motors antreibt. Sie ist die schöpferische Macht des höchsten Zieles, des Wertes, der uns in unbegrenzte Zukunft vorausgeht, der uns anzieht wie ein Magnet, der uns in Bewegung hält, der uns umformt wie ein Züchter, der Blumen in immer schönere Arten verwandelt.[44]

Künkels psychologischer Ansatz entspringt direkt der christlichen Mystik; aber er präsentierte von dieser mystischen Betrachtungsweise eine auf dem tiefenpsychologischen Begriffsapparat aufbauende Neufassung und stellte den einschneidend gewandelten gesellschaftlichen Hintergrund in Rechnung. Welche modifizierte Methode zur spirituellen Entwicklung Künkel auch immer befürwortete, in ihrem Kernpunkt finden wir die innere Metamorphose, welche die Mystiker in christlicher Bildersprache beschrieben hatten. Auf seine einfachste Form reduziert ist dieses zentrale Ereignis eine »Krise«. Künkel betont die Notwendigkeit von »Krisen«, falls man zu wirklicher persönlicher Reife gelangen will. Mit dramatischer Intensität, versinnbildlicht durch seine Löwe–Planeten, schrieb er:

> Die Krise ist dann der Übergang von einem verschobenen, weniger bewußten und weniger kraftvollen Leben — das um das Ich–Bild oder um ein angebetetes Bild kreist — zu einem zentraleren, bewußteren und machtvolleren Leben — das um das wahre Selbst kreist. Dieses Selbst erweist sich als Mittelpunkt des Einzelmenschen und auch der Gesellschaft, es verwandelt daher den Einzelmenschen in einen Diener der Gemeinschaft — das ist Liebe; und es erweist sich auch in unserem Verhältnis zu Gott und verwandelt deshalb Einzelmenschen und Gemeinschaften zu Dienern Gottes — das ist Glaube. Wenn die Krise vollendet ist, bedeutet das Bekehrung.[45]

Die Menschen werden durch »die Folgen ihrer Fehlentwicklungen in ihre Krisen gezwungen«[45] und sie versuchen geschickt, diesen zu entkommen und das Unvermeidliche hinauszuzögern. Aber es gibt keine echte spirituelle Entwicklung ohne eine Krise; der Zweck der »Religionsphilosophie« liegt darin, einen besseren, sanfteren, wirksameren und weniger tragischen Weg zu finden, um der Krise zu begegnen.

In seiner Lehre und Praxis hat Künkel den Wert von Krisen und sogar Alpträumen nachdrücklich betont. Wenn er sich abends mit Leuten traf, dann liebte er es, ihnen mit funkelnden Augen zu sagen: »Haben Sie einen schönen Alptraum!« Der Grund für dieses Benehmen läßt sich aus seinem Horoskop ersehen. Als ganzes genommen wird man es für ein unbeschwertes Horoskop mit einem Großen Trigon und starken Sextilen halten. Dazu kommt ein pulsierendes Quintil (der Aspekt der Kreativität) zwischen Uranus und Venus. Es unterscheidet sich doch gewaltig von der kreuzförmigen Konfiguration in Jungs Horoskop. Die einzige Quadratur ist eher weitläufig: Neptun und Pluto stehen im 90°–Winkel zur Sonne/Saturn–Halbsumme. Allerdings steht Künkels Radix–Sonne in der Jungfrau und das Zeichen Jungfrau ist, darauf habe ich schon in meinem Buch DIE ASTROLOGISCHEN ZEICHEN hingewiesen, ein Symbol für Krisen. Jungfrau repräsentiert die persönlichen Krisen, Fische dagegen die gesellschaftlichen Krisen.

Künkel hatte einen Fische–Aszendent. Sein persönliches Schicksal und seine eigentliche Bestimmung waren geprägt von den sozialen Krisen seiner Ära; und als Deutscher war er für diese Krisenmomente sehr empfänglich. Aber während sein Geburtsland die Krise jenes geschichtlichen Zeitraumes in *regressiver* Weise kennenlernte, war er fähig, sich durch seine innere Wiederbelebung des Christus–Bildes davon auszuschließen. So führte ihn das Schicksal nach Amerika, gerade noch rechtzeitig, um nicht von den Zerstörungen des 2. Weltkrieges überrascht zu werden. Er war somit in gewisser Weise ein »Archetyp« für das, was sein Volk eigentlich hätte tun sollen. Genauso wie seine Nation wurde er 1918 zum Krüppel. Aber er stellte sich seiner Krise und gewann. Deswegen kann er als ein Vorbild für die Gemeinschaft, aus welcher er als schöpferisches Wesen und Lehrer hervorging, angesehen werden. Dies war sein spirituelles Schicksal. Aber er mußte es besiegen, wie jeder andere auch, und er gewann mit der Kraft seines im 10. Haus erhöhten Jupiters. Er war ein Mann mit einer Mission: Der modernen Menschheit (und vor allem den Europäern) zeigte er eine Route, um Krisen zu bewältigen. Dieser Pfad ist ein christlicher — der Weg, welcher durch die Verinnerlichung des Christgeistes *mit Hilfe* der Krise erfolgreicher und prächtiger wurde.

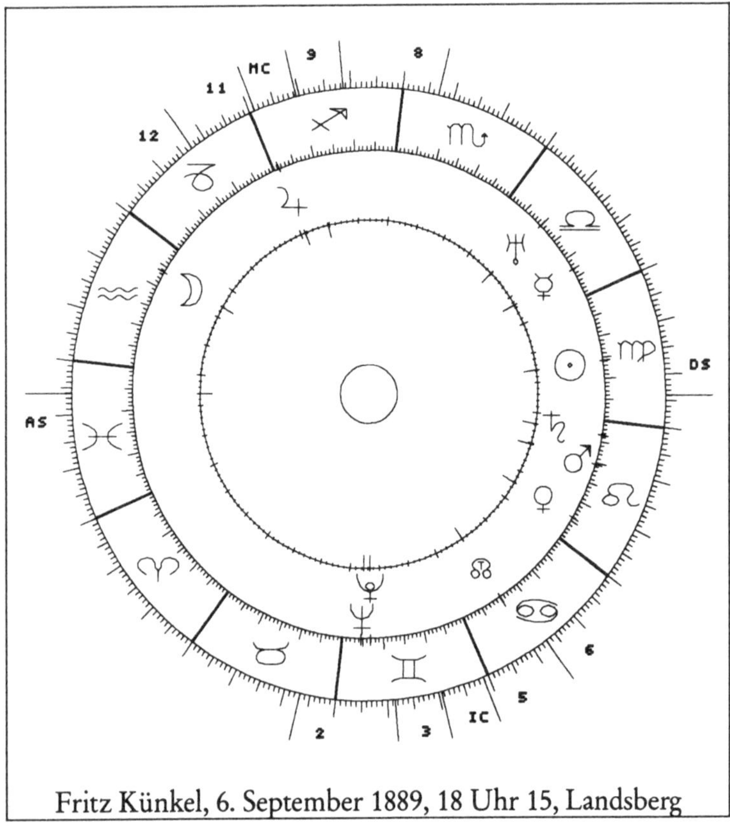

Fritz Künkel, 6. September 1889, 18 Uhr 15, Landsberg

Der Krisenherd in Künkels Horoskop ist die Konjunktion von Mars und Saturn im Löwen, wobei Saturn dem »Christus-Stern« Regulus sehr nahe steht. Regulus, »das Herz des Löwen«, gilt als der Christus-Stern, weil er sich auf die spirituelle Umwandlung von der emotionalen Persönlichkeitsmitte hin zur

Christusmitte, dem Herzen des Menschen, bezieht. Wenn der »rote Löwe« der Alchimisten zum »weißen Christus« wird, dann wird der Mensch in und durch sein individuelles Dasein geboren. Friederich Barbarossa (Rotbart) ist der »rote Löwe« der deutschen Heldensage, und Hitler war seine karikierte und degenerierte Wiedererscheinung mit kleinem Schnauzbart. Den Deutschen wurde einst beigebracht, auf die Wiederkunft ihres großen Kaisers zu warten. Aber der Kaiser kann nur in spiritueller Hinsicht als Christus, dessen »Reich nicht von dieser Welt ist«, wiedererscheinen. Die stolze Mars/Saturn–Kraft muß im Herzen (der linken Seite des Körpers) gebrochen werden, bevor das Herz gereinigt und die »Gegenwart Gottes« willkommen geheißen werden kann. Dies ist die Krise, mit der viele umgehen müssen, vor allem mächtige Führungspersonen, religiöse Führer mit eingeschlossen.

Diese Krise zentriert sich in Künkels Horoskop zudem um den Deszendent, die Spitze des Hauses von Beziehung und Ehe, welche zwischen den Löwe–Saturn und die Jungfrau–Sonne fällt. Die Sonne ist außerdem auf der Halbsumme des Bogens zwischen Venus und Uranus, die ein Quintil miteinander haben. Dadurch wird dann der Partner zum Zentrum der Krise, und empfängt die ganze Gewalt von Neptun und Pluto im Quadrat. Diese beiden letztgenannten Planeten stehen allein nördlich der exakten Oppositionsachse von Mond und Venus, welche das 6. und das 12. Haus miteinander verbindet; folglich wirken sie als ein Spannungspunkt im 3. Haus und in den Zwillingen. Saturn ist das *Karma*; die Sonne ist das schöpferische Überwinden. Der Deszendent entspricht dem Bereich, in dem es etwas zu bewältigen gibt. Die Neptun/Pluto–Konjunktion ist der Herausforderer: sie bezieht sich auf das kollektive Schicksal und die Mentalität des modernen Menschen. Jupiter ist die Botschaft und der innere Messias — das schöpferische Licht. Jupiter steht auch fast in einem Quintil zu Uranus und im Dezil (Halb–Quintil) zur Venus. Somit verknüpft eine ganze Kette von annähernden Quintilen und Dezilen die Planeten oberhalb der Venus/Mond–Linie, bei welcher es sich um eine Achse »karmischen« Bewußtseins zu handeln scheint.

Eine der letzten Entwicklungen in Dr. Künkels psychologischer Lehre war die Idee der religiösen Selbsterziehung. Ich werde die erzieherischen Aussichten, welche die praktische Astrologie in Verbindung mit dieser Vorstellung bietet, später eingehender diskutieren. Aber lassen sie mich jetzt schon darauf hinweisen, daß gegenwärtig einer kollektiven und globalen Krise der Weg bereitet wird, die vor allem durch die Möglichkeit einer Atomkatastrophe an Brisanz gewinnt. Jede verantwortungsbewußte Person, die aufgrund ihrer Ego-Strukturen nicht stark abgesondert ist, nimmt notwendigerweise an dieser Problematik teil. Eine Methode zur Beseitigung der Krisis zu lehren — sei sie nun verallgemeinert in sozialer Hinsicht oder auf ein Individuum konzentriert — ist folglich für die heutige Zeit höchst dringlich. Das eigentliche Problem betrifft wesentlich mehr Männer und Frauen, als nur diejenigen, die sich gerade in psychiatrischer Behandlung befinden. Es läßt sich nicht allein durch die Adlerianische Verherrlichung des bewußten »Egos« beseitigen. Und der Pfad der Jungschen Tiefenpsychologie stellt an Psychologen und Klienten zuviele Anforderungen, als daß er für den Durchschnittsmenschen von praktischen Nutzen sein könnte.

Ganz offensichtlich ist noch mehr vonnöten. Was Freud aus der Psychologie herausgenommen hat, muß wieder hinzugefügt werden, aber auf neue Weise. Wir können es »Seele«, »Gott«, »Glaube« oder »Meister« nennen. Eines scheint jedenfalls sicher zu sein: alle Menschen werden sehr bald eine wiederbelebende oder neue psychologische Methode benützen müssen, die sie befähigt, sich in kreative Personen zu verwandeln, welche ihrer Krise freimütig und *auf einer individuellen Basis* begegnen können. Andernfalls wird die Menschheit von der zwanghaften Inbrunst einer neuen Weltreligion mitgerissen, welche danach ausgerichtet ist, Krisen auf einer *kollektiven Basis* zu lösen.

Vielleicht lassen sich beide Lösungswege ja auch verflechten; aber wir müssen uns ins Gedächtnis rufen, daß im Christentum die individuelle Erlösung des Mystikers einer gemeinschaftlichen Erlösung der Masse von Gläubigen untergeordnet war. Selbst heute noch muß der Wert einer individuellen Befreiung aus der gegenwärtigen Krise mit größter Überzeugungskraft behauptet werden, *wenn er für die Mehrheit annehmbar gemacht werden soll.*

Kapitel 8

Jakob Moreno und Psychodrama

Vor mehreren Jahren schloß ich Freundschaft mit einigen jungen Leuten, die gerade frisch vom College kamen und sehr frei über die Probleme ihrer Jugend sprachen. Sie hatten »progressive Schulen« besucht; ihre Eltern waren in den meisten Fällen vielbeschäftigte Geschäftsleute; mehrere kamen aus zerrütteten Familien, da die Eltern geschieden waren; man hatte ihnen völlige Freiheit gelassen — Freiheit, sich selbst zu verwirklichen und mit allen erdenkbaren »Lebensumständen« zu experimentieren. Sie waren tatsächlich so frei, daß ich zu meinem eigenen Erstaunen feststellen mußte, daß sie einen Großteil ihrer späten Jugendzeit damit verbrachten, verschiedene Reglementierungen zur Eindämmung dieser Ungebundenheit auszusinnen. Sie konnten die Verantwortung und das Risiko nicht ertragen oder es fehlte ihnen der Mut dazu.

Ich war ziemlich überrascht, weil ich, der ich im Europa des ausgehenden 19. Jahrhunderts geboren wurde, in einer völlig entgegengesetzten Atmosphäre aufgewachsen bin. Meine Generation trachtete inbrünstig und voller Leidenschaft danach, die Bande der Familie, der sozialen und religiösen Tradition, ja selbst mit der europäischen Kultur und dem Christentum zu brechen. Unser Problem lag eher darin, wie man zu dieser Freizügigkeit gelangen konnte; kein Preis schien uns und denen um uns herum damals zu hoch.

Die Unterschiede in der psychologischen Situation der Jugend vor und nach den Weltkriegen springen signifikant ins Auge. Sie liefern eine Diskussionsgrundlage für die tiefgreifenden Wandlungen, die sich in den letzten Jahrzehnten auch in der Psychotherapie schrittweise vollzogen haben. Die Verantwortung für diese Veränderungen ruht zum großen Teil auf den Schultern von Jakob L. Moreno. Deshalb möchte ich in diesem Kapitel in aller Kürze die wichtigsten Gesichtspunkte umreißen, die er neu in die Psychologie und Soziologie einbrachte. Anschließend bemühe ich mich, diese mit einigen astrologischen Merkmalen seines Horoskopes in Bezug zu setzen.

Als Sigmund Freud in Wien die Ideen und Techniken der Psychoanalyse veröffentlichte, kämpfte die westliche Welt noch mit dem Viktorianischen Zeitalter und dessen Heuchelei, seinem selbstzufriedenen Pomp sowie dessen rationalistischem und gierigen Materialismus. Als Jakob Moreno in den Zwanziger Jahren ebenfalls in Wien damit begann, seine handlungsorientierten Ideale und Methoden der Psychotherapie (Psychodrama, Soziodrama, Gruppentherapie usw.) zu verbreiten, richtete er sich an eine Generation, deren bisheriger Lebensweg vom Ersten Weltkrieg erschüttert worden war und die in fieberhafter Aufregung eine neue Welt aufbauen mußte. Diese Generation erwies sich als unfähig, den Herausforderungen effektiv zu begegnen. Sie wurde zwar theoretisch auf freien Fuß gesetzt, getraute sich aber nicht wirklich, in sozial orientierter und organischer Hinsicht »kreativ« zu sein. Welche Form von Kreativität auch aufflackern mochte — und es gab davon eine große Menge in den besiegten deutschen Staaten — sie brach vorwiegend in anarchischer Selbstverherrlichung und einer irrationalen (anstatt einer überrationalen, geistgetragenen und integrierten) Richtung durch.

Freud mußte sich um 1900 herum noch mit Individuen befassen, deren emsige emotionale Versuche, sich von einer veralteten und rigiden Gesellschaftsordnung zu befreien, ihnen Schocks und psychische Wunden zufügten: Neurosen und Psychosen. Diese Leute waren Mitglieder einer Gesellschaft, die danach bestrebt war, die Grundkräfte des Lebens, genauso wie den entmutigenden aber auch den schöpferischen Rhythmus des menschlichen Geistes einzudämmen. Folglich verblieb dem Menschen nur sein Mittelklasse-Ich — d.h. das einzige, was noch übrig blieb, war die Struktur der persönlichen Anpassung an eine Gesellschaft, die in sich selber seelenlos und materialistisch war.

Ich habe Freud schon mehrfach als einen »Seelenchirurg« bezeichnet. Sein Einsatz der »psychoanalytischen Couch«, auf welcher der Patient gewissermaßen zur Operation bereit lag, seine Methode, wie mit Pinzette, Wattebausch und einem scharfen Messer in Assoziationen einzudringen, seine Techniken und sein Vertrauen (nach der psychoanalytischen »Operation«) auf die Gewilltheit des Patienten (das Kreislaufsystem der Psyche), in irgendeiner Weise ein neues Seelengewebe aufzubauen — all dies sind typische chirurgische Vorgehensweisen. Die Freudsche Psychoanalyse ist klinisch; sie entsprang dem eigentümlich materialistischen Standpunkt eines Jahrhunderts, das Feuchner, Marx und Darwin hervorbrachte. Eine gesellschaftliche Zielsetzung war bei Freud in gewissem Sinne gar nicht vorhanden. Wenn er überhaupt an eine Gruppenpsychologie dachte, dann meinte er damit nur persönliche Kontakte zwischen zwei Menschen, und befaßte sich vornehmlich mit den Schwierigkeiten, die diese Beziehungen auslösen. In das individuelle Seelenleben sind die Mitmenschen konstant als Modell, Objekt oder als Gegenspieler verwickelt. Mit anderen Worten, Freud sah die Gesellschaft als etwas *schon Fertiges*, und das Individuum konnte nur gegen sie ankämpfen, von ihr verletzt und (nach der Analyse) wieder an sie angepaßt werden — alles um der höchsten Behaglichkeit und Glückseligkeit willen.

Jakob L. Morenos Standpunkt unterschied sich davon völlig. Für ihn befindet sich die Gesellschaft im Entstehen. Wir sind alle dazu aufgefordert, ihr zukünftiges Aussehen mitzugestalten, und dies gelingt uns nur durch kreative Teilnahme an einer Gruppenaktivität, die konstant, allgegenwärtig und vielgestaltig sein sollte. *Immer und überall und auf unzähligen Wegen muß das Individuum mit anderen zusammen kreativ sein, will es psychosomatisch gesund bleiben und soll die Gesellschaft ein umfassendes und integriertes Wechselspiel von Gruppenaktivitäten werden.* Damit verzahnt ist die höchste Entfaltung von kreativer und gottesgleicher Freiheit. Dies ist der rote Faden, der sich durch die vielen Bücher und Aktivitäten der dynamischen, provozierenden, freimütigen und revolutionären Person Jakob Morenos zieht. In seinen frühen Lebensjahren war er von religiösen Idealen erfüllt, und seine ersten Bücher sind glühende Versuche, die traditionellen, abendländischen Gottesideale neu zu formulieren. Sie besingen ein Gottesbild, das sich als zentrale und allgegenwärtige Realität erfahren läßt. Ein allzeit aktiver Gott, ein Gott, der allen denjenigen, die an überkommenen sozialen und kulturellen Mustern hängen, eine Wiedergeburt abnötigt. Morenos frühe Schriften offenbaren uns einen Gott, der nicht nur als Vater, Urheber und kreative Kraftquelle in jedem Augenblick schöpferisch tätig ist, sondern die die Welt in einer symbolischen »Rückkehr« zu Imagination und verfügbaren Phantasien wieder neu erschafft. Auf diese Weise befreit Gott sich und seine Schöpfung von dem aller komplexen Gruppenaktivität innewohnenden Schicksal.

Die Verherrlichung der Schöpferkraft des Augenblickes ist keine völlig neue Vorstellung in der Philosophie; aber durch Moreno erhielt sie eine andere Bedeutung, denn er übersetzte sie in die Begriffe einer praktischen und zweckorientierten Regeneration der Menschheit. Diese hatte die archaischen Rituale der antiken Gesellschaft aufgegeben, nur um sich noch sinnloser an die modernen Rituale der Massenproduktion zu binden. Moreno verstand es geschickt, für unsere, die Technik anbetende und von der Wissenschaft geplagte Generation, neue Verfahren auszudenken. Die komplizierten und herausfordernden Methoden, die unter dem weitläufigen Begriff *Psychodrama* zusammengefaßt werden, mit all ihren physischen und psychischen Kunstgriffen, stellen die Mittel bereit, die es den Individuen ermöglichen, in einem speziellen und zweckmäßigen Setting bestimmte Situationen erneut zu inszenieren. Es handelt sich um die »Lebensmomente«, in denen sie sich früher ihre eigenen Ketten schmiedeten, ihr eigenes Schicksal besiegelten und ihre Frustrationen und Krankheiten in Gang setzten, weil sie es verfehlten, ihre eigene kreative Kraft in sich walten zu lassen.

Eine Beschreibung des psychodramatischen Arbeitsprozesses sprengt sicherlich den Rahmen dieses Kapitels. Psychodrama ist eine Welt für sich; um erfolgreich mit und in ihm zu arbeiten, sind nicht nur Sachkenntnis und Übung erforderlich, sondern auch Intuition und ein gutes Gespür für menschliche Sympathie. Und gerade dies läßt sich nicht einfach so in Hochschulseminaren an selbstbewußte Intellektuelle vermitteln. Kurzgefaßt kann man jedoch sagen, daß der Patient dazu gebracht wird, familiäre Situationen im tätigen Bewußtsein nochmals zu durchleben. Auf diese Weise erhält er die Chance, seine Welt neu zu konstruieren, und zwar nicht gegen seine abnormalen Phantasien, sondern durch sie. Die drei wesentlichen Punkte bei diesem Prozeß sind:

1. Die Aktion auf einer Rundbühne mit verschiedenen Ebenen ersetzt die Introspektion. Letztere wird von den zahlreichen Techniken gehegt, bei denen der Patient auf einer Couch liegt oder entspannt im bequemen Stuhl sitzt.

2. Das Arzt/Patient–Verhältnis (eine »einseitige« Beziehung) wird in eine vielschichtige Gruppenbeziehung umgewandelt. In dieser wird der Patient dann dazu aufgefordert, nicht bloß sich selber zu »verstehen«, sondern *freizusetzen*, was er an Schicksal und an automatischen Zwängen von Komplexen gepachtet hat.

3. Die verbale und weitgehend symbolische Kommunikation (wie in der Tiefenpsychologie) wird erweitert und Bestandteil einer totalen Wechselbeziehung zwischen realen Personen. Durch diese inszenierten Beziehungen gelangt die Persönlichkeit dazu, sich immer weniger als ein Produkt der Umstände zu sehen. Stattdessen wird sie zusehends zu einem Teilnehmer an dem sozialen Prozeß, welcher auf der psychodramatischen Bühne ständig neue Möglichkeiten darbietet, um den verlorenen Kontakt zu der inneren kreativen Kraft wiederzugewinnen.

Der Klient wurde emotional oder psychisch krank, weil genau dieser Kontakt aufgrund einer schroffen Konfrontation ziemlich oder zeitweise verloren ging. Eine »Reduktions–Analyse« der Symptome kann niemals garantieren, daß man einen neuerlichen Kontakt mit den kreativen Kräften jemals wieder instandsetzt. Der analysierte Patient kann zwar glücklicher und »normaler« existieren. Er kann mit weniger Spannungen leben und einem klareren Gespür dafür, wie er sich an die Gesellschaft anpassen kann, die er vielleicht auch besser zu tolerieren lernt. Aber ist dies wirklich geistige Gesundheit?

Ich glaube Moreno würde meiner oft wiederholten Behauptung beipflichten, daß es allen Erfahrungen, einschließlich der sogenannten »Heilung«, an einem spirituellen Endzweck mangelt, außer daß eine Person, die einer vorübergehenden Geisteskrise unterworfen war, daraus als eine größere Persönlichkeit hervorgeht. Ansonsten ist alles vergeblich, genauso wie unzählige »siegreiche« Kriege vergeblich gekämpft wurden und im Endeffekt zu spirituellen Niederlagen wurden. Was Menschen und Nationen heutzutage am meisten ermangelt ist ein Weg, um Krisen, Krankheiten und Wahnsinn so zu bestehen, daß sie daraus mit der neu gewonnenen Erkenntnis hervorgehen, *gerade wegen jenen Wendepunkten* größer, freier, liebender und humaner geworden zu sein. Genau dies versuchte Moreno zu lehren, nachdem der Krieg und die Revolution zu keiner wirklich kreativen Wiedergeburt der Gesellschaft geführt hatten. Darin liegt die tiefere Bedeutung hinter seiner Aktionstherapie und seiner nachdrücklichen Hervorhebung des *bewußten Gebrauches, des Messens und des kreativen Erweckens* von Gruppenbeziehungen (Soziometrie).

Jakob L. Moreno wurde durch eine merkwürdige Fügung des Schicksals in einem Boot auf dem Schwarzen Meer (am 19. Mai 1892, ungefähr um 4^{00} morgens[46]) geboren, das sich auf dem Weg nach Rumänien befand, wo er einige Jahre lebte. Als Kind wurde er nach Wien gebracht, der Stadt, welche Zeuge des Aufstiegs von Freud und der Anfänge der Psychoanalyse wurde. Schon seit frühester Kindheit zeigte Moreno Anzeichen eines tief religiösen Temperaments und ein leidenschaftliches Interesse, seine Phantasien spielerisch umzusetzen. Er war noch keine 20 Jahre alt, als er in Wiener Parks Kinder um sich versammelte, denen er alle möglichen Phantasiegeschichten vorspielte und erzählte. Später gründete er ein Kindertheater, nahm gleichzeitig ein medizinisches Studium auf und promovierte 1917 zum Doktor der Medizin. Danach arbeitete er als Arzt im Staatlichen Krankenhaus des Flüchtlingslagers Mitterndorf bei Wien.

Dann kam er anscheinend zu dem Entschluß, daß seine religiösen und mystischen Erlebnisse, die ihn zu einem frischen und lebendigen Natur- und Gottesbegriff führten, eine gute Grundlage für eine neue Einstellung zum Heilen des menschlichen Geistes und der Seele abgeben könnten. Von seinem Anspruch nach *Spontaneität und Kreativität*, den zwei Säulen seiner Weltsicht, angetrieben, gründete er 1921 das Stehgreiftheater in Wien. Er verfolgte damit das Ziel, eine Bühne einzurichten, auf der einzelne Personen ihre eigenen und die Probleme der Welt darbieten konnten. Dies geschah in absolut freier Improvisation und unter völliger Mißachtung des traditionellen Handlungs- und Szenenaufbaus — kurz gesagt all dessen, was er »Kulturkonserven« nannte. Er baute eine Rundbühne, welche von den zuschauenden Teilnehmern umlagert wurde. Die Vorstellungen waren einmalig und eindrucksvoll und viele Wiener, die sich nach einer sozialen und kulturellen Erneuerung sehnten, nahmen daran teil. Jedoch schon bald machte das Theatralische dem Therapeutischen Platz und das *Psychodrama* war geboren. Damit brachte er eine große psychotherapeutische Revolution ins Rollen, welche inzwischen auf die meisten psychiatrischen und psychologischen Methoden übergriff.

Moreno kam 1925 nach New York, ließ sich dort 1927 im Alter von 35 Jahren als Arzt nieder und festigte seinen Ruf als Herausforderer der Freudschen Psychoanalyse. Energisch widersprach er der Freudschen Deutung des Genius aus psychoanalytischer Sicht und dem »Entlarven« von großen Künstlern und religiösen Führern. Er betonte, daß dort, wo wirklich kreative Kräfte am Werk waren, die Vorstellungen von Freud vollkommen inadäquat und wertlos wurden. Auf Freuds grundlegenden Pessimismus und Materialismus antwortete Moreno mit der sozial ausgerichteten, spirituell gesunden, »promethischen« Einstellung eines kreativen Optimismus. Er trat für die *Aktionstherapie* ein, welche der rein verbalen und introspektiven Vorgehensweise der Psychoanalyse völlig entgegenstand. Er beharrte darauf, die Couch in eine Bühne umzuwandeln — die psychodramatische Bühne, auf welcher die von den Aktivitäten des Alltags geschlagenen Individuen den Glauben an ihre eigenen Kräfte, ihre Spontaneität und ihre Kreativität wiederfinden konnten, indem sie ihre Probleme, Ängste, Träume und frustrierenden Erlebnisse theatralisch darstellten.

Morenos Methoden entfernten die Psychotherapie aus dem Umfeld einer isolierten Einzelperson, die einem mehr oder weniger verborgenen und unpersönlichen Analytiker »beichtete«, und überwies sie in die offene Sphären der Gruppenaktivität. In seiner Betrachtungsweise schafft sich die Erkenntnis Platz, daß die unausgeglichene Person wohl an Gruppenprozessen (Familie usw.) teilhat, in diesen aber zum Scheitern verurteilt war. Durch die Beziehungsstrukturen innerhalb des Gruppenlebens wurde sie Unterdrückungen, Konflikten, Angriffen oder Schockerlebnissen ausgesetzt, die sie nicht ohne Furcht, seelische Ohnmacht oder einen Zusammenbruch aushalten konnte. Das Individuum kann erst dann gesund und erfolgreich zu einer positiven Kraft in der Gesellschaft gedeihen, wenn es lernt, frei und spontan als ein Gruppenmitglied zu handeln, das heißt aus der kreativen Mitte seiner Persönlichkeit heraus.

Die komplizierten Techniken des Psychodramas — kompliziert hinsichtlich ihrer angeblichen Einfachheit und dem scheinbar improvisierenden Gepräge — wurden von Moreno ersonnen, um die unangepaßte oder kranke Persönlichkeit schrittweise auf eine aktive Teilnahme am Gruppengeschehen hinzulenken. Zunächst fordert der Patient auf spielerische Weise geschulte Helfer (sogenannte »Hilfs–Iche«) heraus; später kann die Spielgruppe auch aus Verwandten und Bekannten bestehen, welche dadurch direkt oder indirekt am Heilprozeß teilnehmen und auf ihn Einfluß nehmen.

Zunächst ausgehend von der Heilung des Individuums wurde Morenos Aufmerksamkeit später zwangsläufig auf die Kräftigung der Gesellschaft gelenkt. Aber hier weigerte er sich, großangelegten sozialen Schemen, Reformprogrammen oder ideologischen Systemen zu frönen. Die Gemeinschaft, so erkannte er, ist genau in dem Moment im Entstehen begriffen, wenn ein paar Menschen wechselseitig handeln und (sei es nur unbewußt) ein Beziehungsnetz aus Aktion und Gefühl schaffen — was er als »soziales Atom« bezeichnete. Jeder Mensch wird vom Leben dazu aufgerufen, ein Miterbauer der zukünftigen Gesellschaft zu sein, die Beziehungsmuster der Gesellschaft und die *Qualität* der Kommunikation und des Austausches der Gruppe zu verbessern. Dieser auf vielfältige Weise verlaufende Akt des *Kreativseins mit andern* ist das Garn im Gewebe einer psychosomatisch gesunden Gesellschaft. Alle sozialen, politischen oder ökonomischen Handlungen oder Programme gelingen oder versagen früher oder später je nachdem, ob die Gruppenbeziehungen in harmonischem und kreativem Austausch stehen, oder ob sie Konkurrenz, Angst und Habgier fördern.

Morenos Beitrag zu diesem soziologischen Problem war die »Soziometrie«[47]. Durch die Verwendung von »Soziogrammen« und zahlreichen anderen Tests wurde die Struktur der zwischenmenschlichen Beziehungen (Anziehung, Abneigung, Gleichgültigkeit) innerhalb einer Gruppe ermittelt; wer auch immer mit der Gruppe zu tun hat, kann durch die jeweiligen Schlüsselpersonen einen klugen und effektiven Zugang zu der Gesamtgruppe finden. Dies ist in einer demokratischen Gesellschaft, in der Individuen und ihre Ideen oder persönlichen Entscheidungen (wenigstens in der Theorie) die Grundlage jeden gemeinsamen Handelns sind, von enormer Wichtigkeit.

Amerika, das für solche psychologischen und soziologischen Neuerungen sehr offen und aufnahmefähig war, erwies sich als Morenos Startbahn. Hier setzte er seine gewaltige Vitalität, seinen Enthusiasmus und die ganze Kraft einer in dem fixen Kreuz verankerten Planetenstruktur frei. Bei seiner Geburt stand die Sonne auf 28° Stier, in Konjunktion zu den Plejaden (den mystisch sehr bedeutsamen Sternen). Der nördliche Mondknoten war eng mit dem Aszendenten verbunden. Merkur stand über dem Aszendenten in exakter Opposition zum

Uranus und hatte ein Quadrat zum Mars im Wassermann und im 10. Haus. Der Wassermann–Mond im Haus der sozialen Ideale und Reformen quadrierte die Sonne; Jupiter im 12. Haus befand sich im Winkelabstand von 90° zur Krebs–Venus, und die Sonne hatte ein Halbquadrat mit beiden. Im Gegensatz dazu bildete der Mars ein Trigon zu der beinahe exakten Neptun/Pluto–Konjunktion im 1. Haus. Die Sonne aspektierte den Jungfrau–Saturn im 6. Haus ebenfalls trigonal. Mehrere starke Quintile, Halbquintile und Biquintile können als eindeutiger Hinweis auf Morenos latent vorhandenes Genie und seine spätere Hervorhebung der Kreativität angesehen werden.

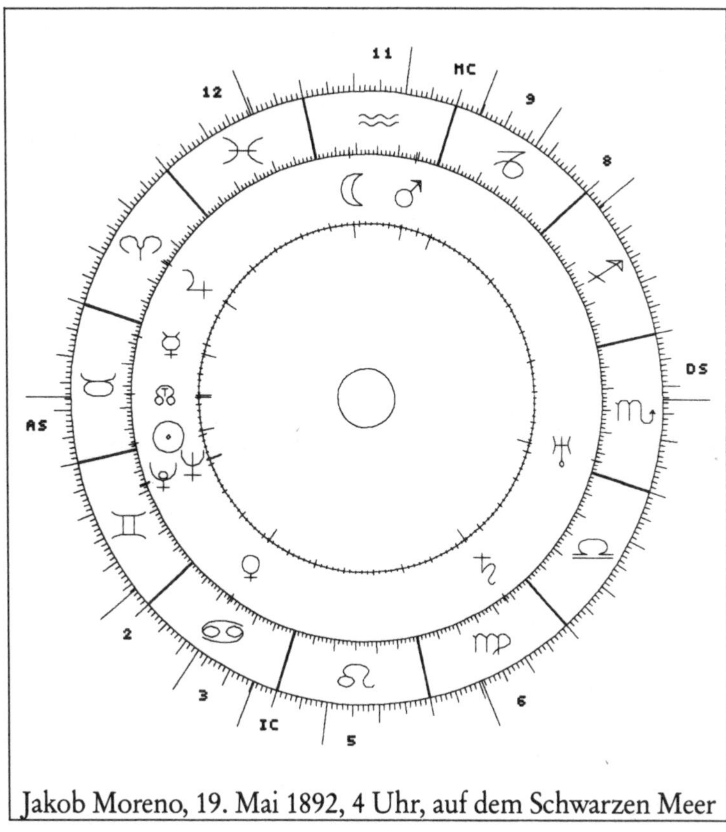

Jakob Moreno, 19. Mai 1892, 4 Uhr, auf dem Schwarzen Meer

Sein Horoskop ist jedoch insgesamt betrachtet nicht friedlich. Saturn und Uranus, beide übrigens rückläufig, stehen isoliert im 6. Haus, während alle anderen Planeten in der Osthälfte zu finden sind. Dies deutet tiefe innere Konflikte und die Möglichkeit psychosomatischer Störungen an. Allerdings beschränkt die exakte Opposition von Merkur und Uranus den Konflikt auf ein geistig, intuitives Niveau und das T–Quadrat von Mars auf Merkur und Uranus ermöglicht eine dynamische Verwirklichung in der Öffentlichkeit (10. Haus). Diese Betonung des fixen Kreuzes und der aufgehenden Sonne ist aber auch ein Anzeichen für Halsstarrigkeit.

Merkur und Jupiter im 12. Haus lassen darauf schließen, daß die Anziehungskraft der Psychiatrie auf ihn sehr stark, ja sogar schon zwanghaft war, genauso wie sein Bedürfnis, für die Erfüllung eines Schicksalsmusters zu arbeiten und zu dienen. Dieser Schicksalszwang zeigt sich dadurch, daß der Geburtshorizont beinahe mit der Mondknotenachse (ebenso der Merkurknotenachse) zusammenfällt, weiterhin aber auch deswegen, weil die zwei retrograden Planeten des 6. Hauses in einer Distanz von 40° zueinander stehen. Saturn beziehungsweise Uranus symbolisieren nämlich zum einen das Ich als eine psychische Struktur und zum anderen das, was dieses Gefüge zu erschüttern versucht. Saturn in der Jungfrau bildet Morenos Beharrungsvermögen zur Erzielung wissenschaftlicher Methoden und Verfahrenstechniken ab, während der Skorpion–Uranus (in Opposition zum Merkur und im Quadrat zum Mars) Machtkonflikte und eine befruchtende Intuition widerspiegelt.

Das Interessante im Horoskop dieses Mannes, der so sehr ein »Schauspieler« war, ist die schwache Intensität des Löwen und des 5. Hauses. Aber die mangelnde Besetzung eines Zeichens oder Hauses, bedeutet noch lange nicht, daß es an Aufgaben oder Aktivitäten fehlt, sondern besagt lediglich, daß in den entsprechenden Bereichen selten Schwierigkeiten auftreten. »Schauspielen« stellte für Moreno kein Problem dar, denn es war ein nicht zu unterdrückender Trieb. Der eigentlich kritische Faktor des Horoskopes ist dagegen das Schwergewicht von Saturn und Uranus im Haus der persönlichen Krisen, der Krankheit, des Arbeitens und des Dienens. Dieses 6. Haus und alles, was es beinhaltet, ist stark akzentuiert, und läßt sich wie immer positiv oder negativ interpretieren. Dessen ungeachtet ist der Mars im 10. Haus, der als eine Art dynamischer Schaltknopf für dieses Spannungsfeld zwischen 6. und 12. Haus wirkt, ein weiterer Hinweis auf Morenos angeborenes und intuitives »Theaterspielen«. Aber wie ich schon gesagt habe, es handelt sich um eine Schauspielkunst, deren Qualitäten sich ziemlich von dem unterscheiden, was man vom Löwen oder dem 5. Haus erwarten würde.

Morenos starke Vitalität und Kreativität (die Quintile beziehen sich in der Aspektreihe auf die »kreative Ordnung«) führte zu einer positiven Veräußerlichung dessen, was ihn ansonsten vermutlich gezwungen hätte, den Platz mit seinen Patienten zu tauschen. Tatsächlich ist Genie der einem kreativen Zweck unterstellte Wahnsinn und steht — in manchen, aber nicht allen Fällen — im Dienste von Gott und Menschheit. Moreno entschied sich zu dienen und auch zu »schöpfen«. In der Welt der Psychologie nimmt er einen ziemlich einmaligen Rang ein, und er handelte sich bittere Feindschaften bei den Freudianern und verschiedenen anderen Analytikern ein, vor allem in seiner Funktion als Begründer und Leitfigur der Gruppentherapie (welche deutlich von der eher Freudianisch ausgerichteten »Gruppenpsychologie« unterschieden werden sollte, da diese sich stark an die individualistischen Methoden der Tiefenpsychologie anlehnt). Als Vater der Soziometrie hinterließ Moreno darüberhinaus auch deutliche Spuren in der Soziologie.

Das erstaunlichste an Moreno ist, daß er sich mit seinen radikalen Ideen und seiner revolutionären Handhabung von Psychologie, Soziologie, Therapie und Religion als Kapazität in Psychologie und Wissenschaft etablieren konnte. Dies spricht ganz offensichtlich für seine praktische und realitätsbezogene Lebenseinstellung.

Es dürfte noch zu früh sein, um Morenos Beitrag zu unserer Zivilisation mit der nötigen historischen Objektivität bewerten zu können. Seine Aufforderung zu Spontaneität und Kreativität; sein Kreuzzug gegen alle kulturellen Stereotypen und gegen das blinde Vertrauen in Erinnerung und Tradition; seine kühnen Versuche, den Neurotiker (und wer ist heutzutage nicht neurotisch!) aus dem »Allerheilgsten« des psychoanalytischen Beichtstuhles herauszuholen und in der »realen Welt« menschlicher Beziehungen (psychodramatische Sitzungen) agieren zu lassen, währenddessen er aber gleichzeitig vor den unwiderruflichen Aktionen und Beziehungen einer grausamen und konkurrierenden Gesellschaft geschützt ist — diese und viele andere neuen Ausgangspunkte bezeugen seine innovative Begabung. Morenos Techniken haben sich als erfolgreich herausgestellt, auch wenn sie sich schwer anwenden lassen und einen Therapeuten erfordern, der in seinem eigenen Leben den Wert dieser spontanen und kreativen Methoden erprobt hat.

Moreno sprach von der »kreativen Revolution«, deren Anfänge allmählich immer offensichtlicher werden — ja, trotz des scheinbaren Triumphes von Totalitarismus, Mechanisierung, Standardisierung und kommerziellem Materialismus ... oder vielleicht *gerade* deswegen. Wir brauchen diese kreative Revolution ganz sicherlich und ich für meinen Teil habe in den letzten Jahrzehnten immer wieder dazu aufgerufen, sei es in der Kunst, Philosophie, Religion .... oder der Astrologie. Wir brauchen dringend eine neuerliche »Herabkunft« des schöpferischen Geistes. Wir brauchen ihn im Herzen und im Kopf von Individuen, denn das erste und das letzte Wort gehört immer dem Individuum. Die Gesellschaft muß sich an solche schöpferischen Menschen, solche *Avatare* wenden. Sie muß so gesund sein, daß sie diese erkennt, wenn sie erscheinen, wie seltsam ihr Verhalten und ihre Miene auch sein mag. Die Gesellschaft muß frei, spontan und gottgeformt sein *wollen.* Ich glaube, daß Menschen wie Moreno Stimmen in der Wildnis sind, die ihre Mitmenschen dazu aufrütteln, die einzig wahre Form von Freiheit wahrzunehmen — nämlich die Freiheit, aus der ihnen innewohnenden Selbstbestimmung heraus zu handeln, ohne die es keine echte Gesundheit gibt.

Kapitel 9

Roberto Assagioli und die Psychosynthese

Die klassische Psychologie, welche bis vor kurzem an europäischen und amerikanischen Universitäten gelehrt wurde, basierte hauptsächlich auf philosophischen Annahmen und religiösen Offenbarungen. Sie verstand Bewußtsein, Vernunft, Wille, Moral und bestimmte Gefühle — »gute« und »schlechte« — als feste Charaktereigenschaften der betreffenden Einzelperson, in welcher Geist und Materie, Vernunft und Leidenschaft, Gott und der Teufel einen ewigen Kampf um die Kontrolle über die unsterbliche Seele führten. Das Individuum, das mit dem »freien Willen« ausgestattet war, konnte und hatte zu wählen, welchem Vorbild es folgen wollte. Alleingelassen mußte es zwangsläufig der Materie und der Hölle verfallen; aber durch die errettende Gnade Gottes und seines Sohnes (oder seiner Boten, bzw. der Religionsstifter und aller anderen spirituellen Erneuerungsmittel) konnte das Individuum »erlöst« werden und das irgendwie verloren gegangene göttliche Erbe zurückgewinnen.

Wir können dies als die platonisch–christliche Grundlage der Psychologie bezeichnen; und Freud, der Repräsentant eines pragmatischen, mechanistischen und wissenschaftlichen Natur– und Menschenbildes kämpfte genau gegen den «Ungeist« einer so gelagerten Psychologie an. Als Arzt, dessen Aufgabe es war, Menschen mit Geisteskrankheiten und Persönlichkeitsspaltungen zu heilen, entschloß er sich von vornherein dazu, alle als selbstverständlich vorausgesetzten und das Individuum betreffenden Ideen zu ignorieren, und das, was er sah, von

Grund auf neu zu beobachten. Er war der Meinung, daß die Untersuchung von akuten Geistesstörungen und vor allem von starken Neurosen, Prozesse psychischer Anpassung und Hemmung enthüllte, die in weniger drastischer Ausprägung auch von vermeintlich gesunden Menschen kopiert werden.

Dies führte ihn im weiteren dazu, viele menschliche Verhaltensmerkmale zu erforschen, die nicht in das klar gezeichnete Menschenbild der platonisch–christlichen Psychologie paßten, oder für die übernatürliche Ursachen angenommen wurden. Sein analytisches Forschen spannte sich von Träumen bis zu mystischen Visionen, von Witzen bis zu großen Kunstschöpfungen, von kindlichen Bindungsmustern bis zu den Offenbarungen von Propheten. Ideale und Idole purzelten in sein Kielwasser. Konnte ihr Ursprung nicht vielleicht auch auf der Grundlage jener psychischen Prozesse erklärt werden, die sich bei den Geisteskranken zeigten? Wenn ein Paranoiker glaubt, er sei Gott, inwiefern unterscheidet sich dieser Glaube dann von demjenigen der Propheten? Wenn zweifelsfrei kranke Neurotiker durch »automatisches Schreiben« ganze Bände produzieren können, deren Inhalt von chaotischen Verlautbarungen bis zu Moralvorschriften reicht, inwieweit existiert dann ein Unterschied zum Koran oder anderen »göttlich inspirierten« Büchern? Wenn sich Träume überzeugend vom Standpunkt physiologischer und psychologischer Störungen her erklären lassen, warum gelingt dies dann nicht auch bei den »Visionen« der Heiligen?

Freuds »entweder/oder« Interpretation derjenigen Erfahrungen und Aktivitäten, die der Menschheit den Reichtum ihrer künstlerischen und religiösen Kulturen brachten, konnte eine große Zahl von Denkern und Psychologen nicht überzeugen. Ohne die Fakten der Freudschen Analyse in Abrede zu stellen, bemühte sich Carl Jung diese Tatsachen in ein neues Licht zu rücken, indem er sie mit anderen, genauso gültigen verband. Einmal angenommen, bestimmte seelische Aktivitäten des Geisteskranken entsprächen den tiefen spirituellen Erlebnissen vorchristlicher Zivilisationen, die *Ergebnisse* sind jeweils völlig entgegengesetzt. Der Verrückte hört »Stimmen« — und dasselbe geschieht mit Johanna von Orleans. Aber der eine wird nur noch wahnsinniger, während die andere ein ganzes Volk rettet.

Mit anderen Worten, der *beobachtbare Prozeß und das psychologische Phänomen* kann in beiden Fällen das gleiche sein; da jedoch die Ergebnisse so vollkommen verschieden, ja geradezu gegensätzlich sind, müssen wir daraus folgern, daß auch die Ursachen für das abnormale Verhalten gänzlich anderer Natur sind. Dies führt zu dem Problem, welches Jung zu lösen versuchte: Wie können wir den Wert und die Bedeutung von psychologischen Prozessen und Erfahrungen entdecken, die sich jenseits der individuellen Reichweite und jenseits der Normen einer bestimmten Kultur oder Gesellschaft abspielen? Wie können wir mit ihrem ersten Auftreten im Leben eines Menschen konstruktiv umgehen, aufdaß dieses verbessert und ausgeglichen wird, anstatt fehlgeleitet und auf ein tragisches Ende hin getrieben zu werden?

Jung verblieb beständig auf der Ebene von beobachtbaren Gegebenheiten der Humanpsychologie. Er weigerte sich inständig, der immer wieder vorgebrachten konkreten Existenz von transzendenten Wesen auf einer höheren Ebene wie z. B. »Geistern«, der Seele oder Gott zuzustimmen, eine Behauptung, die von den meisten Religionen und alten wie neuen Okkultisten aufgestellt wurde und wird. Jung interpretierte menschliche Erfahrungen — selbst die rätselhaftesten und eindeutig transzendenten — meist ausschließlich im Sinne von Prozessen und Energien. Wir stehen einer Welt von Kräften gegenüber, die weder gut noch schlecht, weder konstruktiv, noch destruktiv sind. Es ist unsere Aufgabe, sie im Verlaufe der verschiedenen persönlichen Entwicklungsphasen zu *benützen.* Wenn man sich jedoch, aus welchem Grund auch immer, vor diesen Energien fürchtet, wenn man davor zurückschreckt, einen positiven und integrativen Gebrauch von ihnen zu machen, oder wenn man sich den Wachstumsprozessen innerhalb der bio-psychischen Gesamtpersönlichkeit widersetzt, ihnen entgegenarbeitet oder von ihnen ablenkt — dann wenden sich diese Energien leicht ins Zerstörerische und die Selbstfindungsprozesse kehren ihre Polaritäten um und führen zum Persönlichkeitszerfall und zur Desintegration. Die Gründe für diese negative Einstellung können kollektiver oder individueller Art, vererbt oder umweltbedingt, zufällig oder mit Gruppenschicksalen verbunden sein. Was auch immer die Ursache sein mag, sie muß von dem Psychologen aufgedeckt und so weit wie möglich beseitigt werden; danach werden die seelischen Vorgänge wieder instand gesetzt und das persönliche Wachstum, jetzt noch stärker integriert, beginnt erneut.

Die Lehre Jungs bietet, ähnlich wie jene des frühen Buddhismus (wo der Mensch ziemlich alleine gelassen wird, um das ewige »Rad der Veränderungen« und dessen illusorische Reize zu überwinden) keine übernatürliche Erlösungsinstanz an; es gibt kein Höchstes Wesen, zu dem man beten könnte und keine transzendente, von Gott geschaffene Seele, welche ihr abtrünniges Kind, die »Persönlichkeit« zu einer Vergeistigung hinführen könnte. Deshalb war sie vielen Leuten zu vage und nicht tröstlich genug. Bei der Betrachtung von Künkels Wir–Psychologie haben wir gesehen, wie dieser große Psychologe mit seiner frommen und mystischen Gesinnung wieder ein Empfindungsvermögen für die Existenz eines transzendenten, aber »konkreten« Höchsten Wesens in der Psychotherapie schärfte. Dieses Höchste Wesen hält für jeden einen Bestimmungsplan bereit und seine »Gnade« verleiht dem Individuum Kraft und erhält dieses während und über die Krise hinaus aufrecht. Künkels Psychologie ist ein Versuch, die Tiefenpsychologie mit der Essenz einer undogmatischen und individualisierten christlichen Mystik zu verflechten. Andererseits wollte der italienische Psychologe Roberto Assagioli durch die von ihm begründete Psychosynthese die Tiefenpsychologie mit einer modernisierten Version des okkulten, platonisch–hinduistischen Menschen– und Gottesbildes zusammenführen. Beide Versuche ergänzen sich gegenseitig und sind höchst bedeutsame Antworten auf die offenkundigen Bedürfnisse einer verwirrten und von Maschinen gehetzten Menschheit.

Roberto Assagioli wurde am 27. Februar 1888 um die Mittagszeit in Venedig geboren. Er studierte in Florenz Medizin und wurde Facharzt für Neurologie und Psychiatrie. Seine philosophischen und kulturellen Interessen waren breitgefächert und er wurde Mitglied in verschiedenen liberalen Gruppierungen Italiens. In Florenz leitete er die von der Amerikanerin Julia H. Scott begründetete Philosophische Bibliothek und gab die wissenschaftliche Zeitschrift PSYCHE heraus. Aufgrund seiner vielfältigen Klinik- und Unterrichtserfahrungen entwickelte er die Technik zur Erneuerung der Persönlichkeit, welche er »Psychosynthese« nannte. 1926 wurde sein Instituto de Psicosintesi in Rom gegründet, dem die Gräfin Spalletti Raspoini, gleichzeitig Präsidentin des Nationalrates der italienischen Frauen, bis zu ihrem Tod vorstand. Er bereiste ganz Europa und Amerika, hielt Vorträge, und seine Ideen fanden in beiden Kontinenten großen Anklang. Er starb 1974 und hinterließ eine ganze Reihe wichtiger Publikationen.[48]

Mit dem Beginn des 2. Weltkrieges wurde es für ihn zusehends schwieriger in Rom zu arbeiten, da seine humanitären Ideen und Gesinnungen bei den Faschisten mehr und mehr Argwohn und Feindseligkeit weckten. 1940 wurde er schließlich gefangen genommen und einen Monat lang in Einzelhaft festgehalten. Er erzählte seinen Freunden, daß dieser Gefängnisaufenthalt für ihn eine interessante und wertvolle Erfahrung war, welche ihm die Gelegenheit bot, spezielle psycho-spirituelle Übungen zu machen. Später konnte er sich auf das Land zurückziehen und ein verhältnismäßig ruhiges Leben führen. Ab 1943 wurde er jedoch erneut verfolgt und mußte sich in entlegenen Bergdörfern verstecken. Dort machte er die Bekanntschaft mit einem englischen Fallschirmspringer und mehreren flüchtigen Häftlingen. Er entkam den Faschisten zweimal um Haaresbreite, die ihn persönlich verfolgten und das Landhaus seiner Familie nahe Florenz zerstörten. Die Ankunft der Alliierten Truppen im August 1944 verschaffte ihm wieder Freiheit. Nach Beendigung des Krieges machte er sich an die lange aufgeschobene Arbeit, und schrieb das Gesamtkonzept der

Psychosynthese schriftlich nieder. 1936 wohnte ich vorübergehend in seinem netten Haus oberhalb von Florenz und sah ihn während jenes Herbstes ziemlich oft in Rom. Nach dem Krieg nahmen wir unsere Korrespondenz wieder auf. Damals schrieb er mir, daß er besonders an einer Neudefinition psychologischer Typen, an der Untersuchung psychologischer Störungen, welche die verschiedenen Phasen spiritueller Entwicklung begleiten und an der Erforschung von Gruppenbeziehungen aller Art interessiert sei. Die folgenden Sätze, die er selber verfaßte, geben zumindestens die tendenzielle Richtung seines Ansatzes zu erkennen:

> Die Diagnose der Schwierigkeiten, welche die Psychologie gegenwärtig beeinflussen, deutet klar auf die notwendigen Abhilfemaßnahmen oder die Mittel, welche eine neue und fruchtbarere Entwicklungsphase in die Wege leiten.
>
> Dieser neue Abschnitt wird im Gegensatz zu demjenigen, der die augenblickliche Krise heraufbeschwor, notwendigerweise einen ausgesprochen synthetischen Charakter haben. Diese Tendenz sollte nicht nur in einer Hinsicht zum Ausdruck kommen, sondern in mehrerlei, was sich leicht und klar erkennen läßt:
>
> 1. Das Sammeln aller verfügbaren Materialien, die nützlich und wertvoll sein können, ohne daß dabei Ursprung, Ort und Zeit ausgeschlossen wird.
>
> 2. Der Ausgangspunkt für die Untersuchung des Menschen sollte seine innere Seinsmitte sein, das, was er im wesentlichen ist. Alle anderen psychologischen Fakten, Energien und äußeren Manifestationen sollten in lebendiger Beziehung zu der Mitte, welche unaufhörlich bestrebt ist, diese zu einer lebendigen Einheit zu verschmelzen, erforscht werden.
>
> 3. Es sollten all die transpersonalen, überbewußten und spirituellen Aspekte der menschlichen Natur volle Berücksichtigung finden, welche die Psychologie bis dato der Philosophie und der Religion überlassen hat. Dadurch wurde eine unglückliche Trennung erzeugt und es kam oftmals zu Konflikten, wie die menschliche Eigenart respektiert und wie mit ihr umgegangen werden soll.
>
> 4. Das Prinzip der Synthese sollte umfassend auf die Gruppenpsychologie angewendet werden, und sich von diesem Standpunkt aus zu einem festumrissenen Zweig der zwischen-

menschlichen Psychologie entwickeln, in welcher die verschiedenen Arten der Gruppenpsyche, angefangen beim Paar, über die Familie, die verschiedenen Gemeinschaften bis hin zur Psyche der Menschheit als Ganzes studiert werden sollten.

5. Der Gebrauch des synthetischen Prinzips in den praktischen Anwendungsbereichen der Psychologie erweitert somit die Kunst und die Techniken der Psychosynthese und mündet in einer vollkommenen und harmonischen Entwicklung der menschlichen Persönlichkeit, und zwar mit spezieller Betonung der transpersonalen und spirituellen Gesichtspunkte.[49]

Was Assagioli unter den »transpersonalen, überbewußten und spirituellen Aspekten« des Menschen verstand, verdeutlichte er in dem frühen Artikel PSYCHOANALYSE UND PSYCHOSYNTHESE, der 1934 in ›The Hibbet Journal‹ veröffentlicht wurde; aber bevor wir näher darauf eingehen, sollten wir wenigstens einen kurzen Blick auf sein Horoskop werfen. Roberto Assagiolis Geburtsthema unterscheidet sich von der Grundstruktur her deutlich von Künkels, Freuds oder Adlers Geburtsbild. Zwar weist es gewisse Ähnlichkeiten mit Jungs Radix-Horoskop auf, aber es enthält auch einige verblüffende Eigenheiten — Grundzüge, die ganz klar sein Ideal der Psychosynthese widerspiegeln.

Die Basis von Assagiolis Geburtsbild ist eine Konfiguration, welche ich vor vielen Jahren herausgegriffen und interpretiert habe, und als das »mystische Rechteck« titulierte. Der Begriff »mystisch« war nicht besonders glücklich gewählt und deshalb habe ich ihn von Zeit zu Zeit durch die Bezeichnungen »heilig« oder »integrativ« ersetzt. Alle diese Adjektive stellen Versuche dar, Planetenstrukturen zu charakterisieren, die einen Vorgang der ausgeglichenen Persönlichkeitssynthese versinnbildlichen, dem der Beigeschmack einer Selbstwandlung zu überpersönlicher Absicht hinzugefügt wird. In ihrer einfachsten Form sind bei dieser Rechteck–Figurine vier Planeten so miteinander verquickt, daß sie zwei Oppositionsaspekte, zwei Sextile und zwei Trigone bilden. Die Oppositionen ergeben die Diagonalen des Rechtecks und in Assagiolis Fall handelt es sich um die Winkelbeziehungen zwischen Venus und Saturn sowie zwischen Pluto und Jupiter. Den kürzeren Seiten des Rechtecks entsprechen die Sextile von Saturn/Pluto und von Jupiter/Venus; die Trigone von Venus zu Pluto und von Saturn zu Jupiter stellen die längeren Seiten dar.

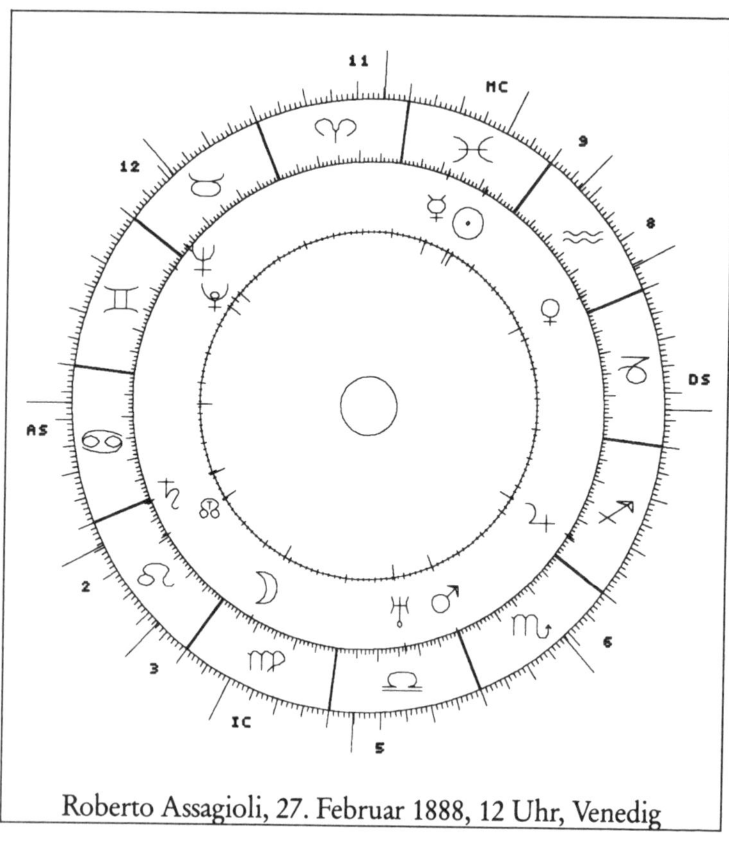

Roberto Assagioli, 27. Februar 1888, 12 Uhr, Venedig

Derartige Rechtecke können von ihrer archaischen Symbolik her als »Altare« oder »Initiationskammern« angesehen werden. Sie legen einen *geweihten Raum fest, innerhalb diesem der übersinnliche Prozeß der Integration und Vergeistigung stattfindet.* Sie sind aber von den »Mandalas« (oder magischen Quadraten) zu unterscheiden, welche Jung mit dem Individuationprozeß verknüpfte, denn beim Rechteck sind nur zwei Elemente (im vorliegenden Fall Luft und Feuer) miteinander verbunden, während beim großen kosmischen Kreuz (dem geometrischen Viereck) alle vier Elemente verkettet sind. Das vollkommene Quadrat hat somit eine stärkere Endgültigkeit und ist in sich geschlossener. Die rechteckige Planetenfigurine zeichnet dagegen stärker die Auflösung der zwei widerstreitenden Wesensarten ab, die auf ein transzendentes und aufopferungsvolles Ziel hin überführt werden sollen.

In Assagiolis Horoskop sehen wir jedoch nicht nur das soeben beschriebene Rechteck, sondern ein bei weitem komplexeres Gesamtbild; es liegt auch eine Sonne/Mond–Opposition vor (d.h. ein Vollmond, Symbol für Bewußtheit und Erleuchtung), die sich eindeutig mit der Pluto/Jupiter–Diagonalen des Rechtecks kreuzt (und in Halbsextilen zur Venus/Saturn–Diagonalen steht). Überdies ist Uranus mit der Pluto/Jupiter–Achse durch ein Anderthalbquadrat und ein Halbquadrat (dem Aspekt für angespannte Aktivität und Reaktion) verbunden; Merkur ist auf ähnliche Weise mit der Venus/Saturn–Achse verwoben. Da der Neptun nur 5° von Pluto entfernt steht (und somit an den Plutoaspekten teilhat), und weil Mars ebenfalls ein Quadrat mit der Venus/Saturn–Linie bildet, liegt ein äußerst komplexes Gefüge von Oppositionen, Quadraten, Halbquadraten und Anderthalbquadraten vor, welches von Sextilen und Trigonen zusammengehalten wird.

Dies bedeutet, daß in Assagiolis Persönlichkeit eine großes Spektrum an Interessen vertreten ist, daß sein Wesen sehr aufgeschlossen für das Universum ist (Krebs–Aszendent, Sonne und Merkur rückläufig in den Fischen), und daß es viele entgegengesetzte Einzelbestandteile enthält. Diese sind jedoch so verteilt und so wechselseitig angeordnet, daß sie eine sehr ergiebige und vielschichtige Form der persönlichen Selbstverwirklichung ermöglichen. Wohlgemerkt »ermöglichen«, nicht sicherstellen. Ein Horoskop ist lediglich eine Schablone der Anlagen; es liefert keine Beweise dafür, daß diese Möglichkeiten auch voll verwirklicht werden. Aber genau der Druck dieses ungewöhnlich vielfältigen Potentials auf Assagiolis Bewußtsein, und eben die Anforderungen einer Persönlichkeitsstruktur, die so vielen Belastungen und kreativen Projektionen ausgesetzt ist, wird in dem von ihm beschriebenen Ideal der Psychosynthese deutlich erkennbar.

Ich möchte erneut betonen, daß die Schaffung von Idealen das nach außen verlagerte Ziel eines Menschen ist, bis zu dem sich die Gesamtpersönlichkeit erstreckt. Das Ideal ist als eine Lehre externalisiert; die Bestrebungen sind in einer Methode verallgemeinert; die Blaupausen, welche ihn selber als perfekten Menschen zeigen, werden als »Vision« oder »Offenbarung« projiziert — auch wenn der Betreffende selber noch weit davon entfernt ist, all diese Dinge, die er lehrt, visualisiert oder anstrebt, konkret zu leben. Dies gilt übrigens auch für die Geburtsbilder der anderen Psychologen, die wir schon untersucht haben. Das Horoskop deckt den Charakter des Seelenlebens auf, denn das Seelenleben ist die Leinwand dessen, was der Geborene *potentiell* in sich trägt und was er werden möchte. Er lehrt sich selber, so wie er andere lehrt. Und Lehren ist wichtig, wenn es dem Zeitgeist entspricht — d.h. es erfüllt die Bedürfnisse der Menschen, die gerade leben oder ihre Lebensreise antreten.

Assagiolis Psychosynthese ist eine Antwort auf das Chaos, das von unserer Generation in die Welt gesetzt wurde, aber auch auf die Verallgemeinerung von Interessen und Bestrebungen. Die Vielfältigkeit der Energien und Belastungen und die Komplexität einer globalen Offenheit sind Tatsachen, denen man begegnen muß. Assagioli mußte sie an sich selber kennenlernen. Und die Lösung entsprang der Konfrontation. Wie umfassend er dies später in seinem Leben ausgearbeitet hat steht hier nicht zur Debatte. Das »Lösungsmodell« — das Bild der Rettung, das Prinzip der Aussöhnung der Gegensätze — findet sich ganz augenfällig in seinem Horoskop, und die Psychosynthese ist eine Auslegung davon. Auf der Ebene des persönlichen Lebens stimmt sie mit der globalen Planung einer neuen Gesellschaft, die gerade im Entstehen ist, überein.

Unser Platz reicht nicht aus, um Assagiolis Ansichten über die Beschaffenheit des vollkommenen Menschen hier in aller

Ausführlichkeit zu beschreiben. Aber soviel sei gesagt: Der Mensch enthält seiner Meinung nach 1. *das tiefere Unbewußte.* »Es schließt ein: die elemenataren psychischen Aktivitäten, die das Leben des Körpers in Gang halten. Die fundamentalen Antriebe und primitiven Impulse. Viele Komplexe, die mit intensiven Gefühlen belegt sind. Träume und Vorstellungskräfte einer tieferen Stufe. Einfache, unkontrollierte, parapsychologische Prozesse.«[50] 2. *Das mittlere Unbewußte*, das sich aus den psychologischen Elementen zusammensetzt, die dem unseres Wachbewußtseins entsprechen und diesem auch leicht zugänglich sind. 3. *Das höhere Unbewußte oder Überbewußte*; der Bereich aus dem wir unsere höhere Intuitionen und Inspirationen erhalten. »Es ist die Quelle höherer Gefühle, wie der altruistischen Liebe, des Genies und des Zustandes der Kontemplation, der Erleuchtung und Ekstase.«[50] 4. *Das Bewußtseinsfeld, jener Teil unserer Persönlichkeit, dem wir uns unmittelbar bewußt sind.* 5. *Das normale Bewußtsein*, das »Ich«, das Selbst, welches gleichzeitig das Zentrum unseres Bewußtseins ist und sozusagen die wechselnden Inhalte unseres Bewußtseins (Empfindungen, Gedanken, Gefühle) enthält. 6. *Das spirituelle (transpersonale) Selbst*, ein fortdauerndes spirituelles Zentrum, das wahre, gefestigte und beständige Selbst. »Dieses Selbst steht über dem Bewußtseinsstrom oder den körperlichen Zuständen und wird davon nicht berührt. Das persönliche Selbst sollte bloß als seine Widerspiegelung angesehen werden, als deren ›Projektion‹ in den Bereich der Persönlichkeit.«[51]

Diese Vorstellung von der Existenz eines personalen oder niedrigeren Selbst (welches nur eine »Reflektion« ist) und von einem spirituellen oder »wahren« Selbst (das in den meisten Fällen nicht von dem bewußten Ich verwirklicht wird) ist typisch für das, was ich den platonisch-christlichen Zugang zur Psychologie nannte; darin spiegeln sich besonders die Lehren von H. P. Blavatsky wieder, mit der Assagioli sehr gut bekannt war. Das Grundgerüst der meisten religiösen Überzeugungen — und auch die Behauptungen von Okkultisten, mittelalterlichen Alchimisten und modernen Theosophen — beruhen auf dieser

Dualität, die nichtsdestotrotz eine »Illusion« ist, da es spirituell gesehen nur eine Quelle der Eigenpersönlichkeit gibt.

Freud (und die auf dem wissenschaftlichen Materialismus, Empirismus, Behaviorismus etc. basierende Psychologie) wollte beweisen, daß es für die Annahme der Existenz eines solchen transzendentalen und »wahren« Selbst keine Gültigkeit gibt, daß man es ganz einfach weg rationalisieren könne. Aber der Freudsche und psychologische Materialismus bietet für die Konflikte, Unsicherheiten und den allgemeinen halbneurotischen Zustand der meisten Menschen keine befriedigende oder heilende Lösung an. Hat sich Freud nicht selber für die spirituelle Wirklichkeit des Individuums, das wahre Selbst oder die spirituelle Seele blind gemacht, indem er sich ausschließlich damit beschäftigte, die unterbewußten Tiefen auszuloten und durch Seelenchirurgie Komplexe zu verringern?

Während ein Psychologe wie Künkel die spirituelle Komponente des menschlichen Bewußtseins wieder über die christliche Mystik einführen wollte, verfolgte Assagioli zwar einen ähnliche Absicht, aber entlang des Weges der Theosophie. Diesbezüglich ergänzt die nordisch–germanische Betrachtungsweise die Tradition des Mittelmeeres, deren Wurzeln bis in die antiken Grundlagen des Hinduismus und des Yoga zurückreichen. Für Assagioli ist das Selbst einzigartig: »Diese Vorstellung der Struktur unseres Wesens enthält, koordiniert und integriert all die verschiedenen Beobachtungen und Erfahrungsdaten zu einer vollständigen Vision. Sie bietet uns ein breiteres und umfassenderes Verständnis des menschlichen Schauspiels, der Konflikte und Probleme, denen sich jeder von uns gegenübersieht, weist zugleich auf die Mittel hin, sie zu lösen und zeigt die Richtung zu unserer Befreiung«[52]. Der Pfad zu solch einer Befreiung, zu einer Heilung der *grundlegenden Schwäche des Menschen*, zu Frieden, Harmonie und Kraft ist vierteilig. Die vier Stadien zur Erreichnung dieses Zieles definiert Assagioli folgendermaßen:

1. Eine gründliche Kenntnis der eigenen Persönlichkeit.
2. Kontrolle über ihre verschiedenen Elemente.

3. Realisierung unseres wahren Selbst, oder wenigstens die Schaffung eines vereinigenden Zentrums.
4. Psychosynthese: die Bildung oder Wiederherstellung der Persönlichkeit um das neue Zentrum.
Der tatsächliche Aufbau einer neuen Persönlichkeit läßt sich seiner Meinung nach in drei Hauptteile untergliedern:

> 1. Nutzbarmachen der verfügbaren Energien. Darunter fallen
> a) die Kräfte, die durch Analyse und Desintegration der unbewußten Komplexe freigesetzt werden.
> b) bisher latente und vernachlässigte Neigungen, die auf den verschiedenen psychologischen Ebenen bestehen. (...)
> 2.Entwicklung der Aspekte der Persönlichkeit, die bisher entweder unzureichend oder unangemessen waren für den Zweck, den wir erreichen wollen. Diese Entwicklung kann auf zweierlei Art durchgeführt werden: entweder mit Hilfe von Evokation, Autosuggestion und kreativer Bestätigung oder durch methodisches Training der unterentwickelten Funktionen (wie z.B. des Gedächtnisses, der Vorstellungskraft, des Willens) — ein Training entsprechend den in den Körperdisziplinen eingesetzten, oder wenn technische Fertigkeiten erlernt werden, wie z.B. Singen oder Spielen eines Instrumentes.
> 3.Die Koordination und Unterordnung der verschiedenen psychischen Energien und Funktionen, die Schaffung einer festen Organisation der Persönlichkeit. Diese Anordnung bietet interessante und bezeichnende Analogien zu der eines modernen Staates, mit den verschiedenen Gruppierungen der Bürger in Gemeinden, soziale Klassen, Berufe und Handelszweige und den verschiedenen Rangordnungen der Stadt–, Bezirks–, und Staatsbeamten.[53]

Die Kritik, die von vielen Psychologen an dieser Theorie geübt wird, richtet sich dagegen, daß sie zu rational und formalistisch sei, oder daß ihre »spirituellen Wirklichkeiten« einfach vorausgesetzt werden und auf religiöser Autorität oder esoterischen Deutungen basieren, anstatt auf direkter Erfahrung. Die stärker mystischen, aber weniger formalistischen Näherungsversuche von Jung und Künkel betonen mehr Prozeßhaftigkeit bzw. den Faktor des Flusses. Die Psychosynthese beginnt ihre Untersuchung des Menschen nicht mit dem inneren Wesenskern, denn bewußt menschliche Erfahrung beginnt ebenfalls nicht in diesem Zentrum. In Assagiolis System wird der Mensch von oben betrachtet, oder von außerhalb dessen, was er selber fühlt, weiß und erlebt. Man könnte sagen, es handelt sich mehr um einen theoretischen oder philosophischen, als um einen rein psychologischen Blickwinkel. Eher einen seelischen, denn einen erfahrungsbedingten Ansatz. *Strukturelle Klarheit* und eine durchdachte, durchführbare Formel für die Psychosynthese können seine Früchte sein; es liegt jedoch eine tendenzielle Gefahr darin, daß die lebendige Substanz menschlicher Suche und menschlicher Konflikte von einem philosophischen System überlagert wird: es kann als Ersatz für die harte Wirklichkeit der Augenblickserfahrung dienen. Es ist die Gefahr, die jedem gezielten Planen und jeder, selbst der einfachsten, Klassifizierung innewohnt. Der strittigste Punkt in Assagiolis Theorie ist seine Auffassung des »spirituellen Selbst«. Und da der Schlüssel zu jeder Psychologie in dem Verständnis dieses Selbst seitens des Psychologen liegt, möchte ich diesem Thema ein ganzes Kapitel widmen.

Kapitel 10

Was ist das Selbst?

Das Kernproblem der Psychologie liegt in der Festlegung des Selbst. Was meinen wir, wenn wir »mich selbst« sagen? Und inwieweit besteht ein Unterschied zwischen den Ausdrücken »mich selbst« und »das Selbst in mir«? Welche Bedeutung hat das »universelle Selbst« im Kontrast zum »individuellen Selbst»? Die Antworten auf diese grundsätzlichen Fragen klaffen unter den Psychologen, deren Auffassungen hier diskutiert wurden, weit auseinander. Das Spektrum der Meinungen reicht vom Materialisten Freud bis zum Transzendentalisten Assagioli. Alle diese Männer beobachten die gleichen Phänomene und wollen heilen; doch jeder sieht seine Aufgabe in einem anderen Licht, weil auch das Selbst für jeden andere Schattierungen aufweist.

Wenn wir ein Lexikon zu Rate ziehen, finden wir das Wort »Selbst« definiert als »ein Subjekt des Bewußtseins, das dem Individuum bekannt ist. Jede Sache, Klasse oder Attribut, die abstrakt ausgedrückt, eine bestimmte und charakteristische Individualität oder Identität aufrechterhalten«. Aber was ist genau gemeint mit »Subjekt« und »Bewußtsein»? Über den Begriff »Subjekt« läßt sich nicht diskutieren, ohne seinen Gegenspieler, »das Objekt« miteinzubeziehen. Dem Bewußtsein (so wie es dem Menschen bekannt ist) liegt der Zusammenhang zwischen Subjekt und Objekt, zwischen dem »Ich« und der Welt zugrunde. Unsere Erlebnissphäre ist jedoch nicht auf die »äußere Welt«, das heißt auf die Dinge eingeschänkt, die wir sehen, hören, berühren, gegen die wir stoßen, an denen wir uns sinnlich erfreuen oder organisch verletzen können. Wir erfahren auch eine »innere Welt«, eine ununterbrochene Folge von Gefühlen,

Gedanken oder geistigen Bildern — selbst wenn wir alle Pforten unserer Sinne schließen und uns in ungestörte Einsamkeit und körperliche Inaktivität zurückziehen. Es kann zwar den äußeren Anschein haben, daß wir einsam, ruhig und passiv sind, und dennoch kann emotionaler Schmerz oder Glückseligkeit ganz akut in Erscheinung treten — wir können von ständig sich wiederholenden geistigen Bildern verfolgt oder von inspirierenden Erkenntnissen erleuchtet werden.

Ob Erfahrungen nun mit dieser Innenwelt oder mit äußeren Sinneseindrücken zusammenhängen, man muß sie als »Objekt« in Betracht ziehen, von dem ein »Subjekt« Bewußtsein erlangt. Dieses »Subjekt« entspricht dem, was wir als »Ich« benennen. Jedoch werden alle Erfahrungen dadurch in Gang gesetzt, daß das Subjekt *Veränderungen* im Wesen, in der Position und den Aktivitäten der Objekte bemerkt, mit denen es in Beziehung steht; dabei spielt es nun keine Rolle, ob es sich um materielle Objekte oder geistig-psychische Bilder seiner Innenwelt handelt. Aber könnte das »Ich« wirklich Veränderungen in seiner Welt registrieren, wenn es selbst dauernd im Wandel wäre? Kurz gesagt, das Bewußtsein ist die *Beziehung zwischen Objekten, die sich in einem wandelnden Zustand befinden und einem Subjekt, welches sich nicht verändert;* also jemand, »der eine bestimmte und charakteristische Individualität und Identität aufrechterhält«. Wenn das Subjekt (oder »Ich«) dies beizubehalten nicht mehr in der Lage ist, wenn es im »Rad der Wandlung« gefangen ist und seine unverkennbare Identität verliert, dann verschwindet das Bewußtsein und wird durch das Unbewußte ersetzt. Das »Ich« wird regelrecht von der Welt überrannt; die (relative) Beständigkeit wird durch die Veränderung zu Fall gebracht.

Es ist ganz offensichtlich, daß das »Ich« sich grundsätzlich von der Welt unterscheiden muß, damit diese es nicht unter sich begraben kann; das »Ich« muß ein dauerhafter Felsen in einem unbeständigen Meer der Wandlung sein. Aber was die meisten Menschen als »Ich« bezeichnen, entspricht in Wirklichkeit den Eigenarten der Welt — d.h. sie werden von den heftigen und dauernden Veränderungen der Gesellschaft und dem System der religiösen und kulturellen Wahrheiten und Werte, an denen sie vorrangig teilhaben, beeinflußt (und somit verändert). Das Selbst des Durchschnittsmenschen kann seine charakteristische Identität in Zeiten sozialer Umwälzungen nicht bewahren, und zwar ganz einfach deshalb, weil es in einer bestimmten Gesellschaftsform verwurzelt ist und von speziellen sozio-kulturellen Strukturen abhängig ist. Tatsächlich ist dieses Selbst grundsätzlich ein Ausdruck für *den Platz und die Aufgabe, welche die Person in ihrer Gesellschaft einnimmt.* Astrologisch gesprochen wird die Eigenheit des Selbst von Saturn festgelegt; die Art seiner Teilnahme am Gesellschaftsleben wird von Jupiter angezeigt. Diese zwei Planeten sind die wichtigsten Repräsentanten für soziale und kollektive Aufgaben: die Abgrenzung und die Standfestigkeit der Person innerhalb eines größeren Ganzen, zu dem sie sich zugehörig fühlt.

Lebt jemand in einer statischen Gesellschaft, die auf einer stabilen Wirtschaft, auf beständigen religiösen und sozialen Anschauungen sowie in einer fest umgrenzten geographischen Region verharrt, dann spiegelt sich der unveränderliche Charakter dieser Gesellschaft im Leben des Menschen als ein Selbst wider. Welche Veränderungen einem Menschen auch immer widerfahren mögen (meistens aufgrund seiner organischen Entwicklung, Arbeitsfähigkeit oder altershalber), sie lassen sich leicht durch die traditionelle Weisheit seiner Kultur erklären und in die allgemeinen zyklischen Ordnungsmuster einpassen. Folglich bleibt er fest an seinem Platz, mit seiner sozialen Aufgabe und in seinen Beziehungen zu ähnlich widerstandsfähigen Menschen verankert. Sein »Ich« ist einfach deshalb stabil, weil es einer gleichbleibenden Sozialordnung obliegt. Lebt er dagegen als Mitglied in einer Gesellschaft, die sich im Zustand großer Umwälzung und Krisen, aber auch inmitten sich auflösender Religion, Moral und Sozialordnung befindet, dann wird das »Ich«, *solange es noch mit dem Boden der Gesellschaft verwurzelt ist,* unweigerlich in diesen Sog des Umschwunges hineingezogen werden. Falls dies passiert, dann gibt es in dem Betreffenden keine permanente Mitte und keinen Bezugsrahmen mehr, auf den sich die ununterbrochenen und unvorhersagbaren Veränderungen in seinen äußeren und inneren Welten beziehen ließen. Das Bewußtsein entgleitet. Das Unbewußte mit seinen dunklen und destruktiven Mächten überwältigt das »Ich«. Der Fels im Ozean der Veränderungen wird von der entbrannten See abgetragen; er *kann* überhaupt nur deswegen in diesem Maße zersetzt werden, weil Fels und Meer stoffliche Gebilde sind. Dieser Mensch vollführt dann unbewußt Handlungen, die nicht eindeutig zu seinem »Ich« gehören. Aktivitäten, welche das, was von besagtem Selbst und seiner »charakteristischen Identität« übrig geblieben ist, in Schrecken versetzen und aufwühlen. Aufgrund von Furcht erstarrt oder spaltet sich das »Ich« und Neurosen, Psychosen oder Geisteskrankheiten sind die Folge.

Wenn das »Ich« in Zeiten sozialer Stabilität solchermaßen zusammenbricht, dann gilt der Vorfall als außergewöhnlich; dies wird dann auf »Besessenheit« durch elementare und böse Kräfte zurückgeführt, welche die Kirche rituell auszutreiben versucht. Aber wenn die soziale und religiöse Tradition sich auflöst und der Zusammenbruch des »Ichs« öfters vorkommt, dann wird eine generell neue Überlegung zum Wesen des Selbst zwingend. Der Psychologe hat keine Möglichkeit, den Zerfall von Gesellschaft und Kultur zu stoppen. Er kann lediglich versuchen, den paar wenigen Menschen, die er erreicht, beim Wiederaufbau ihres Selbst behilflich zu sein. Einem Selbst, das über die möglichen Beziehungen hinaus, welche für die inneren und äußeren Welten einen Sinn ergeben, völlig starr geworden ist. Er kann den zertrümmerten Fels des Selbst zusammenstückeln und versuchen, ihm mehr Stärke zu geben, damit er den nächsten Ansturm des Meeres übersteht. Dies kann jedoch nicht zu sehr dauerhaften und sicherlich auch nicht zu kreativen Ergebnissen führen. Der einzig verbleibende andere Kurs wäre, zuzugeben, daß das erschütterte »Ich« nicht das *wirkliche* Subjekt, nicht das verläßliche Bezugszentrum ist, daß es nicht von Natur aus bleibend und beständig ist — sondern nur, wenn alles um es herum geordnet und statisch ist. Man muß ein *wirkliches* Subjekt beziehungsweise einen Mittelpunkt entdecken. Das erschütterbare

»Ich« wird dann »Ego« (oder »niedriges Selbst«) genannt im Unterschied zu dem wirklichen »Ich«, das man als »Selbst« oder »höheres Selbst« bezeichnet. Psychotherapeuten wie Jung, Künkel, Assagioli usw. haben diese Unterscheidung erkannt, diese zwei Faktoren in aller Ausführlichkeit definiert und hierbei den Grundstein für eine neue Form psychologischen Heilens gelegt.

Laut Jung ist das Ego bloß der Gegenstand oder der Mittelpunkt für die Bereiche des Bewußtseins. Dagegen ist das Selbst Gegenstand bzw. Zentrum der *Gesamtpersönlichkeit*, und enthält nicht nur die bewußten, sondern auch die unbewußten Anteile der Psyche. Für Jung stehen »die unbewußten Prozesse in einem kompensatorischen Verhältnis zum Bewußtsein«, und diese zwei Teile der Psyche »ergänzen sich gegenseitig im Selbst«. Das Selbst ist daher nicht nur als die Mitte der Gesamtpersönlichkeit zu betrachten, sondern auch als das »Umfeld«, welches die in dieser Gesamtpersönlichkeit enthaltenen bewußten wie auch unbewußten Aktivitäten umgibt. Das Ego kann das Selbst nie *gänzlich kennen*, denn das würde bedeuten, daß ein fest umgrenzter Teil (oder Gesichtspunkt) das Ganze begreifen würde und es beschreiben könnte — was völlig unmöglich ist. Das Selbst kann dem Ego jedoch sichtbar werden als das höchste Ziel des persönlichen Werdeganges; als ein Behälter, der bei weitem mehr Erfahrungen aufnimmt als nur jene des Egos; als eine feste Bezugsmitte und ein ideales Subjekt. Das Selbst kann ebenso auch als *unsere individuelle Gemeinschaft mit Gott*, als jener Fixpunkt unserer Psyche angesehen werden, in dem sich unsere Vorstellung von Gott am stärksten verdichtet. Gemeint ist damit die Erfahrung, die uns wie nichts anderes sonst Wissen über die Bedeutung unseres Gottesbildes vermittelt.

Künkel beschreibt den Unterschied zwischen Ego und Selbst bevorzugt mit den Begriffen »falsch« oder »wahr«, beziehungsweise spricht er von dem »gegenwärtigen« und dem »wesenhaften« Persönlichkeitszentrum. Er sieht im Ich »die Gesamtsumme dessen, was wir wissen oder was wir über uns zu wissen glauben (...) ein System von Behauptungen über unsere Ziele und Mittel, unsere Gaben, Fähigkeiten und Grenzen.«[54] Dieses Ich tendiert dazu, ein Eigenleben als unabhängiges, starres »Objekt« zu führen, während das Selbst neue Qualitäten und wachsende Reife an den Tag legt. In vielen Fällen entwickeln sich Ich und Selbst in widerstrebenden Richtungen. Unsere Verhaltensmuster und Entscheidungen dienen dann dem Ich anstatt dem Selbst — und dies ist Ichhaftigkeit. Fließen alle unsere Aktivitäten dagegen aus unserem wahrem Zentrum (dem Selbst) heraus, dann zeigen sie echte Schöpferkraft. Der Einfluß des Ichs ist *immer* unvorteilhaft. »Die Ichhaftigkeit beginnt in früher Kindheit als natürliche Antwort auf die ichhafte Umgebung des Kindes.«[55] Künkel schreibt weiterhin: »Darüberhinaus wird das eigentliche Wesen der *Sünde* offenbar: Ein falscher Mittelpunkt, das Ich, wird für unseren wahren Mittelpunkt, das Selbst eingesetzt.«[56] Diese Verdrängung führt zu Einsamkeit und Mißtrauen, zu einer Entfernung von Gott und schließlich zu Angst. »Unser schöpferischer Mittelpunkt, das Selbst, ist unser positives Verhältnis zu Gott.«[56] Es ist die Kraft des Schöpfers, die durch den Menschen wirkt, und »je mehr ein Mensch sich selbst findet, um so stärker entdeckt er, daß sein persönliches Interesse von seiner Verantwortlichkeit für das Ganze abgelöst wird (...) Das wahre Selbst ist daher nicht das Ich; es ist das Wir.«[57] Somit ist das Ich für Künkel ein *Scheinzentrum*, ein »falscher« und »exzentrischer« Faktor, der unser schöpferisches Leben behindert; wohingegen Jung im Ich vielmehr eine unvermeidbare und unvollständige erste Entwicklungsphase sieht, in der nur bewußte Prozesse wahrgenommen werden.

Roberto Assagioli zeichnet ein etwas anderes Bild. In seinem Diagramm zur Veranschaulichung der menschlichen Wesensstruktur setzt er das Selbst an die Spitze einer eiförmigen Figur. Das Ich befindet sich in der Mitte, überdies verwendet er nicht den Begriff »Ich«, sondern stellt das normale »bewußte Selbst« dem »höheren Selbst« gegenüber. Aus seinem Blickwinkel ist das bewußte Selbst einfach eine Projektion des höheren Selbst, mit dem es durch einen magnetischen Faden oder Strahl vereint ist. Diese Idealvorstellungen von einer Widerspiegelung des wahren Selbst (die Quelle für Geist und Licht) in den Bereich der Persönlichkeit, von einer Opposition zwischen »den Niederungen unseres gewöhnlichen Bewußtseins und dem strahlenden Gipfel der Selbstverwirklichung«[58] sind charakteristisch für einen mystisch-christlichen bzw. okkulten Ansatz der Psychologie. Wenn das »niedrige Selbst« mit dem »höheren Selbst« vereinigt wird, dann überschreitet das Individuum, in dem dieser mühevolle Prozeß zur Vollendung gelangt, die Grenzen seiner Menschlichkeit und wird ein wahrhaftig spirituelles Wesen. Hierbei wirkt das transpersonale Selbst wie ein neues *vereinigendes Zentrum*, um das herum eine neue Persönlichkeit aufgebaut wird: das Ziel der Psychosynthese.

Betrachtet man die verschiedenen Definitionen von Selbst und Ich in der modernen Psychotherapie, dann wird man wahrscheinlich von dem verwirrenden Gebrauch des Begriffes »Zentrum« vor den Kopf gestoßen. Meines Erachtens beruht dieses Durcheinander auf der Unfähigkeit, zwischen *Struktur* und *Inhalten* zu unterscheiden. Zu sagen, daß sowohl das Selbst als auch das Ich ein »Zentrum« sei, heißt in meinen Augen, daß man die grundlegenden Unterschiede zwischen beiden ignoriert. Dieser Gegensatz sollte jedoch klar werden, wenn wir auf unsere anfänglich gefällte Definition zurückgreifen: *das Ich als ein dauerhafter Faktor, in Bezug auf den die ständig wandelnden Elemente der menschlichen Erfahrung (in der Psyche wie in der Außenwelt) bewußt und bedeutsam werden.*

Es kommen jedoch zweierlei Dinge als dauerhafte Bezugspunkte in Betracht: eine (verhältnismäßig) fest umrissene Struktur (das Ich) und eine (verhältnismäßig) gleichbleibende Qualität, Schwingung oder Tongebung (das Selbst). Zum Beispiel kann bei einer klassischen Symphonie alles, was sich musikalisch abspielt, auf eine bestimmte Tonart bezogen werden; und die Tonleiter ist eine festgelegte Struktur, d.h. ein feststehendes Schema der Verhältnisse zwischen einer Reihe von Noten. Diese Noten erhalten ihre Bedeutung und Aufgabe in jenem Schema bezüglich des Platzes, den sie darin belegen. Aber dieses strukturelle Merkmal reicht nicht aus. Die Symphonie ist nicht nur eine geschriebene Partitur, ein abstraktes Gebilde von »Noten«; sie ist eben auch eine sehr vielfältige Kombination von Klängen oder »Tönen«, die von den Instrumenten gespielt und den menschlichen Ohren gehört werden. Es gibt etwas, mit dem all diese Noten in Verbindung stehen, einen unveränderlichen Faktor, hinsichtlich dessen sie einen eigenen Charakter bzw. Schwingung erhalten: die Oktave. Die Noten C und F haben eine strukturelle Bedeutung als Bestandteile einer Tonleiter; aber die Tonschwingungen, denen diese Namen gegeben wurden, erlangen ihren tieferen Sinn aufgrund der Stimmlage der Oktave. Wird die Tonhöhe der Oktave verändert, dann entspricht C einem neuen Ton, einer neuen Schwingung, einem neuen Rhythmus des Seins — obwohl er in dem Notenschema der Partitur nach wie vor die gleiche Aufgabe innehätte.

Diese Veranschaulichung sollte nicht allzu wörtlich genommen werden, da die Wirklichkeit der menschlichen Existenz sehr viel komplizierter ist, als in dieser musikalischen Metapher. Jedoch sollte uns die Analogie zu der Erkenntnis verhelfen, daß das Ich, ähnlich wie die Tonleiter, in der Hauptsache ein Produkt familiärer und sozialer Bedingungen ist, oder genauer ausgedrückt, eine Ansammlung von Reaktionen auf vererbte Anlagen und die Umgebung. Jede Kultur entwickelt ihre eigenen musikalischen Tonleitern. *Jede Menschenrasse und Gesellschaft erzeugt ein paar nur ihr zueigene Grundtypen von Ego–Strukturen* (genauso wie sie bestimmte typische Merkmale des Körperbaus hervorbringt). Eine Person, die einer bestimmten Rasse oder Gesellschaft angehört, ist, was ihr Ich anbelangt, eine melodische und harmonische Variation einer dieser Grundstrukturen des Ichs (oder des Maßstabes für Reaktionen auf die vererbten Möglichkeiten der menschlichen Natur). Bleibt eine Gesellschaft beständig und in ihren kollektiven Anlagen festgelegt, dann sind auch die Ego–Strukturen ihrer Mitglieder ruhig, geschützt und dauerhaft. Befindet sich die Gesellschaft andererseits im Zustand einer Krise oder der Zerrüttung, dann wird auch das Ich verunsichert. Die Reaktionen des Ichs auf die Umgebung und seine chaotischen Ereignisse gleiten unabdingbar unter die Schwelle des Bewußtseins, da es keinen Bezugsrahmen mehr kennt. Der Mensch kann bezeichnenderweise nicht mehr länger vom »Ich« sprechen und er hat vergessen, wie er instinktiv das »Wir« fühlen kann (vgl. hierzu Künkel und seine »Ur–Wir–Erfahrung«).

Abgesehen von einem Erstarren in reiner Egozentrik innerhalb der eingefrorenen Erinnerungen an eine uneingeschränkte Tradition, verbleiben dem Individuum nur die folgenden Lösungswege:

1. Die Teilnahme am Aufbau einer neuen Gesellschaft, was in der Regel eine Revolution voraussetzt. Meistens kommt dann aber hinzu, daß der Gesellschaft von starken Persönlichkeiten oder dominanten Gruppen (Kirche, Partei) neue soziale und geistige Modelle aufgezwängt werden und daß der Einzelne zu fest vorgeschriebenen Aufgaben genötigt wird.

2. Die Abhängigkeit von Ego–Strukturen und sozialen Modellen zu überwinden und die kreative Quelle allen Lebens und jeden spirituellen Fortschritts, nämlich das Selbst, zu erreichen.

Die erste Alternative hat den Wiederaufbau eines neuen Ichs, und zwar meistens unter dem Druck einer neuen Gesellschaft, einer neuen Religion, eines neuen Führers oder Idols zur Folge. Die neue Ego–Struktur *kann* erweitert und umfangreicher ausfallen, aber sie kann genausogut regressiv sein, was jeweils davon abhängt, welcher Gruppierung man untertänig ist. Die Ergebenheit und die Diensterfüllung ist ein das Ich erneuernder und Strukturen schaffender Akt der Erlösung: ein neues Wirken von Jupiter und Saturn.

Die andere Alternative bedeutet, *die Krise als Individuum zu überstehen; und dann eine direkte Verkettung des Gesamtorganismus mit einer strahlenden Kraftquelle — dem Selbst, dem Gott in uns — herbeizuführen.* Dies beinhaltet astrologisch gesprochen ein Erwecken der psychologischen Metamorphose, die von den transzendenten Planeten Uranus, Neptun und Pluto versinnbildlicht wird.[59] Diese Planeten sind auf mysteriöse Weise mit dem verbunden, wovon die Sonne nur ein für uns sichtbarer

Brennpunkt ist: der strahlenden Fülle des Raumes, die von der Erdumlaufbahn und vielleicht sogar noch größeren Bewegungsabläufen definiert wird.

Die *sichtbare* Sonne ist die Quelle der kosmischen und atomaren Energien, die alle Natur zum Sein erweckt, die alle organischen Gattungen in generischem, unbewußten Sinne ohne Berücksichtigung von Einzelwesen wachruft und erhält. Diese kosmischen Energien werden von der saturnalen Konzentrationskraft in den Atomen gebunden. Sie sind demzufolge auch in der Struktur des Ichs, im Sozialgefüge und in der Kultur mit eingeschlossen. Was die Inhalte dieser Strukturen mit Energie und Leben erfüllt, entströmt (astrologisch gesprochen) dem Mond, denn Mond und Saturn bilden ein Paar. Saturn formt Strukturen. Der Mond belebt die Inhalte und folglich alle reinen Bewußtseinsbilder, Reaktionen und Komplexe, die unser traditionsgeleitetes und egozentrisches Leben beherrschen. Diese Mondenergie ist jedoch nur ein reflektierter Bruchteil dessen, was unaufhörlich von der Sonne strahlt. Es ist Sonnenenergie, welche durch die von Saturn auferlegten Beschränkungen (*Karma*) gefiltert und gefärbt wird. Die Struktur des Ichs (aber auch des Körperskeletts) wird folglich in der Astrologie durch Saturn verständlich gemacht (seine Zeichen- bzw. Hausposition und seine Aspekte); die Lebendigkeit dieser Ich-Inhalte wird von Mond symbolisiert. Das sichtbare Licht und die Energie der Sonne ist die universale Kraft, die alles zum Leben erweckt, umhüllt und versorgt — das, was im Kern des Atoms schwingt, genauso wie alles, was in den Aktivitäten und Reaktionen des Menschen enthalten ist. Dieser Einfluß ermöglicht die Erfahrungen und bringt den Betreffenden auf jeder Ebene in Schwung. Er wirkt ohne Unterschied auf alle Dinge dieser Erde gleichermaßen; er ist sowohl konstruktiv als auch destruktiv. Er ist universelle Vitalität und atomare Kraft, der Ursprung dessen, was die Hindus *prana* nennen.

Die sichtbare Sonne sollte jedoch keinesfalls als das Selbst angesehen werden. Sie ist nur der Punkt für den Energiefluß des Selbst. Das Selbst kann lediglich in seiner eigentlichen Realität durch den Raum symbolisiert werden: Raum in der *Fülle* des Seins. Wir können diesen Raum nur in unserer eigenen Bewegung wahrnehmen und erkennen. Durch die Bewegung legen wir einen Brennpunkt für die Freisetzung seiner universellen Energie fest. Wir lernen diese Energie als Licht, Geist und kreative Intelligenz kennen. Aber wir erkennen sie zunächst nur an den Umwälzungen, welche sie (durch Uranus, Neptun und Pluto) in unserer saturnalen Sicherheit und in unserer egozentrischen, kulturzentrierten oder kirchlich fixierten Starrheit erzwingt. Tatsächlich können wir das Selbst zunächst nur in seiner negativen Form durch die Krise kennenlernen. Wir erkennen es an dem, was es nicht ist. Künkel hat dies klar festgestellt und folgt hiermit den orientalischen Weisheitslehren der Upanishaden und des Tao.

Doch wir können dieses Selbst aufs Höchste erfahren, wenn wir aus der Krise herauskommen, und zwar erfolgreich. Wir erfahren es *mystisch* als eine gewaltige Ausdehnung des Bewußtseins und als ein unaussprechliches Gefühl der Identifikation mit einem universellen Bewußtseinsstoff, in dem wir nur eines von zahllosen Objekten sind — ein winzig kleiner Punkt innerhalb der kosmischen Unendlichkeit. In eher konkret okkulter Hinsicht erleben wir das Selbst als eine Verwirklichung unseres Platzes bei Gott, als eine Vergegenwärtigung der innersten Qualität und Färbung unseres Daseins, als eine praktische Teilnahme an der transzendenten, geistigen Kommunion, welche die Sonnensysteme und Sterne umgibt.

Kapitel 11

Das Selbst: Ein astrologischer Schlüssel zu einer integralen Psychologie

Betrachten wir den Organismus eines Menschen: er besteht aus Haut und Muskeln, verzweigten Kreislauf- und Nervensystemen, Verdauungsorganen und Hormondrüsen. Das Knochengerüst hält alles richtig zusammen und an seinem Platz. In der Psyche eines Einzelmenschen, auch wenn man sie nicht als einen greifbaren Organismus beschreiben will, kann man trotzdem eine Grundstruktur annehmen. Innerhalb dieser Struktur befinden sich zweckmäßige *Reaktionssysteme*, welche es der Psyche ermöglichen, Erfahrungen zu »assimilieren«, daraus zu lernen, daran zu wachsen und körperliche Aktivitäten zu lenken. Wenn Jung die Psyche als »selbstregulierendes System«[60] charakterisiert, das dem Gesetz der Komplementarität gehorcht, demgemäß die verschiedenen psychischen Faktoren in ergänzender oder kompensatorischer Beziehung zueinander stehen, dann deutet er damit stillschweigend auf die funktionale Eigenart der Psyche hin. Eine Vorbedingung für die Funktion ist Struktur, vorausgesetzt wir geben dem Begriff »Struktur« eine sehr weitgefaßte Bedeutung: gemeint ist ein konstantes *Handlungsmuster.*

Ein »selbstregulierendes System« ist in diesem Sinne ein strukturierendes System. Das Ich ist der strukturelle Unterbau der Psyche; vergleichbar hierzu wäre die Logik im Bereich der geistigen Aktivität die strukturgebende Grundlage für zusammenhängendes und exaktes Denken. In der Relativitätstheorie wird die Raumzeit als das strukturschaffende Fundament für die Gesamtheit menschlicher Erfahrung angesehen. Die Ego-Struktur ist empfänglich für tiefschürfende Veränderungen und Differenzierungen. Sie muß dergestalt verstanden werden, daß sie auf verschiedenen Entwicklungsstufen existiert.

Da gibt es zunächst eine *generische Ego-Struktur*, die ausschließlich »menschlich« ist: der Ursprung aller pychischen Vorgänge, die Gesamtsumme der Grundgesetze, welche allgemein das Seelenleben aller Menschen reguliert. Diese generische Ego-Struktur teilt sich in verschiedene »Typen« auf. Einige dieser ergeben wiederum den Grundstock für die siebenteilige Klassifikation von Assagioli; die anderen werden von rassischen, nationalen, religiösen und kulturellen, ja sogar familiären Merkmalen näher bestimmt. Als ein Ergebnis des langwierigen historischen Prozesses der sozialen, religiösen, kulturellen und ökonomischen Entwicklung wurde schließlich eine Aufteilung in *individuelle Ego-Strukturen* angebahnt. Während sich die eher grundlegenden Strukturen schon in der vorgeburtlichen Periode abzeichnen, beginnt sich das individuelle Ich unmittelbar nach dem Geburtstrauma zu formen und zu differenzieren, sobald die starken Einflüsse der extra-uterinen Welt gespürt werden. Die Phase der individuellen Ich-Bildung scheint um den siebten Geburtstag herum im wesentlichen abgeschlossen zu sein. Die *Inhalte* dieses Ichs werden ständig weiterwachsen, und zwar in dem Maße, wie sich das Individuum ausdehnt. Sie ändern ständig ihre Substanz und Orientierung. Aber die *Struktur als solche* kann mit spätestens sieben Jahren als ausgebildet angenommen werden. Das Ich entwickelt sich noch einige Jahre weiter, doch seine Grundcharakteristiken sind vor der Pubertät weitgehend festgelegt und im Alter von 28 Jahren endgültig ausgereift.

Diese individualisierte Ego-Struktur ist der Sockel für das »Ich«-Empfinden und sie gibt einen dauerhaften Bezugsrahmen ab, mit dem die persönlichen Erfahrungen in Verbindung gebracht werden. Dadurch werden diese Erfahrungen uns erst bewußt gemacht und Bewußtsein ist andererseits ein Ausdruck dieser Bezugnahme. Das Ego, die Individualität der Person, ist jedoch nicht nur als eine nackte Struktur zu verstehen. Es ist vielmehr ein Gebilde, das von dem angeregt und am Leben gehalten wird, was Jung als »psychische Energie« (oder *Libido*) bezeichnet hat. Astrologisch gesprochen wird diese Struktur von Saturn »regiert«; die Energie innerhalb dieser Funktion wird vom Mond symbolisiert — dem polaren Gegenspieler des Saturn. Diese Energie verharrt aber nicht immer auf einem ständig gleichbleibenden Niveau. Sie ebbt auf oder ab und fließt, genauso wie der Mond zunimmt oder abnimmt. Das Ego ist das »ich bin« — »Ich« (die Struktur) und »bin« (die enthaltene Energie).

Aber was der Gegenwartsmensch heute meint, wenn er »ich bin« sagt, und was der Stammesbruder in alten Zeiten oder der Hindu, der 2000 v. Chr. in einer im Gesetzbuch des Manu beschriebenen statischen Gesellschaft lebte, mit denselben Worten meinte, sind zwei Paar Stiefel. In der Antike (und auch heute noch in vielen Teilen der Welt) nahm jemand, der »ich« sagte, Bezug auf seine generische Ego-Struktur und deren soziokulturelle Differenzierungen. Diese Strukturen *sind* ganz real sein Bezugspunkt, sein Ego, und er kennt kein anderes. Es ist ein *kollektives* Ego, das von biologischen Trieben und sozialen bzw. kulturellen Überlieferungen, Wünschen und Tabus gegliedert wird. Aber nichtsdestoweniger handelt es sich um das Ich dieser Person; sie ist sich bewußt, indem sie ihre Erfahrung mit diesem überdauernden psychischen »Selbstregulierungssystem« in Verbindung setzt — und zwar nur auf diese Weise (von Ausnahmefällen abgesehen).

Im allgemein fortschreitenden Prozeß der strukturellen Differenzierung, treten in Gesellschaften mit einer sich allmählich höher entwickelnden Zivilisationsstufe vermehrt individualisierte Ego-Strukturen in den Vordergrund. Diese neu abgegrenzten Ego-Strukturen werden deutlich ins Rampenlicht gedrängt und mit den höchsten Wertmerkmalen ausgestattet. Menschen, die ihre Lebenserfahrung erfolgreich mit diesen neuen Ich–Idealen in Beziehung setzen können, neigen immer öfters dazu, ihre älteren und einfacheren Bezugssysteme, sprich die kollektiven Ego–Formen, zu vergessen. Dann sinken diese kollektiven Strukuren in das Unbewußte ab, einfach weil sie für die Bewußtseinsentwicklung aus der rauhen Alltagserfahrung heraus nicht mehr länger als gültiger Bezugsrahmen bewertet werden. Allerdings verschwinden sie nicht voll und ganz. In Träumen und unter großem Streß treten sie wieder über die Schwelle ins Bewußtsein. Nach wie vor sind sie ein Ausgangspunkt für psychische Prozesse; aber wenn die individualisierten Menschen so sehr mit dem Errichten von Kuppeln, der Herstellung von farbigen Glasfenstern oder mit Orgelspielen in den »oberen Regionen« ihrer Psyche beschäftigt sind, dann schenken sie diesem Unterbau keine Aufmerksamkeit mehr — es sei denn etwas läuft schief mit dem Gebäude oder ein soziales Erdbeben erschüttert seine Mauern. Einzig diese »oberen Regionen«, in denen sich nun alles vollzieht, was als wichtig bewertet wird, werden noch als Ich bezeichnet. Das »ich bin« des modernen Menschen wird mit den höchst differenzierten Strukturen der Psyche gleichgesetzt, denn nur durch den Gebrauch dieser Ordnungsmuster erlangt er Bewußtsein. Die »niedrigen Strukturen« sind lediglich noch Bezugsquelle für außergewöhnlichste Erfahrungen, denen sich »oberhalb der Basis« keine Bedeutung abgewinnen läßt und die folglich auch nicht bewußt sind. Was auch immer im Hinblick auf diese »niedrigen Strukturen« geschieht ist deshalb in der Regel unbewußt. Doch diese »niedrigen Strukturen« wurden einst als das Ich betrachtet.

Die geschichtliche Evolution des menschlichen Ichs wiederholt sich in gewisser Weise im Kleinkindalter, und zuallererst während der embryonalen Entstehung im Mutterleib. Was Künkel scharfsinnig den Übergang vom »Ur–Wir« zum ichhaften Bewußtsein[61] nannte, entspricht dem Wechsel vom früheren instinktiven Bezugspunkt zu dem neuen und stärker differenzierten. Letzterer wird immer ausschließlicher als das eigentliche Ich aufgefaßt, weil das Bewußtsein immer stärker von seinem Einsatz abhängig wird. Das Ich ist jedoch nicht die »Mitte«

des Bewußten (wie Jung sagt). Es ist vielmehr ein Koordinatensystem, innerhalb dessen Achsen die Rohdaten der Erfahrung bewußt werden. Ebensowenig sollte das Ich als ein »falscher Mittelpunkt« (Künkel) angesehen, sondern eher als eine psychische Struktur, deren Energie steigt oder sinkt und die von bestimmten soziokulturellen, vererbten und umweltbedingten Zwängen abhängig ist. Diese Zwänge bilden die »Gußform« (oder das *Karma*), welches der Ego–Struktur Gestalt verleiht. Sie sind die Summe aller Erfahrungen der Menschheit, zuzüglich derjenigen von Rasse, Kultur und Familie. Diesen fügt das Neugeborene seinen eigenen Erfahrungsschatz hinzu, als bestimmenden Faktor für die eindeutig individuellen Anteile der Ego–Struktur.

Aber kann man überhaupt von Erfahrung sprechen, ohne den Erlebenden einzubeziehen? Ist das Ich nicht noch mehr als bloß Struktur und Energie — ein mysteriöses Etwas, das man in Ermangelung eines besseren Wortes gezwungenermaßen einen »Mittelpunkt« nennt? Tatsächlich glaube ich, daß wir dort, wo Energie durch eine verhältnismäßig konstante Struktur kreist, von einer Art dynamischem Zentrum oder Schwerpunkt sprechen können. Wir sollten sogar noch viel eher von einem Punkt des Energiezustroms oder einer Urquelle der Kraft reden. Aber man kann kaum verstehen, was diese Urquelle eigentlich sein soll, wenn man nicht auch die Art und die Herkunft der psychischen Energie begreift, welche diese Ego–Struktur ausmacht; und dies führt uns dazu, auf einen transzendenten Tatbestand, das Selbst, näher einzugehen.

Aufgrund psychologischer Kenntnisse und philosophischen Verstehens halte ich es für angebracht, von der Existenz eines Selbst auszugehen. Hinter oder jenseits des »Ichs« (welches von äußerem Druck erschüttert werden kann) muß es einen konstanten Faktor geben, den die orientalischen Philosophen als Beobachter, Mahner, Sammler der Früchte menschlichen Handelns, oder den göttlichen Zeugen umschrieben haben. Aber wir sollten äußerst vorsichtig sein, wenn wir die Merkmale, Bedeutung und Funktion dieses Faktors festlegen wollen. Das

Selbst, so wie wir es uns vorstellen, muß in hohem Maße als *ein universeller Faktor angesehen werden, auch wenn es in der Persönlichkeit mehr oder weniger individualisiert werden kann.* Weil es universell ist, sollten wir ihm keinen geometrisch festgelegten Standort geben. Wir sollten es vielmehr Raum nennen, die Ganzheit des Ganzen, die große Harmonie oder (mit den Chinesen) *das Tao.*

In der Symbolik der Astrologie steht die Sonne normalerweise für das Selbst bzw. Assagiolis »höheres Selbst« und der Mond für das »bewußte (oder persönliche) Selbst«. Aber diese zwei Himmelskörper sollten mehr als Träger der Energiestrahlung angesehen werden denn als »Zentren«. Die Sonne ist selbst im modernen heliozentrischen System kein echtes Zentrum. Sie steht in einem der zwei Brennpunkte der elliptischen Umlaufbahn der Planeten. Die Sonne ist der gemeinsame Drehpunkt all dieser Planetenbahnen, der Schwerpunkt, um den sie alle kreisen — Künkel würde sagen der »Wir–Mittelpunkt«. Aber jede Umlaufbahn hat daneben noch einen zweiten Brennpunkt, der nur ihr zueigen ist. Es ist folglich viel bezeichnender zu sagen, daß die Sonne Trägerin oder Urquelle der Energie des gesamten Sonnensystems ist. Manche Okkultisten gingen tatsächlich soweit und nannten die Sonne ein »Bündel elektromagnetischer Kräfte« bzw. einen Schleier, der über die »wirkliche Sonne« geworfen wurde. Diese »wirkliche Sonne« läßt sich am ehesten als der Bereich verstehen, welcher durch die Rotationsbahnen der Planeten eingegrenzt wird. *Für die Erde ist jener Raum die wirkliche Sonne, der von der Umlaufbahn der Erde umschrieben wird.* Dieser Raum sollte jedoch nicht als ein *leeres* Etwas verstanden werden, sondern als die *Fülle des Seins.* Er ist das wahre Symbol für das Selbst. Auf einer höheren, da umfassenderen Stufe der Universalität nimmt das Selbst den symbolischen Schein des galaktischen Raumes an und letztendlich den des gesamten Universums. Selbst ist immer »Raum«. Die Energien, die endlos von Sonnen und Sternen ausströmen, stehen in Wechselbeziehungen zueinander im Raum und harmonieren in Einklang. Dies ist die Substanz oder Grundschicht des universellen Seins.

Die Sterne sind dagegen nur *Punkte für die Energieausbreitung*. In Wirklichkeit strömt die Energie nicht von ihnen aus, sondern *durch* sie. Vergleichsweise ist dieses Selbst, welches die modernen Psychologen für das »Zentrum der Gesamtpersönlichkeit« halten, nicht die Realität des Selbst, sondern es ist vielmehr *ein Punkt für die Ausbreitung von Licht, Geist, Intelligenz und kreativer Kraft*. »Durch« das Selbst strahlt jene Grundqualität des Seins, die ein Aspekt der Göttlichkeit, eines der »Attribute« oder einer der »Namen« Gottes ist; es durchdringt unsere ganze individuelle Wesensart. Wir »leben, bewegen und erlangen unser Sein« in dieser Ausstrahlung des Selbst. Aber dieses Selbst, das universal ist, kann unser Bewußtsein nicht erreichen oder auf die Seinsweise und besonderen Bedingungen unserer Existenz einwirken. Es sei denn, die »Energie des Selbst« wird konzentriert und durch eine Art symbolische Linse gefiltert, bevor sie in den persönlichen Seinsbereich gelangt.

Die »realistische« Welt der Wissenschaft, aber auch der Psychologie und der okkulten Philosophie, ist die Welt der Energiewirkungen. Auf einen lebendigen Organismus bezogen äußert sich die Energie als Prozeß. Wir können an die Untersuchung der menschlichen Natur nicht effektiv herangehen, bevor wir nicht bereit sind, das, was wir beobachten, im Sinne von Prozessen zu deuten. Das heißt als *strukturell bedingte Wirkungen, die auf zyklischen Energieäußerungen begründet sind.* Energie muß jedoch konzentriert werden, um wirkungsvoll zu sein, und um von dem Zustand der universellen Möglichkeit in den des individualisierten Handelns überführt zu werden. Jedes organisierte System enthält solche Quellpunkte des Energieausstoßes.

In unserem geozentrischen Universum stellen Sonne und Mond solche Energiequellen dar; aber während die Sonne ein »Punkt der Energieausbreitung« ist, sind der Mond und die Planeten die »reflektierenden Linsen«. Sie spiegeln eine Portion oder einen bestimmten Aspekt der Sonnenenergie wider. Analog dazu kann man sagen, daß die Triebkraft, welche durch die

Ego–Struktur der Psyche kreist, die reflektierte Energie des Selbst ist. Wir nennen sie »lunare« Energie. Der Mond selber symbolisiert allerdings nicht das Ich, sondern nur den Ursprung, vom dem aus die durch das Ich zirkulierende psychische Energie fließt. Diese psychische Energie (die *Libido*) ist reflektierte Energie: jener Energieanteil oder Teilaspekt des Selbst, den die Ego–Struktur aufnehmen und verarbeiten kann. Ihr Hoch– oder Tiefstand wird astrologisch an den periodischen Bewegungen des Mondes gemessen.

Folglich haben wir beim Untersuchen der menschlichen Persönlichkeit zwei Energieformen voneinander zu unterscheiden: 1. die *direkte* (oder »solare«) Energie des Selbst, welche die ganze Persönlichkeit (Körper und Seele) durchdringt, und 2. die Anteile oder Teilaspekte dieser Energie, welche (von dem symbolischen »Mond«) in die Ego–Struktur und den Körper *reflektiert* werden, sprich die psychische Energie oder Libido. Während die erste in der Hauptsache stetig und konstant pulsiert, ist die zweite einem permanenten Steigen und Fallen unterworfen. Was dies bezüglich der Körperfunktionen bedeutet ist deutlich genug. Denn wir können ohne weiteres feststellen, daß sich einerseits das Herz und die Lungen oberhalb des Zwerchfells in einem fortwährenden und relativ gleichbleibenden Aktivitätsniveau befinden. Die anderen Organfunktionen (Kreislauf, Hormonausscheidungen, Sexualität, Muskelaktivität, Nervenreaktionen usw.) unterliegen hingegen das ganze Leben über einem täglichen Auf und Ab sowie zyklischen Veränderungen.

Es gibt eine ähnliche Unterscheidung zwischen den »solaren« und den »lunaren« Energieformen, die in der Psyche wirken. Die erste ist beständig, einfach und »rein«. Vergleichbar mit einem klaren und alles durchdringenden Ton, welcher durch unser inneres Sein schwingt, aber abgesehen von ein paar Menschen, deren spirituelle »Ohren« (Bewußtsein) geöffnet sind, von keinem gehört wird. Es ist der Klang des inneren Geistes, die direkte Ausstrahlung des Selbst, der Herzschlag des lebendigen Gottes oder des noch ungeborenen Gottes, der kommen wird, um in uns als *ein ganz individualisierter unsichtbarer*

Geist (solares Wesen) zu »atmen«. Dann gibt es noch die »lunare« Energie, die unsere vom Ich strukturierten Gefühle, Stimmungen, Wünsche und Emotionen belebt, aber auch unseren Stolz. Sie wird unter Eingeschränkungen oder Blockierungen zum Stoff für unsere Angst, Auflehnung, Einsamkeit, Besorgnis und unsere Komplexe.

Diese »lunare Energie« ist, ich wiederhole, jenes Quantum bzw. jener energetische Teilaspekt des Selbst, den unsere Egostruktur aufnehmen oder verwenden kann. Sie versorgt uns mit der Stärke, *uns täglich an unsere Umgebung und die Forderungen unserer Gesellschaft, Kultur und Religion anzupassen.* Deswegen wird sie von kollektiven Umständen bedingt; und dennoch befähigt sie uns dazu, daß wir uns mit unserem Innenleben befassen können, daß wir ein individuelles Wertempfinden (Venus–Symbol) und individuelle Denkweisen (Merkur–Symbol) entwickeln können. Diese zweiteilige Orientierung der psychischen Energie wird durch die Tatsache symbolisiert, daß der Mond sich die Hälfte der Zeit *außerhalb* der Umlaufbahn der Erde bewegt. Folglich steht er in Beziehung zu der äußeren Welt und den Planten der Initiative (Mars) und der sozialen Verwandtschaft (Jupiter und Saturn). In der anderen Hälfte der Zeit steht der Mond *innerhalb* der Erdumlaufbahn und dadurch in Bezug zu den inneren Planeten Venus und Merkur.

Der sogenannte normale Durchschnittsmensch lebt fast immer ausschließlich im Sinne seiner Ego–Struktur und des ewigen Auf und Abs der psychischen Energie, das von der wechselnden Einstellung oder Brennweite der »reflektierenden Linsen«, welche die dem Selbst verfügbare Energie bündeln, verursacht wird. Die Ego–Struktur legt die Merkmale seines »Ichs« fest: die unterschiedlich eingestellte psychische Energie, das immer veränderliche »bin«. Das Individuum sagt: »Ich bin glücklich — Ich bin ärgerlich — Ich bin schlecht — Ich bin krank.« Die Adjektive, die das »bin« charakterisieren, sind Ausdrücke der wechselnden Stimmungen und Gefühle, der Reaktionen auf die Umgebung oder auf innere Zwänge. Es gibt in diesem Bereich des Ichs keine Stabilität. Denn die Grundstruktur des Egos kann zwar als Ich–Gefühl (der individuelle Charakter von Herrn Soundso) ziemlich unverändert bleiben, aber der Treibstoff, der diesem Ich–Gefühl *Wirklichkeit verleiht* (das unentbehrliche »bin«) fließt ständig in eine andere Richtung und trägt neue Reize in das Bewußtsein hinein. Dies ist mit dem Blut vergleichbar, welches dem Gehirn Hormone und Gifte, Mineralien und Antikörper in variierenden Mengenverhältnissen zuführt.

Der Mond repräsentiert also in der astrologischen Symbolik den Mittelpunkt der bewußten Aufmerksamkeit. Er wird oft mit der Mentalität in Verbindung gebracht, und zwar in der Form, daß er die Richtung anzeigt, in welcher der Prozeß von Beziehungen und von der Anpassung an »Objekte« stattfindet. Während dieses Vorganges wird ständig neues Bewußtsein erzeugt, beziehungsweise alte bewußte Daten, Anpassungsweisen und Komplexe werden gefestigt oder in Frage gestellt. Steht der Mond in engem Kontakt mit Venus und Merkur (den zwei Planeten *innerhalb* der Erdumlaufbahn, welche somit vorwiegend die »inneren Funktionen« repräsentieren), dann symbolisiert er den Zustand der nach innen gerichteten oder introvertierten Aufmerksamkeit. Der Mensch in dieser Situation hat die Chance, ein Bewußtsein über die »solaren« Werte zu erlangen. Merkur und Venus »lenken« astrologisch die Atemfunktion und zumindestens einige Teilaspekte der Schilddrüsentätigkeit, und beide sind eng mit dem Herzrhythmus verbunden. Psychologisch gesprochen kann das Individuum durch seinen Verstand (Merkur) und sein Wertempfinden, seine Zuneigung oder Liebe (Venus) zur rechten Zeit die Fesseln seiner Ego–Struktur sprengen und in das allumfassende Reich des Selbst emporsteigen. Es durchbricht die saturnalen Mauern und wird sich des Lichts und der Macht des Selbst bewußt.

Um diesen Vorgang zu beschreiben, unterschieden die alten chinesischen Philosophen zwischen dem Menschen mit einem *geschlossenen Zentrum* und demjenigen mit einem *offenen Zentrum*. Beim zuerst genannten Fall treffen wir auf eine Person, deren Ego–Struktur zu eng an das Universum des Lichts angeschlossen ist. Das Bewußtsein dieses Menschen ist verkrampft oder er wird völlig von dem Problem gefangen genommen, seine Struktur allen denkbaren Einschlägen und Übergriffen zum Trotz aufrecht zu erhalten; tatsächlich ist er entweder unsicher oder in ständiger Furcht, seine spirituelle Integrität zu verlieren. Im anderen Fall verweilt der Betreffende in einem Zustand der Entspannung, oder »Weltoffenheit«, atmet tief und frei, voller Glauben, Vertrauen und innerer Sicherheit. Der Kern seines Ichs ist wie die geöffnete Blende einer Kamera, die Licht durchläßt.

Beim ersten Beispiel ist das Bewußtsein ausschließlich mit »lunaren« Inhalten gefüllt und nur von der Ego-Struktur bestimmt. Das einzige »Licht« im Innenleben dieses Menschen ist jenes des »Mondes«: die psychische Energieballung, von welcher das Selbst reflektiert wird. Bei der Person mit dem *offenen Zentrum* ist die »Blende« der Seele weit geöffnet und sie läßt ihr Bewußtsein von »solarem« Licht (die Energie des Selbst) überfluten. Dieser Mensch ist »erleuchtet«. Die geöffnete Blende, durch die das Licht strömt, erscheint dem Bewußtsein als innere Sonne und diese wird tatsächlich, so wie Jung beschreibt, zu einem strahlenden Mittelpunkt einer neuen Persönlichkeit. Es handelt sich jedoch nicht wirklich um ein »Zentrum«, sondern um eine *Öffnung*, durch welche die verschiedenen Manifestationen des Selbst, »der heilige Geist«, sich in die Ego-Struktur ergießen.

Bevor sich die Trennlinie entspannt und öffnet, ist die Ego-Struktur dunkel oder vom Mond beschienen. Wird die Blende geöffnet, dann wird die Ego-Struktur von »solarem« Licht und Geist erfüllt. Dies ist das Fest der Verklärung. Aber als Jesus vom Berg der Verklärung herabstieg, waren seine Eigenschaften noch immer die des aus Maria geborenen Menschensohnes. Doch sie erstrahlten jetzt in neuem Glanz. Er hatte nur seine Unklarheit gegenüber Gott, bzw. sein »lunares« Selbst überwunden — seinen Mutterkomplex, seine Anima und seinen unbewußten Schatten. Er wurde gewissermaßen mit der Resonanz der »Bahn« des Selbst und einer noch viel größeren kosmischen »Umlaufbahn« getauft.

Der allgemeine Aufbau des Sonnensystems liefert uns also das adäquateste Abbild für die Ganzheit eines Menschen und diese Tatsache ergibt eine Grundlage für alle astrologischen Interpretationen. Wenn wir ein lebendiges und dynamisches Verständnis der menschlichen Natur und Individualität gewinnen wollen, dann sind die folgenden Punkte von wesentlicher Bedeutung:

1. Die »reale« Welt ist ein Bereich, in welchem Energien innerhalb relativ gleichbleibenden strukturellen Einheiten wirken. Es ist eine Welt der »Prozesse« und konstanten energetischen Wechselbeziehungen innerhalb von festgelegten Räumen.

2. Wir müssen im Menschen zwei verschiedene Systemeinheiten und zwei energetische Grundformen unterscheiden (oder koordinieren), die wir »solar« und »lunar« nennen können. Die erste bezieht sich auf das Selbst, die zweite auf das Ich. Das Selbst muß vom Standpunkt des *Raumes* (zunächst der Erdumlaufbahn, später vom Gesamtumfang des Sonnenssystems) her verstanden werden, das Ich von der *Struktur* her. Die Energie, welche in der Ego–Struktur zirkuliert, ist der reflektierte Energieanteil des Selbst.

3. Die Ego–Struktur wird von den Faktoren der Gattung, Abstammung und der Kultur geformt und auf einer individualisierten »oberen Ebene« auch von den kindlichen Reaktionen auf die Umgebung. Sie ist demgemäß von kollektiven Einflüssen abhängig. Das eingegrenzte und spezifizierte Ich–Bewußtsein wird von der unablässig auf– und abebbenden psychischen Energie, die durch den Einfluß des Mondes ihren Niederschlag in dieser Struktur findet, in Unstetigkeit gehalten. Der Mond symbolisiert »den Brennpunkt der Aufmerksamkeit« des Bewußtseins, auf welches sich ein Energiequantum des Selbst selber reflektiert. Dadurch wird diese Energiemenge innerhalb der Ego–Struktur in psychische Energie umgewandelt und aufgegliedert.

4. Die unteren Planeten Merkur und Venus besorgen die Scharfeinstellung der »solaren« Energie innerhalb der Erdumlaufbahn. Sie errichten resonierende Pfade oder Verbindungs-

glieder zwischen dem Ich–Bewußtsein und dem Selbst. Die Planeten außerhalb der Erdumlaufbahn sind externe organische Brennpunkte, welche die individuelle Psyche mit der gesellschaftlichen Außenwelt verknüpfen. Uranus, Neptun und Pluto verkörpern die transzendenten Wirkfaktoren, durch welche das von Saturn gebundene Ich–Bewußtsein unter dem Einfluß der direkten »solaren« Energie umgewandelt und neu polarisiert wird. Das individuelle Selbst (der Raum der Erdumlaufbahn) wird dadurch neu geortet (durch »Psychosynthese«) und findet sich als aktives Mitglied in einer spirituellen Gemeinschaft (dem ganzen Sonnensystem) wieder. Dies ist das »solare« Wir, welches selbst an einer noch viel gewaltigeren *Weltenseele* teilhat.

5. Auf diesen Prinzipien läßt sich eine wirklich integrale und harmonische Psychologie aufbauen, in der die Bestandteile der psychischen und physischen Gestalt, von Energie und Prozeß in Beziehung stehen zu einem Selbst, dessen Symbol das All ist, die spirituelle und kreative Fülle eines resonierenden Wesens.

Kapitel 12

Der astro-psychologische Ansatz zur Selbsterziehung

Der Weg des Chela

In den vorausgegangenen Kapiteln wurde der Begriff »Persönlichkeit« in dem Sinne definiert, wie er in der Tiefenpsychologie gebraucht wird, vor allem seit seine Bedeutung von Jung geklärt wurde. Die Persönlichkeit ist der Gesamtmensch — Körper und Seele, Bewußtsein und Unbewußtes. Er wird als ein organisches Ganzes angesehen, das in der Lage ist, ausgeglichen auf seine physische und psychische Umgebung zu reagieren, das aber auch ebenso zu einer kreativen Selbstbestimmung und zu bewußten Entscheidungen fähig ist. Der »Individualität« einer Persönlichkeit entsprechen an sich ihre Eigenschaften der Untrennbarkeit, Einheit und der zumindestens relativen Einmaligkeit. Folglich bezieht die Individualität sich auf eine bestimmte *Struktur* der Persönlichkeit. Das Ich ist der »Name« der Persönlichkeit, und zwar insofern, als es sich von anderen Persönlichkeiten unterscheidet. Es bringt die Individualität der Persönlichkeit zum Ausdruck und ihre ganz besondere Form struktureller Stabilität. Das Ich ist ein Symbol für Einheit und für die Gefühlsqualität, welche mit all den bewußten Erfahrungen gedanklich verbunden wird, die sich um diese Erkenntnis der individuellen Einheit und Benennbarkeit bewegen.

Das Kind lernt sich selber als Ich kennen, indem es alle seine sich ständig verändernden Sinneswahrnehmungen, Stimmungen und organischen Gefühle auf ein inneres Prinzip der Stabilität und Dauer bezieht. Dieses Prinzip bringt alles, was erlebt wird in Einklang. Jeder Organismus wird von Lebensenergie beseelt, die ihn rhythmisch durchkreist und die Vollständigkeit seiner Struktur trotz der ständigen Veränderungen, welche durch Erweiterungen und Belastungen der Außenwelt hervorgerufen werden, aufrechterhält. Aus genau diesem Grunde basiert das Ich–Gefühl nicht nur auf einem Empfinden der inneren strukturellen Stabilität, sondern auch auf einem dynamischen Gefühl der individualisierten Stärke. Das Ego ist nicht nur »ich«; es ist eben auch das »bin«, welches mit dem »Ich« assoziiert wird — das »ich bin«. Das Ich–Gefühl wird jedoch durch innere und äußere Erfahrungen ständig umgewandelt, von emotionalen Reaktionen verzerrt und von inneren Stimmungen wie Begierde, Größenwahn oder Furcht aufgestachelt. Folglich ist das »ich bin« im normalen Alltag gedanklich immer mit einem »Dies« oder »Jenes« verbunden: ich bin ärgerlich —ich fühle mich gut — ich bin krank — ich habe Angst — ich bin verliebt usw. Tatsächlich ist die Verwirklichung dieses »Ich bin«, ohne durch irgendein Gefühl oder eine Vorstellung festgelegt zu sein, sehr schwierig. Darin liegt das Ziel vieler spiritueller Übungen, z.B. beim Hindu–Yoga oder der Neugeistbewegung.

Wenn eine Erfahrung das Bewußtsein erreicht und eine sofortige Reaktion in Form von Abscheu, Angst, Befremdung oder Unerträglichkeit auslöst, dann ist es der Erinnerung an diese Erfahrung oft nicht erlaubt, in dem vom Ego beherrschten »Bewußtseinsfeld« zu verbleiben. Sie sinkt unter die Schwelle des Bewußtseins in das *persönliche* Unbewußte. Das Unbewußte enthält ebenfalls viele Faktoren, die, subjektiv wie auch objektiv, zu erfahren dem Individuum bisher versagt geblieben sind. Diese *bislang nicht erlebten* unbewußten Kräfte sind generisch und kollektiv. Sie sind »generisch«, wenn sie auf unsere »allgemeine Menschlichkeit« verweisen, d.h. auf alle Faktoren, die von Geburt an jedem Menschen vererbt werden und in jedem angelegt sind, einfach kraft der Tatsache, daß er »Mensch« ist. Es handelt sich dagegen um »kollektive« Faktoren, wenn diese das Ergebnis rassischer, sozialer und kultureller Erfahrung von zahllosen Generationen und Ahnen sind. Somit bezieht sich das generische Unbewußte auf jene organischen und spirituellen Eigenschaften, denen das Kind begegnet, während es durch Liebe und Kreativität, Krankheit und Leiden zu einer reifen Persönlichkeit heranwächst, oder in jeder anderen Form, in der latente menschliche Kräfte in ihm als bewußtes Wesen gegenwärtig werden. Auch die Inhalte des kollektiven Unbewußten — die sozialen und kollektiven Archetypen im Sinne C. G. Jungs — lernt das eigenständige Einzelwesen kennen, denn es entwickelt sich inmitten einer sozio-kulturellen Umgebung, aus der es sich seelische und geistige Nahrung holt (und schließlich einverleibt und verdaut). Selbstverständlich werden nicht *alle* dieser Inhalte des kollektiven Unbewußten aufgenommen, noch begegnet ihnen jeder Mensch in seinem bewußten Erleben. Aber je mehr solcher Inhalte des kollektiven und generischen Unbewußten assimiliert werden, umso reicher wird die reife Persönlichkeit sein.

Der Reifungsprozeß der Persönlichkeit ist sehr langanhaltend und schwierig. Er ist auch gefährlich. Persönlichkeit als höchster Wert und als ein Kennzeichen von Ausstrahlung, Kreativität und Unabhängigkeit ist ein Ziel, das sich nur erreichen läßt, wenn der Betreffende einen Zustand von »Bestimmtheit, Ganzheit und Reifung« (C. G. Jung)[62] erlangt. Das heißt, dadurch daß der bio-psychische Organismus integriert und spannkräftig, zur Ausdauer fähig und mit dynamischer Stärke ausgestattet wird, kann er sich selbst mit Hilfe dieser eigenen Kraft schützen und sich in und mit der Gesellschaft reproduzieren. Wenn der Psychologe von »*der* Persönlichkeit« spricht, dann meint er diesen bio-psychischen Organismus, der vom Ich im Körper gegliedert wird und eine funktionelle Einheit entfaltet. Bezieht er sich auf die »Persönlichkeit«, dann meint er die Eigenschaft, die von dem relativ reifen und dynamischen Individuum ausstrahlt — in gewissem Sinne das gefeierte »Es« von Film- und Bühnenberühmtheiten, jene Macht der »Projektion«, die große Darsteller ausmacht, sei es im Show-Business oder in der Polit-Szene.

Persönlichkeit ist ein erstrebenswertes Ideal. Es ist ein Ideal, genauso wie Heiligkeit in der Religion oder »Adeptschaft« im Okkultismus wichtige Leitbilder sind. Keines dieser Wunschziele kann in der frühen Jugend erreicht werden (läßt man die Möglichkeit »göttlicher« Verkörperungen außer acht), obgleich das Entwicklungspotential ab dem Jugendalter mehr oder weniger deutlich nachgewiesen werden kann. Außerdem kann jede Person, die einen Hang zu Selbstbehauptung, unabhängigem Denken und intensiven Gefühlen zeigt, zu einer Persönlichkeit »erzogen« werden. Aber *wie, von wem und zu welchem Zweck?* Bei der Suche nach Antworten auf diese einschlägigen Fragen, begegnet man vielen Schwierigkeiten. Die Antworten liegen nicht auf der Hand; ihre Triftigkeit muß sorgfältig abgewogen werden, nicht nur in genereller Hinsicht, sondern auch in Anbetracht der historischen Entwicklung und der kulturellen Bedürfnisse einer Gesellschaft zum entsprechenden Zeitpunkt, und darüberhinaus noch im Hinblick auf *die Bereitschaft des Individuums*, sich zu einer Persönlichkeit erziehen zu lassen.

Ich werde nachher ganz kurz drei verschiedene Antwortkategorien aufzeigen, wie sie von dem alten orientalischen »spirituellen Lehrer«, dem Tiefenpsychologen und dem vorläufig noch nicht klar definierten Astro–Psychologen vorgeschlagen werden. Der Astro–Psychologe würde versuchen, die in der Astrologie enthaltenen Möglichkeiten zur Selbsterziehung mit den Einstellungen der Jungschen oder Künkel'schen Psycholgie zu kombinieren. Aber zunächst werde ich das geschichtliche Bild nachzeichnen, das unsere heutige, typisch westliche Gesellschaft darbietet, wobei ich mich auf die Gesichtspunkte beschränke, die das Verhältnis von Gesellschaft und Persönlichkeit betreffen.

Die Beziehung der Persönlichkeit zur Gesellschaft muß immer als ein wesentlicher Hintergrund für jede praktische Anwendung von psychologischen Ideen und Techniken angesehen werden, denn kein Individuum lebt in einem Vakuum. Kein Mann und keine Frau wird jemals als individualisierte und reife Persönlichkeit geboren. Jedes Individuum muß der kollektiven

Gebärmutter der Gesellschaft entschlüpfen — und zwar oft mit Gewalt! Auf seinem Werdegang wird es den Abdruck der Konditionierung spüren, die es auf dem Weg zu dieser Seinsstufe erhielt und welche die weiteren Bedürfnisse der Person festlegt. Die Erziehung der Persönlichkeit ist einerseits eine Erziehung aus der sozio-kulturellen Kollektivität der Gesellschaft heraus, in der man lebt und sein eigenes Ziel anstrebt. Andererseits ist es aber auch eine Erziehung auf der Basis der historischen Errungenschaften der betreffenden Gesellschaft. Dies klingt wie ein Paradoxon; aber in gewissem Sinne beruht jede psychologische Entwicklung auf der Paradoxie, auf einer Aussöhnung von Gegensätzen — eine Tatsache, die den Alten wohl bekannt war.

Vor allem seit Beginn der industriellen Revolution wurden die Bedingungen menschlichen Lebens radikal umgeworfen. Unsere moderne Gesellschaft ist (psychologisch gesprochen) charakterisiert durch den ständigen Druck, den sie auf die »Entpersönlichung« des gewöhnlichen Menschen ausübt. Dies wird in den Vereinigten Staaten vielleicht am deutlichsten, trotz der Tatsache, daß Individualismus die Grundlage unseres Sozialsystems ist, oder vermutlich gerade deswegen. Warum? Weil Menschen, die vorwiegend damit beschäftigt sind, das Recht auf ihre eigene Meinung und Entscheidung zu behaupten, und die sich als von den anderen abgesondert »empfinden«, weder die substantielle Grundlage noch die nötige Zeit und Konzentrationskraft haben, um sich ihre eigene Persönlichkeit aufzubauen — was ein langsamer und schmerzbringender Prozeß natürlichen Wachstums ist. Bei dem eigentümlichen Optimismus und der ideologischen Naivität des Durchschnittsamerikaners gibt es in der augenblicklichen Übergangsphase meist wenig Verständnis für das in hohem Maße »tragische« Gepräge des »Individuationsprozesses« (d.h. der Entwicklung und Integration der Persönlichkeit).

Diese Tendenz zur Entpersönlichung des Menschen in der westlichen Gesellschaft heißt aber noch lange nicht, daß die Leute nicht danach trachten würden, sich als selbständige und selbstgewillte Egos zu individualisieren. Es bedeutet vielmehr, daß diese Individuen wie Korken auf den turbulenten Wogen der modernen Gesellschaft und Produktion schwimmen und praktisch keinen Nährboden haben, von dem sie die wirkliche und konkrete Lebenssubstanz aufnehmen könnten, die andererseits aber notwendig ist, um das Wachstum des bio-psychischen Organismus der Persönlichkeit zu fördern. Tagein, tagaus »Ich«, »Ich« zu schreien, verhilft der Persönlichkeit noch lange nicht dazu, reifer zu werden. Es bedeutet nur ein Überstrapazieren des strukturalen Faktors der Gesamtpersönlichkeit. Aber die Struktur kann entweder stark und eindeutig sein, oder aber ... leer.

Was ich Entpersönlichung nenne wird von einem Mangel an Substanz im Leben der Persönlichkeit erwirkt. Diese Substanz, mit der die Persönlichkeit notwenigerweise ernährt werden muß, findet man nicht in eigensinnigen Selbstbehauptungen und stolzen Gesten und Gebärden. Man muß sie durch *bedeutsame Erfahrungen* sammeln. Aber wo soll man sammeln? Aus dem Eingehen echter und vitaler Beziehung — mit seinen Mitmenschen, mit den tief empfundenen Lebensäußerungen seiner eigenen Gruppe und Kultur, mit den Kräften der Natur, mit allem, was auf der Erde und im weiten Universum des Himmels lebt und sich bewegt. Die wichtige Lebenserfahrung der Beziehung — in vertrauter, beständiger und konzentrierter Form — ist der *einzige Weg*, um eine vollkommene und reife Persönlichkeit zu entwickeln.

Ein Bauer hat tatsächlich bei weitem größere Chancen, solch eine vollkommene und reife Persönlichkeit zu entfalten, als ein Fabrikarbeiter oder ein Büroangestellter in einer modernen Großstadt. *Vorausgesetzt*, der Bauer verbleibt in seiner kleinräumlichen Umgebung und führt ein gemütliches, dörfliches Leben mit viel Kontakt zur Erde, den Jahreszeiten sowie zu den anderen Männern und Frauen seiner Gemeinde. Da die Reichweite seiner Aktivität und seines Bewußtseins begrenzt ist, und da er nur auf einfachste Weise individualisiert ist, wird sich die Persönlichkeit des Bauern nicht weit ausdehnen. Innerhalb ihres engen Aktionsradius kann sie jedoch vertieft, erfüllt und herzlich sein, während die Persönlichkeit des Stadtmenschen leer, oberflächlich und nur mit reflektierten Gedanken (aus Fernsehen, Radio und Zeitung) oder Gefühlen (aus Filmen und Seifenopern) angefüllt ist. Die Charakterstruktur des Städters fußt nicht auf einer lebendig erlebten Tradition oder dem fruchtbaren Kampf des Mannes, der auf dem Land lebt und andauernd mit dem tragischen Rhythmus von Geburt und Zerfall in Berührung steht. Der Stadtmensch wird von den gewältigen Mächten eines höchst komplexen sozialen Mechanismus manipuliert und herumgestoßen, die er nicht lebensnah versteht, und auf die er sich nicht signifikant beziehen kann. Deswegen kann er aus seinen Erfahrungen nur Verwirrung und oberflächliche Reize für sich gewinnen. Selbst wenn der Stadtbewohner zufällig an der Spitze der Gesellschaft steht, z.B. als Manager, sind seine Tage so gehetzt, ist sein Geist dermaßen von Konkurrenzkampf und Angst überladen, sind seine Nächte so spannungsgeladen, daß er keine Zeit findet, um als ein menschliches Wesen, als eine Persönlichkeit, zu wachsen.

Damit soll nun aber nicht gesagt sein, daß er sich in den bäuerlichen Status zurückversetzen sollte; bei weitem nicht! In einer Regression zu erdgebundenen Wurzeln kann kein wesentlicher Sinn liegen, außer für kurze Phasen der bio–psychischen Erholung. Gemeint ist vielmehr, daß *eine neue Art von Verwurzelung* gefunden und erfahren werden muß. Diese Wurzel entspricht dem, was ich schon des öfteren als »die den Menschen gemeinsame Humanität« bezeichnet habe — gemeinsam nicht bloß auf der rein biologischen Ebene von Organfunktionen, sondern auch auf der spirituellen Ebene unserer gemeinsamen »göttlichen« Herkunft und unserer gemeinsamen Daseinsbestimmung: die völlige Verwirklichung des »Menschen« durch eine globale und harmonische Gesellschaft, durch eine allumfassende und schöpferische Zivilisation. Der Weg zu dieser Gruppenverwirklichung, an der alle inspirierten und sich der Spiritualität widmenden Männer und Frauen teilnehmen sollten, verläuft über die Persönlichkeitserziehung. Schließlich und endlich, nachdem der reife und kreative Persönlichkeitszustand erreicht wurde, ist es dieser Weg, auf dem die umfassende und pulsierende Persönlichkeit für einen überpersönlichen Zweck gebraucht wird. Ich habe dies an anderer Stelle als den »transpersonalen Weg« bezeichnet.[63] Aber zuvor sollte eine vollkommene Ganzheit der Persönlichkeit erreicht sein.

Was alles unter der Redewendung »Ganzheit der Persönlichkeit« genau verstanden wurde, war in den letzten sechs Jahrtausenden aufgezeichneter Geschichte sehr schwankend und wird es auch bleiben. Vor drei bis vier Jahrtausenden setzten die »Wald–Philosophen« in Indien den Anstoß für die Tradition transzendentalen Denkens, welches später in den *Upanishaden* festgehalten wurde, und betonten die wesenhafte Gleichheit von individueller und universeller Seele. Der Hauptakzent lag auf der persönlichen »Befreiung« aus den knechtenden Fesseln, die einem von den bio–psychischen Strukturen der triebhaften und sozialen Existenz zu jener Zeit auferlegt wurden: Befreiung von den Lastern der Sexualität, Gier und Furcht sowie den Zwängen der starren Rituale einer strikt durchorganisierten Gesellschaft, welche von der Brahmanenkaste kontrolliert wurde.

In der Regel scheitern die im christlichem Denken geschulten Abendländer und Orientalen daran, die volle Bedeutung des hinduistischen Transzendentalismus zu erfassen, so wie er vor den Entstellungen und der schier an Wahnsinn grenzenden geißelnden Aufopferung des Mittelalters (zwischen 200 und 1400 n. Chr.) existierte. Die Waldphilosophen um 2000 v. Chr. waren Männer, die ihre gesellschaftlichen Verpflichtungen erfüllt hatten, und die sich in ihrem letzten Lebensabschnitt darauf vorbereiten wollten, *geachtet und bei vollem Bewußtsein zu sterben*. Dadurch wollten sie ein sozial produktives Erdenleben zu einer bewußt individualisierten und spirituell begründeten Vollendung hinführen. Die Verwirklichung dieses höchsten Zieles war ihrer Ansicht nach der »Samen«, der, nach einer vorübergehenden Zeit des Rückzuges in einen rein subjektiven Seinszustand, die zukünftige Wiederverkörperung auf der Erde festlegte. In diesem Sinne wurde die Persönlichkeit im Tod vollendet, eben in besagtem »individuellen Samen des Bewußtseins«, in dem die Ernte eines erfüllten Erdendaseins mit der geistigen Essenz des unsterblichen Selbst (*Atman*) vereint war. Atman ist unsterblich, weil es von Natur aus eins ist mit dem universellen Selbst, *Brahman.* In späterer Zeit gedieh jedoch die Vorstellung, daß dieser »große Übergang« auch ohne die Auflösung des physischen Körpers vollzogen werden könne. Dem Samen der Lebensvollendung konnte man nun nicht mehr nur im Tod begegnen, sondern zu jedem anderen Zeitpunkt, nachdem man einen bestimmten Grad der persönlichen Reife erreicht hatte. *Sterben zu lernen und dabei am Leben zu bleiben, das war von da ab die Essenz aller spirituellen Lehren.*

In Indien war das Verhältnis des spirituellen Lehrers (Guru) zu seinen auserwählten Schülern (Chelas) sehr persönlich (oder wir sollten vielleicht sagen »überpersönlich«). Der Guru stellte für den Chela eine Personifizierung Gottes dar, und umgekehrt wurde Gott oftmals als *Mahaguru,* der große Lehrer angerufen. Was der Guru hauptsächlich für seinen Chela tun sollte, war:

1. die *generischen* und *kollektiven* Kräfte im Organismus des Chela im größtmöglichen Umfang (unter Kontrolle und innerhalb physisch und psychisch sicherer Grenzen) wachzurütteln. Gleichzeitig behält der Chela ein klares und objektives Bewußtsein von diesen Kräften bei, ebenso auch von seinem eigenen Selbst; mit anderen Worten, der Guru sollte in einem bestimmten Individuum den Menschen erwecken, ohne daß dieser an den Eruptionen der unbewußten Inhalte in seinem Bewußtsein explodierte. Dieser Vorgang vollzieht sich normalerweise sehr langsam. Aus hinduistischer Sicht dauert er viele Leben. Die Ausbildung im Yoga unter der Aufsicht eines Gurus wurde als eine Abkürzung angesehen: eine selbst unter den besten Voraussetzungen gefährliche Abkürzung, aber auch eine, die zu den größten Errungenschaften führen kann, die für einen Mensch wünschenswert sind.

2. Während dieses Prozesses wurde eine große Portion an negativer Energie freigesetzt und es war die Aufgabe des Gurus, diesen »Zündstoff« zu absorbieren, umzulenken und zu kon-

trollieren. Würde man diese Kräfte ohne Aufsicht belassen, dann könnten sie in den meisten Fällen zu einer Persönlichkeitsspaltung, zu Wahnsinn oder Tod führen. Das Resultat dieser Übung war, daß der Chela eine Stufe der »Befreiung« aus seiner eigenen Vergangenheit und derjenigen seiner Rasse (*Karma*) erreichen konnte.

3. Am Ende des Prozesses (oder wenigstens in einer seiner Phasen, denn es handelt sich um einen zyklischen und sehr langwierigen Ablauf) hatte der Guru als eine Art »spiritueller Katalysator« zu dienen, der eine grundlegende psycho–spirituelle Reaktion in der Gesamtpersönlichkeit des Chela ermöglichte. Dies wurde so verstanden, daß sich eine mysteriöse Übertragung von spiritueller Kraft vollzog, und wurde dadurch in symbolischer Form zum Ausdruck gebracht, daß der Guru dem Chela einen »Geheimnamen« verlieh, quasi seinen »Ausweis« in der spirituellen Welt.

Unter einem komplexen Schleier von Symbolik verborgen, handelt es sich hierbei ganz offensichtlich um die drei Grundphasen der menschlichen Metamorphose. Während dieses Geschehens wurde der Chela darauf hingeführt, den Tod zu erfahren, aber auch zu einer folgerichtigen Reintegration der Energien, auf deren Grundlage eine neue spirituell gepolte Persönlichkeit geschaffen wurde. Der Guru spielte bei diesem Vorgang eine wesentliche und unverzichtbare Rolle. Nicht nur, daß er zum Garant für eine relative Sicherheit wurde — vorausgesetzt, daß alles gut verlief; nur er konnte dem Chela ein gewisses Etwas geben, einen Funken oder Samen der Göttlichkeit, der zum Erfolg der Transformation notwendig war. Der Guru war außerdem das Verbindungsglied zwischen dem Chela und der langen Kette von spirituellen Lehrern, die ihm selber vorausgingen. Er band den Chela somit in eine zeitlose Gemeinschaft ein, in der jedes Glied den anderen gleicht und alle eins mit dem Ganzen sind. Der Persönlichkeitsbegriff nimmt ganz neue Dimensionen an, wenn wir ihm die Teilnahme an solch einer Gemeinschaft zugrunde legen. Er beinhaltet all das, was bislang schon zu den Grundzügen spiritueller Aktivität gehörte. Zugleich schaltet er auf der Ebene des bewußten Geistes die mysteriöse Synthese parallel, die sich mit dem befruchteten Ei in der Gebärmutter vollzieht, wenn der Embryo mit der endlosen Linie seiner Vorfahren eins wird, die nochmals in ihm aufleben.

Das antike Konzept von der Persönlichkeitserziehung wurde in einer Unmenge von Mythen und Symbolen ausgedrückt; und es befaßte sich definitiv mit spirituellen Kräften und bio-psychischen Energien. Der sogenannte Okkultismus, der diese mythologischen Darstellungen und alchimistischen Allegorien erbte, setzt sich in der Hauptsache mit dem »Reich der Mächte« auseinander. Hierbei handelt es sich nicht exakt um ein physisches Reich, es wirkt jedoch *durch* den bio-psychischen Organismus des Menschen, und folglich durch die Persönlichkeit in ihrer dynamischen Wesensart. Der Yogi ist nicht an seinem Körper als eine Masse aus Fleisch und Knochen interessiert (und führt diesen Interessenmangel manchmal bis ins sinnlose Extrem), sondern an den generischen oder »astralen« Kräften der Menschheit, die folgerichtig auch in jedem normalen Menschen latent angelegt sind.

Für den Psychotherapeuten Jungscher Schule ist der Körper ein integrierter Bestandteil der Gesamtpersönlichkeit. Aber für sich genommen steht er nicht im Mittelpunkt des Interesses, außer als organische Grundlage für die »psychische Energie« und als gemeinsame Basis für die Wechselbeziehung zwischen Individuen. Die meisten Psychotherapeuten schenken den körperlichen Krankheiten kaum Aufmerksamkeit, außer insofern, als diese direkt mit dem Seelenzustand verbunden sind. Die akuten Fälle überlassen sie dem Psychiater. Es kann kaum zu einem wirklichen Prozeß der Persönlichkeitserziehung kommen, wenn eindeutige körperliche Krankheiten oder akute Mißbildungen ein ungelöstes Problem sind. In der Antike war eine makellose Gesundheit der Organe die Vorbedingung für jede spirituell-okkultistische Ausbildung. Heutzutage hat dieser Schwerpunkt nicht mehr ganz die gleiche Gültigkeit — umso weniger, je stärker der Verstand individualisiert und von körperlich-emotionalen Schlägen unabhängiger wurde. Nichtsdestoweniger ist die Erziehung der Persönlichkeit, auch in ihrer zeitgemäßen Form, dadurch daß das Grundverhältnis von Gesundheit und Krankheit in den meisten Fällen die Gefahrenelemente akzentuiert, noch immer ein ernstzunehmender und relativ gefährlicher Prozeß.

Eine ganze Reihe von C.G. Jungs Aussagen zur Persönlichkeitsentwicklung finden sich in dem Vortrag VOM WERDEN DER PERSÖNLICHKEIT[64], aus dem ich hier einige entscheidende Passagen zitieren möchte:

> Zur Persönlichkeit kann man niemand erziehen, der sie nicht selber hat. Und nicht das Kind, sondern nur der Erwachsene kann Persönlichkeit erreichen als reife Frucht einer auf dieses Ziel eingestellten Lebensleistung. Denn in der Erreichung der Persönlichkeit liegt nichts Geringeres als die bestmögliche Entfaltung des Ganzen des Einzelwesens. Es ist gar nicht abzusehen, was für eine unendliche Zahl von Bedingungen hiezu zu erfüllen sind. Es ist ein ganzes Menschenleben mit allen seinen biologischen, sozialen und seelischen Aspekten hiezu nötig. Persönlichkeit ist höchste Verwirklichung der eingeborenen Eigenart, der absoluten Bejahung des individuell Seienden und der erfolgreichsten Anpassung an das universal Gegebene bei größtmöglicher Freiheit der Entscheidung. Jemanden dazu zu erziehen, scheint mir keine geringe Sache zu sein. Es ist wohl die größte Aufgabe, die sich die moderne Geisteswelt gesetzt hat. Eine gefährliche Aufgabe fürwahr....
>
> Niemand entwickelt seine Persönlichkeit, weil ihm jemand gesagt hat, es wäre nützlich oder ratsam, es zu tun ... Ohne Not verändert sich nichts, am wenigsten die menschliche Persönlichkeit. Sie ist ungeheuer konservativ, um nicht zu sagen inert. Nur schärfste Not vermag sie aufzujagen ... die Entwicklung der Persönlichkeit aus ihren Keimanlagen zur völligen Bewußtheit ist ein Charisma und zugleich ein Fluch: ihre erste Folge ist die bewußte und unvermeidliche Absonderung des Einzelwesens von der Ununterschiedlichkeit und Unbewußtheit der Herde. Das ist Vereinsamung, und dafür gibt es kein tröstliches Wort ... sie heißt auch: Treue zum eigenen Gesetz ... Persönlichkeit nämlich kann sich niemals entfalten, ohne daß man bewußt und mit bewußter moralischer Entscheidung den *eigenen Weg* wählt ... Echte Persönlichkeit hat immer Bestimmung und

glaubt an sie, hat pistis zu ihr, wie zu Gott, obschon es, wie der gewöhnliche Mann sagen würde, nur ein individuelles Bestimmungsgefühl ist. Diese Bestimmung wirkt aber wie ein Gesetz Gottes, von dem es kein Abweichen gibt. Die Tatsache, daß sehr viele an ihrem eigenen Weg zugrunde gehen, bedeutet dem, der Bestimmung hat, nichts.

Bestimmung zu haben heißt im Ursinn: *von einer Stimme angesprochen sein.* ... Nicht wenigen aber geschieht es, auch in diesem unbewußten Sozialzustand von der individuellen Stimme aufgerufen zu werden, wodurch sie sofort von den anderen unterschieden sind und sich vor ein Problem gestellt fühlen, um das die anderen nicht wissen ... Die Stimme des Inneren ist die Stimme eines volleren Lebens, eines weiteren, umfänglicheren *Bewußtseins.* Daher fallen im mythologischen Sinne die Heldengeburt oder die symbolische Wiedergeburt mit dem Sonnenaufgang zusammen, weil das Werden der Persönlichkeit gleichbedeutend ist mit einer Vermehrung der Bewußtheit.

Insofern jedes Individuum sein ihm eingeborenes Lebensgesetz hat, hat jeder die theoretische Möglichkeit, diesem Gesetz vor allem zu folgen und damit zur Persönlichkeit zu werden, das heißt Ganzheit zu erlangen ... Nur wer bewußt zur Macht der ihm entgegentretenden inneren Bestimmung ja sagen kann, wird zur Persönlichkeit; wer ihr aber unterliegt, verfällt dem blinden Ablauf des Geschehens und wird vernichtet.

In dem Maße, als man, dem eigenen Gesetz untreu, nicht zur Persönlichkeit wird, hat man den Sinn des Lebens verpaßt. Glücklicherweise hat die gütige und langmütige Natur den meisten Menschen nie die fatale Frage nach dem Sinn ihres Lebens auf die Zunge gelegt. Und wo niemand fragt, braucht keiner zu antworten.[65]

Diese kurzen Auszüge, auch wenn sie nicht im Detail schildern, »wie« sich die Persönlichkeit entwickelt, sollten doch wenigstens behilflich sein, die psychologische Fragestellung näher zu umreißen. Die von Jung ausgesprochenen Warnungen über die Ernsthaftigkeit dieses Problems, werden von Künkel wiederholt. Sie lassen ähnliche Mahnungen widerhallen und werden in den Furcht einflößenden und strengeren Begriffen des Okkultisten, Theosophen oder sogar Freimaurers gefaßt, die sich (auf eigene, aber verwandte Weise) genauso mit diesem Schlüsselproblem allen menschlichen Lebens befassen: der Geburt einer integralen Persönlichkeit, in welcher der individuale Geist dem Blüte tragenden bio–psychischen und sozio–kulturellen Leben begegnet und sich mit ihm vereint. Künkel schreibt hierzu folgendes:

> Niemand sollte sich ohne dringende Notwendigkeit dazu verlocken lassen, sich in diesen Aufruhr von Schöpferkraft und Vergeistigung zu stürzen. Wenn man dort verweilen darf, wo man ist, sollte man lieber bleiben. Keine Neugierde, kein wissenschaftlicher Zweck, keine moralische Pflicht gibt uns das Recht oder auch nur die Möglichkeit, das Purgatorium der Tiefenpsychologie zu durchschreiten. ... Was ist das Mindestmaß an Forderungen für jene, die diesen Versuch machen möchten? Von der religiösen Seite aus sind zwei Dinge nötig. Als erstes der Glaube oder zumindest das Ahnen, daß es »eine unsichtbare Ordnung gibt oder geben kann, und daß unser höchstes Gut darin besteht, daß wir uns ihm harmonisch anpassen«, wie William James es ausdrückt; als zweites eine gewisse Unvoreingenommenheit gegenüber Gott, womit unsere Bereitschaft gemeint ist, Gott zu gestatten zu sein, wie er sein will, und nicht wie wir es von ihm nach unseren Auffassungen, Theologien und Bekenntnissen erwarten (und nach unserer Bibelauslegung, die wir für die einzig richtige halten). Wir sollten ihm Gelegenheit geben, um etwas Neues über sich zu sagen. Psychologischerseits brauchen wir einen gewissen Grad von persönlichem Leid, worauf wir schon hingewiesen haben, und eine gewisse Bereitschaft, einzugestehen, daß etwas in unserer inneren Struktur falsch ist. Wenn diese vier Forderungen noch nicht erfüllt sind, so sollten wir warten. Es bedarf keiner Eile, denn die innere Situation wird besser vorbereitet, wenn wir einige Jahre später beginnen. Und dazu ist es niemals zu spät.[66]

Warum diese Warnungen? Weil sich alle dunklen Mächte des Unbewußten in dem Erweckungsprozeß Luft verschaffen, der auf jede Begegnung mit einem echten Guru, die erste Beratung durch einen Psychoanalytiker oder das eigene Einlassen auf die »innere Stimme« folgt. Alles — ob gut oder schlecht — wird angeregt, wenn wir eine ganzheitlichere Bewußtheit suchen. Und weil wir es nur mäßig bewerkstelligen, die Erinnerungen an Mißerfolge oder vielleicht böse Gedanken und Handlungen in unserer Gesamtpersönlichkeit zu ignorieren (indem wir sie in unser Unbewußtes zurückdrängen), treten gerade jene als erstes in Erscheinung. Dies kann zu Panikstimmung führen — oder sogar zu der Konfrontation mit dem gräßlichen »Hüter der Schwelle«. Aber weh dem, der vor dem Schrecken zurückweicht und den Wachstumsprozeß umkehren möchte! Sobald die Pforte des Unbewußten vorsätzlich geöffnet wurde, sobald dem Ruf der inneren Bestimmung geantwortet wurde, gibt es nur noch den Weg nach vorn.

Dies ist nicht ausschließlich Gegenstand der Psychologie. In der Tat ist es allmählich an der Zeit, daß die Astrologen endlich einsehen, daß auch sie (sei es nun bewußt oder auch nicht), mit Lebensenergien und unbewußten Mächten zu tun haben, *sobald sie damit anfangen, sich ihrem eigenen Leben vom Horoskop her zuzuwenden;* desgleichen gilt, wenn sie die Verantwortung auf sich nehmen, Freunden und Klienten Ratschläge auf astrologischer Basis zu erteilen. Vom Jungschen Standpunkt aus kann das Geburtsbild als »ein Archetypus des Unbewußten« aufgefaßt werden. Es ist ein sichtbares Protokoll der inneren Stimme, eine von Gott ausgearbeiteter Entwurf dessen, was wir werden könnten (und folglich auch werden *sollten*). Aufdaß wir diese Blaupause, diesen symbolischen Namen für unsere erfüllte Persönlichkeit, ernsthaft berücksichtigen und ihr eine maßgebende Bedeutung in unserem alltäglichen Leben verleihen. Damit wir uns selber als eine greifbare Verkörperung ihrer strukturellen Harmonie erleben — und dies ist tatsächlich der bedeutendste, vitalste und am wenigsten umkehrbare Schritt.

Wagen wir diesen Schritt, dann beschwören wir Schatten und Licht in uns herauf. Was immer in unserem Horoskop angelegt sein mag, *es wird in unserem tatsächlichen Leben viel stärker betont werden als zuvor.* Wir leiden mehr. Wir erfahren tiefere Schichten unseres Seins. Wir lernen die Furcht mit neuen Gesichtern kennen. Wir werden nach allen Richtungen deutlicher zu dem, was wir potentiell sind. Niemand, der den astrologischen (oder psychologischen) Pfad der Persönlichkeitserziehung beschreitet, sollte dies jemals vergessen. Wer diesen Weg einschlägt, ohne für das auf dem Spiel stehende bereit oder sich dessen wenigstens bewußt zu sein, der fordert die innere Katastrophe und das äußere Scheitern gleichzeitig heraus.

Selbsterziehung und ihre Gefahren.

Sowohl in dem alten System der Persönlichkeitserziehung mittels *Yoga*, wie auch in der neuen Technik der Psychotherapie und Psychosynthese, wird großer Nachdruck auf die Rolle gelegt, die der spirituelle Lehrer und Führer — oder der Psychologe — bei der »Befreiung« von den Fesseln der Vergangenheit, bei der »Assimilation« der Inhalte des generischen und kollektiven Unbewußten, und bei der »Vereinigung« mit der spirituellen Quelle bzw. dem Selbst, spielt. Es gibt verschiedene Gründe, warum man glaubt, daß bei der Persönlichkeitserziehung ein Ausbilder (engl. *educator*) erforderlich ist (jemand, der »ausführt«, was *e–duco* in seiner Grundbedeutung heißt). Auf der anderen Seite ist es äußerst schwierig, genügend geeignete »Ausbilder« zu finden, wenn die Anzahl der Individuen mit der Bereitschaft, den Weg der *bewußten und verantwortungsvollen* Persönlichkeitsentwicklung einzuschlagen, sehr groß ist. Denn dieser persönliche Führer und Erzieher braucht geistige Fähigkeiten, ein starkes Verantwortungsgefühl und sehr viel Verständnis und Einfühlungsvermögen, was alles zusammen sehr selten auf einmal anzutreffen ist. Und wie Jung schon sagte: »Zur Persönlichkeit kann niemand erziehen, der sie nicht selber hat.«[67]

Infolgedessen hat eine Reihe von Psychologen, Fritz Künkel allen voran, versucht, Prinzipien und Methoden zu formulieren, damit Selbsterziehung zur Persönlichkeit ein annehmbarer und nicht zu gefährlicher Prozeß wird. Die Astrologie ist im Zusammenhang mit der Selbsterziehung von besonders großem Wert, auch wenn ihre Verwendung zur Vervollkommnung einer reifen und schöpferischen Persönlichkeit niemals ohne Gefahren und Fallgruben ist. Eine bessere Vorstellung der möglichen Hindernisse auf dem Weg der astrologischen Selbsterziehung können wir gewinnen, wenn wir Künkels Erörterung der von ihm so genannten »religiösen Selbsterziehung« näher betrachten — vorausgesetzt wir sind uns im klaren darüber, daß in seiner Sichtweise das dramatische Element überbetont wird.

Der erste Hemmschuh ist die *Ichhaftigkeit der Motivation*, die einen daran hindert, einen bewußten und entschlossenen Erziehungsprozeß der Persönlichkeit einzuleiten. Künkel hierzu:

> Besonders gefährlich ist die ichhafte Beimischung in unseren sozialen, moralischen und religiösen Zielen. ... Das Motiv muß persönlich, aber nicht ichhaft sein. Die reife unegoistische Persönlichkeit ist das Ziel. Gott fragt nach der Person mehr als nach der Sache. ... Der einzige würdige Beweggrund wäre dann Gottes eigener Befehl, die Stimme, die Jona befahl, nach Ninive, und Jesus, in die Wüste zu gehen, um dort versucht zu werden. Aber wir sind heutzutage ziemlich taub für die Stimme des Herrn oder wir verwechseln sie mit den Anregungen durch eigenes unbewußtes ichhaftes Begehren. ... Glücklicherweise spricht Gott in vielen Sprachen. ... Die Sprache, die wir am besten verstehen ist das Leid. ... Das Leiden sollte uns dessen bewußt machen, daß es ein höheres Ziel gibt und daß weiteres Leiden unser wartet, wenn wir dieses Ziel verfehlen. ... Der entscheidende Punkt ist, daß das Ziel unserer Selbsterziehung nicht eine willkürliche Vorstellung sein darf von dem, was wir uns wünschen. Es geht um das eigentliche Ziel der Geschichte, um den Willen Gottes.[68]

Mit anderen Worten, das Ziel der Selbsterziehung lautet, sich als Einzelperson voll und ganz dessen bewußt zu werden, was wir potentiell im Plan des göttlichen Geistes sind. Es geht darum, das Gesetz unseres individualen Seins, unsere Bestimmung zu erfüllen; unseren ganz persönlichen Platz im Universum und der Menschheit zu finden. Oder wie es in den mystischen Geboten der Alten hieß: »Erkenne Dich selbst!« bzw. »Werde was Du bist!« Die grundlegende Methode zur Erwirkung dieses Ziels lautet *Zusammenarbeit mit dem Leben* (Künkel)[69], indem wir herausfinden, »wie der rechte Schritt, die schöpferische

Antwort in jeder gegebenen Lebenslage sein soll.«[69] Wenn dem wirklich so ist, dann wird die Astrologie von unschätzbar großem Wert, denn das Geburtshoroskop verdeutlicht symbolhaft das individuelle Lebensgesetz, also das, was wir von Natur aus »sind«. Durch das Horoskop können wir uns selber erkennen. Indem wir unsere astrologischen Progressionen und Transite ermitteln und darüber meditieren, indem wir Stundenhoroskope erstellen, um »den rechten Schritt in jeder Lebenslage« zu entdecken, sollten wir bei der »Zusammenarbeit mit dem Leben« und beim eingehenden und bewußten Verständnis aller seiner Widersprüche erfolgreich sein können.

Künkel geht nicht näher auf die Astrologie ein, aber die »ernsthaften Einwände«, die er auf dem Weg einer solchen »Zusammenarbeit« anführt, passen genausogut auf jeden, der Astrologie als Technik zur Selbsterziehung anwendet.

> Durch Selbstanalyse, heißt es, werden wir noch ichhafter. Selbstprüfung führt uns in alle Formen von Eitelkeit, bis schließlich unsere Hauptbeschäftigung darin besteht, Tagebuch zu führen, und unser ausschließliches Interesse, ein möglichst außergewöhnlicher Fall darin zu sein. Antwort: Das stimmt, wenn das Urmotiv zu ichhaft war, aber wenn Schlaflosigkeit oder Ehenot den Antrieb gaben, so können wir sicher sein, daß uns unsere Leiden und Sorgen daran hindern, ein interessanter Fall zu werden. Deshalb wäre es besser zu warten, bis die Lage unangenehm genug ist.[70]

Es besteht also anders ausgedrückt tatsächlich die Gefahr, daß ein ausgedehntes Erforschen der eigenen Reaktionen und psychologischen Probleme zu einem noch schlimmeren »Krampf im Unbewußten« führen kann, es sei denn die Antriebe zu einer unbeaufsichtigten Selbstbetrachtung entspringen der untragbaren Lebenssituation oder innerer Unzufriedenheit. Ich möchte dem noch ergänzend hinzufügen, daß man sich nicht nur gegen Egozentrik (in der herkömmlichen Wortbedeutung) absichern muß. Sondern auch gegen eine Verengung der Bewußtseinsstrukturen, eine »Ego–itis« (Aufflammen des Egos!)

aufgrund einer zu subjektiven und starren Konzentration auf die Lebensprobleme.

Diese Gefahr wird durch den Kontakt mit einem guten Psychologen und vor allem einem echten Guru verringert, denn dadurch nimmt das Individuum an einer breiter angelegten Lebensperspektive anteil, selbst wenn es sich nur auf sein eigenes Leben konzentriert. Seine Probleme und Träume werden ausgedehnt und universell und erhalten durch die Interpretation des Lehrers und Gurus einen weiter gefaßten Bezugsrahmen. Schließlich lernt der Schüler, sich durch die Augen des Lehrers wahrzunehmen; und genau diese äußerst wertvolle Objektivierung des Ichs durch die vorübergehende Identifizierung mit einem weisen und mitfühlenden Lehrer fehlt dort, wo es nur die Selbsterziehung gibt.

Der einzige Ersatz für einem leibhaftigen Lehrer, mit dem sich Gedanken und Gefühlsströmungen austauschen lassen, ist einerseits eine idealisierte spirituelle Persönlichkeit (Christus oder ein Meister), die zu einer Art Prüfstein für die eigenen Werte wird; denn so real ist der Glaube an das, was diese Identifikationsfigur für den Schüler verkörpert. Die andere Möglichkeit ist der astrologische Sternenhimmel: *ebenfalls eine ideale (aber abstraktere) Personifizierung der universellen Ordnung und göttlichen Intelligenz.* Hierbei liegt die Gefahr allerdings darin, sich ein »Idol« zu schaffen, und es *an die Stelle der lebendigen Wirklichkeit zu setzen.* Dies ist eine gefährliche Klippe für den übereifrigen Schüler der Astrologie, der sich schon bei seinen kleinsten Problemen auf sein Horoskop und seine Progressionen beruft, oder ständig Stundenhoroskope berechnet, bevor er überhaupt etwas unternimmt. Wer so vorgeht, ersetzt die eigene *innere* Erfahrung durch ein *externes* Bild, und wird von einem Symbol abhängig.

Kein guter Psychotherapeut oder geistiger Lehrer wird ein derart abhängiges Verhalten in seinem Klienten oder Schüler bekräftigen und verstärken. Auf dieselbe Weise sollten Horoskope für die eigene Selbstausbildung benützt werden: einzig und allein als eine Art »Berufungsinstanz«, an die man sich wendet, um einen besonders verworrenen Präzedenzfall zu schlichten. Man sollte Gott keine Fragen stellen, die man sich selber aufrichtig beantworten kann. Was man jedoch tun kann, ist für sich selbst ein Bezugssystem zu schaffen, an welches man das Problem beinahe automatisch für eine objektive Aufklärung und Erläuterung überweisen kann, sodaß es sich *sub specie aeternitatis* betrachten läßt — d.h. hinsichtlich der Muster aller Lebenszyklen, den kleinen, wie den großen (»ewiges« Sein ist in konkreten Worten nichts anderes als ein *vollständiger* Zyklus).

Künkel bringt ein noch sehr viel ernsteres Hindernis zur Sprache, das einem auf dem Weg der psychologischen Selbsterziehung entgegentreten kann: die Integration der Gesamtpersönlichkeit. Und hier nähern wir uns der ziemlich verwirrenden Vorstellung dessen, was Jung den Schatten nannte. Das Konzept scheint auf den ersten Blick ziemlich einleuchtend zu sein, aber es wird recht verschwommen, sobald man es mit der kontroversen und vieldeutigen Vorstellung des »Bösen« in Beziehung bringt, oder gar damit gleichsetzt (wie Künkel und eine Reihe Jungscher Psychologen es tun). In den Augen Künkels bedeutet die Integration der Persönlichkeit

> ... die Annahme und Assimilation unbewußter Inhalte, wie zum Beispiel verdrängter Wünsche und unentwickelter Fähigkeiten, in unser Bewußtes. Wie können wir das tun? Unser Ich möchte die Dinge, die es zerstören wollen, nicht sehen. Sein Widerstand gegen die Eroberung des Unbewußten ist ein Kampf um seine Existenz. Nur ein objektiver Helfer, ein Psychologe, ein moderner Beichtvater kann diesen Widerstand brechen.
>
> Antwort: Das wäre richtig, wenn es nur ein Böses, einen Schatten, eine Finsternis gäbe. Aber das Böse ist immer mannigfach und seine verschiedenen Formen sind widersprechend und widerstreitend. Mit der Zeit wird der Schatten, zum Beispiel die Reizbarkeit, bis zu dem Punkt anwachsen, an dem wir uns mit seinen Tendenzen identifizieren werden: ›Ich bin wütend!‹ und dann wirst du dein früheres Ich verleugnen und verdammen, desgleichen die Sanftmut und Selbstzufriedenheit des Pseudo-Christen. Der Schatten und sein Ich sind in gleicher Weise böse, sie tadeln sich gegenseitig, damit sie die verborgene Scheußlich-

> keit ans Licht bringen. Alle unsere unbewußten Fehlentwicklungen und Begabungen werden bewußt, wenn wir gegen uns selbst wüten — das ist der eigentliche Sinn des Wortes *Krise*. Außer der Leidensbereitschaft, dem Mut und der Geduld brauchen wir noch eine gute, schlichte und klare Psychologie des Unbewußten, gleichsam eine Zoologie, die uns lehrt, wie wir mit den wilden Tieren unseres unbewußten zoologischen Gartens umzugehen haben. Dann wird unser Mut zum Glauben größer, und schließlich werden wir fähig sein, mit den Löwen in Daniels Grube fertig zu werden. Unser unbewußter Widerstand ist umso stärker, je weniger Glauben wir haben und umgekehrt.[71]

Diese Antwort, basierend auf Künkels doch fragwürdiger Definition des Ichs, läßt noch viele Punkte ungeklärt. Vor allem erzählt sie nichts darüber, was der nach Vollkommenheit seiner Persönlichkeit Strebende auf seiner Suche nach Licht tun wird, wenn er mit den erwachenden Kräften seines generischen und kollektiven Unbewußten, mit den rachsüchtigen Gespenstern, welche die Unterdrückungen und Ängste in seinem Seelengrund erzeugt haben und mit all der Finsternis unvermeidbarer Kompensationen konfrontiert wird. In den meisten Fällen wird die Reaktion auf die dunklen Wurzeln der Psyche nicht so energisch sein, daß der einsame Wanderer auf dem Pfad der Selbsterziehung nicht damit zurecht käme. Aber häufig können die Konfrontationen doch ziemlich schrecklich sein. Eine spirituelle Gegenmaßnahme ist nötig, und zwar von einer Person, die für den zerstreuten Sucher nicht nur Licht und Weisheit verkörpert, sondern mit der Kraft des Lichtes umgehen und die »göttliche Gnade« kanalisieren und konzentrieren kann. Dabei sollten wir im Moment die Bedeutung von »Gnade« sowohl in der okkult-mystischen Bedeutung (etwa des Sufismus), als auch im Sinne der religiösen Tradition erörtern.

Das Hauptproblem, mit dem wir zusammenstoßen, liegt folglich in der archetypischen Figur des Schattens, der Jungschen Version dessen, was die Okkultisten als die »dunklen Mächte« bezeichneten. Jung stellte fest, daß man sich selber in seinem Schatten begegnet. Frances Wickes fügt in THE INNER WORLD OF MAN hinzu: »Der persönliche Schatten ist die negative Seite des Ich–Bewußtseins. Er richtet sich gegen das dunkle Unbekannte ... verdüstert und verwirrt unsere ichhaften Entscheidungen. Er enthält außerdem die Kraft der dunklen Mächte, die wir in unserem Leben brauchen sowie die negative Intuition.«

Das Wesen des Schattens läßt sich abstrakt verstehen, wenn man erkennt, daß das Ich eine Struktur ist, und daß jede Struktur (oder Form) die Welt in ein Inneres und ein Äußeres aufgliedert. Das Bewußtsein ist der innere Gehalt der Ich–Struktur; das Unbewußte die sie umgebende äußere Dunkelheit. Der Schatten ist das Ergebnis, wenn man aus dem erhellten Raum des Ichs über die Schwelle an die dunkle Außenseite tritt. Kehrt man dem beleuchteten Bereich den Rücken zu, dann empfindet man die äußere Dunkelheit wie einen »schwarzen Spiegel« (in der Art, wie er von Malern verwendet wurde, um einen Sinn für Form, Licht und Schatten zu bekommen, ohne den Glanz der farbigen Oberfläche). Dieser schwarze Spiegel reflektiert die Ich–Gestalt, ohne das Licht und den Glanz der üblichen bewußten Empfindungen über sich selbst. Diese Gestalt ist der Schatten, ein rauhes, unfreundliches und erbarmungsloses Bild dessen, was einen von der Welt absondert und einen dazu zwingt, der sonderbaren und einsamen Straße zu folgen, die mit den karmischen Folgen früherer Frustrationen, Ängste und Übeltaten gepflastert ist. Während wir klar und deutlich sehen, was aus unserem Ich, dadurch daß es in den Mauern unserer Unsicherheit und Furcht eingesperrt war, geworden ist, werden wir uns aber auch bewußt, daß es sich in »den Schatten« umgedreht hat; dies kann eine ernüchternde, manchmal aber auch eine sehr erschreckende Erfahrung sein.

Im Verlauf der Persönlichkeitsbildung ist dies ein beinahe unvermeidbares Erlebnis, denn es gibt keine Integration und Vollendung der Persönlichkeit ohne eine letztendliche Aufnahme der Kräfte, die außerhalb unserer eingemauerten Ego–Struktur stehen, denn sie gehören zur Menschheit und zum universellen Leben. Wie läßt sich diese Erfahrung erträglich und relativ sicher gestalten? Indem man den Schatten auf jemanden »projiziert«, der ihn, ohne auf die Projektion in einer noch intensiveren und zerstörerisch dunklen Weise zu reagieren, in sich aufnimmt. Dieser Jemand kann nur ein guter Psychologe oder ein geistiger Lehrer sein. Wenn die angehende reife Persönlichkeit nun das Tor öffnet, welches in die äußere Dunkelheit des Unbewußten führt und anstelle eines schwarzen Spiegels, der bloß ihren Schatten zeigt, das Bild des Lehrers sieht, dann heißt das mit anderen Worten, daß sie den Schatten auf den Lehrer projiziert. Man ist verärgert über ihn, tadelt ihn für alles mögliche und hält ihn vielleicht sogar für einen Betrüger. Dies kann tragische Formen annehmen und wird oft auf psychologische »Übertragung« zurückgeführt. Dennoch ist dies noch lange nicht so schlimm als eine Begegnung mit dem »Bösen« wäre, das sich als Widerspiegelung des eigenen Ichs personifizierte. Die Projektion wäre als solche katastrophal, wenn der Lehrer, in Unkenntnis der Vorgänge, zornig darauf reagieren würde und das böse Schattenbild auf seinen Schüler zurückwerfen würde. Genau dies passiert nämlich dann, wenn man sich eine weniger spirituelle, weniger einfühlsame und leicht erregbare Person (z.B. Freunde oder Ehepartner) als Projektionsträger für seinen Schatten aussucht. Aber der wahre Lehrer bringt Verständnis auf; dadurch daß er mit Liebe (oder sogar Ungeduld) anstatt mit Bosheit antwortet, ermöglicht er es dem Schüler, sich *schrittweise* daran zu gewöhnen. Außerdem verliert der Schüler die Angst vor dem alten Übel (von der Reinkarnation her gesehen) oder einfacher ausgedrückt, vor der Selbstsucht, die sein Ich verformt hatte. Der Schüler kommt soweit, daß er sein wahres Ich ohne übermäßige Verzweiflung oder Furcht zu akzeptieren lernt. Mit der Zeit ist er dann in der Lage, hinter diesem Schatten das Antlitz seines wahres Selbst zu sehen, in dem sich (nach der Vorstellung Jungs) Unbewußtes und Bewußtes ergänzen, so wie das Äußere jeder Gestalt auch ihr Inneres vervollkommnet.

Diesem mysteriösen Drama zwischen geistigem Lehrer und Schüler wurde in manchen antiken Religionen durch das »Opferungsritual« symbolische Bedeutung verliehen. Der Lehrer überreichte dem Schüler eine geweihte Klinge, mit welcher der

Schüler ihn symbolisch erdolchen mußte; dabei trat die magische Kraft des Lehrers in die Seele des Schülers über, der dadurch seinerseits »initiiert« wurde. Dasselbe Opfermotiv läßt sich nicht nur in alten Religionen (vor allem der hebräischen) finden, sondern ist vielmehr der Kerngedanke hinter dem Sühneopfer Christi durch die Kreuzigung. Psychologisch gesprochen bedeutet dies, daß Christus in seiner Person all die Mächte des Unbewußten einer Menschengemeinschaft vereinigte, welche an die starren Grundsätze der alten Stammeskultur und Religion gebunden waren. Dies geschah zu einem Zeitpunkt, als diese Gemeinschaft als *Kollektiv* für den Beginn der »Persönlichkeitsausbildung« bereit war. Somit stieg Christus »in die Hölle« hinab und machte das antike kollektive Böse der Menschheit wieder gut – d.h. er gab den Leuten die Chance, ihren zu Isoliertheit oder Stolz geronnenen Erbsünden wieder selbstsicherer begegnen zu können, und sie (eventuell) bei klarem Bewußtsein in sich aufzunehmen. Christus ist in diesem Sinne der spirituelle Lehrer des kollektiven Menschen. In seinem Namen wurde der *kollektive* »Hüter der Schwelle«, der kollektive Schatten, von der Menschheit bezwungen. Es liegt jedoch in den Händen des *einzelnen* Suchers nach Vollkommenheit und persönlicher Reife, Christus nachzueifern; sein Kreuz zu tragen, ihm in die Hölle zu folgen und wiedererweckt zu werden; den Schatten zu bewältigen, indem er ihn sich im Namen Christi einverleibt – durch die Kraft göttlicher Gnade, den Heiligen Geist der Wahrheit und Einsicht, welcher (der christlichen Lehre nach) an Pfingsten über die Apostel herabkam.

Im Normalfall ist die Begegnung mit dem Schatten nicht so schreckenserregend, wie sie in manchen okkulten Berichten beschrieben wird, und zwar aus dem ganz einfachen Grunde, weil die meisten Menschen das Tor zu ihrem Unbewußten nur sehr zögernd öffnen und nach dem ersten verstohlenen Blick in die Dunkelheit schnell wieder verschließen. Dies ist sowohl Selbstschutz als auch mangelnder Mut oder Glaube. In der Regel handelt es sich dann strenggenommen um den »persönlichen

Schatten«; das heißt, er ist auf den Bereich begrenzt, den Jung als Unterscheidung zum kollektiven Unbewußten »persönliches Unbewußtes« nannte. Das persönliche Unbewußte ist ein Speicher für alles Negative, das ein Individuum seit seiner Geburt durch Furcht, Frustration, Ärger etc. angestaut hat; das kollektive Unbewußte setzt sich dagegen aus der Negativität eines ganzen Volkes, der Familie oder einer langen Folge von verschiedenen »Leben« (wenn man an die Reinkarnation der »göttlichen Flamme« glaubt) zusammen. Basiert das Böse, dem der Schüler an der Übergangsschwelle begegnet, auf alten kollektiven Fehlschlägen, dann kann die Konfrontation wirklich tragische Ausmaße annehmen. Aber dies geschieht kaum auf individualisierte Weise, es sei denn mit einigen besonders starken und wagemutigen Seelen, die gleichzeitig mit den transzendenten Lichtkräften in Verbindung stehen. Dann wird die Einzelperson zu einem Schlachtfeld und ihre Hauptaufgabe besteht darin, standfest und reinen Glaubens zu bleiben und dem Gott in sich die Kriegerrolle zu überlassen, wie es in der *Bhagavat Gita* heißt.

Natürlich kann es auch passieren, daß der Betreffende gezwungen wird, dem zu Gestalt gewordenen Schatten nicht als Individuum, sondern als Mitglied einer Nation, einer sozialen Klasse oder religiösen Gruppierung ins Auge zu sehen. Es kann sich um einen Juden handeln, der einfach weil er Jude war, in einem Konzentrationslager von den Nazis gefoltert wurde. Oder es kann ein französischer Untergrundkämpfer sein, dessen kollektives Wertempfinden ihn dazu drängte, sich dem konzentriert Bösen einer eindringenden Nation zu widersetzen. In diesen Fallbeispielen wird das Individuum damit konfrontiert, seine eigene Widerstandskraft und Ausdauer gegen eine erschreckende kollektive Bedrängnis aufzubringen und sein eigenes Licht in einem stark erwachenden Siegeswillen zu finden. Wo immer solche Gegenüberstellungen über die dunkle Seite in uns hinausgehen und uns den »kollektiven Schatten« entgegenhalten, läßt sich aus astrologischer Sicht feststellen, daß Neptun und Pluto sehr stark aktiv sind. Das 20. Jahrhundert ist ein ziemlich typisches Beispiel hierfür. Denn als das Jahrhundert am 1. Januar 1900 um 0:00 Uhr begann, standen Neptun und Pluto (in den Zwillingen, noch knapp mit einer Konjunktion) im 9. Haus in Opposition zu einer Planetenballung im Schützen (Jupiter, Uranus, Merkur, Saturn), Steinbock (Sonne, Mond, Mars) und dem beginnenden Wassermann (Venus)[72]. Da Pluto zunächst noch unbekannt war, lag das *bewußte* Schwergewicht wenigstens bis 1930 noch auf der zerstreuenden Energie von Neptun — der Auflösung von veralteten europäischen Feudal- und Imperialsystemen im Intellekt (Zwillinge) des Abendländers. Als Uranus dann im Jahre 1942 die Positionen Neptuns und Plutos aus der Zeit um die Jahrhundertwende reaktivierte, schlug die Stunde für die Freisetzung neuer Energien (Atomkraft) und für eine neue Vision in all den Menschen, die der Herausforderung von Neptun und Pluto in den Zwillingen schon in ihrem eigenen Geburtshoroskop begegnet waren (die zwischen 1888 und 1902 Geborenen).

Das herkömmliche Zusammentreffen von Schatten und dem die persönliche Reife suchenden Menschen sollte jedoch normalerweise nicht in Form von neptunischen und plutonischen Konflikten verstanden werden, *die übrigens nicht zwingenderweise mit solchen Erfahrungen der Dunkelheit verbunden sein müssen.* Man sollte diese Zusammenkunft viel eher in Bezug auf die individuelle Annäherung an das eigene Horoskop, die Transite und Progressionen sehen. Die besondere *Qualität* dieser Zugangsweise charakterisiert das, was der Geborene *tatsächlich* als entfaltende und reifende Persönlichkeit ist. Denn dadurch kommt zum Ausdruck, wie der Betroffene sich hinsichtlich seines eigenen Wachstums und seines Prozesses der Selbstfindung orientiert. Und wie wir schon gesehen haben, entspricht »die Begegnung mit dem Schatten der Begegnung mit sich selber«. Das heißt wohl mit sich selbst, aber *ohne* die geliebten Verzierungen, ohne die Schmeicheleien, ohne den Pomp und ohne die süßen Illusionen, die man um sein Ich herum zurecht gezimmert hat. Somit trifft man auf den Schatten immer dann, wenn man gezwungen wird, den harten Herausforderungen von Stolz und glückszerstörenden Umständen ins Auge zu sehen. Oder wenn massive innere Drangsal einen dazu nötigt, bisherige Selbstverständlichkeiten zu hinterfragen. In der Astrologie heißt dies speziell: sich mit »schwierigen« Aspekten auseinandersetzen.

Damit sind wir bei einem wesentlichen Gesichtspunkt der Astrologie angelangt, der in aller Regel durchweg ignoriert wurde. Es handelt sich um die Tatsache, daß die konzentrierte und begierige Horoskopanalyse dazu verpflichtet, *die Möglichkeiten des individuellen Lebens zu einer vollkommeneren Verwirklichung zu forcieren; also das sogenannte »Böse«, genauso wie das sogenannte »Gute« in der individualen Persönlichkeit zu verstärken.* Diese Verantwortung lastet besonders auf uns, wenn wir in Bälde ausgereifte planetare Konfigurationen anhand von Transiten oder Progressionen untersuchen. Die Menschen sind gewöhnlich stärker von dem »Bösen« fasziniert und reagieren kritischer darauf als auf das »Gute«. Wenn nun jemand mit einer starken Astrologiegläubigkeit nach Selbsterkenntnis strebt und deswegen sein Geburtsbild untersucht, dann kann diese Beschäftigung oftmals zu einer Intensivierung der karmischen Lehren führen. Und genauso soll es sein; denn diese Verstärkung von Schmerz und Tragödie durch Bündelung von Karma ist unvermeidbarer Bestandteil eines Reinigungsprozesses (*Katharsis*) des Ichs. Und dieser Vorgang ist das erste Anzeichen dafür, daß die »Persönlichkeitserziehung« in Schwung kommt und Wirkung zeigt. Jung sagt diesbezüglich passend:

> Die Furcht, welche die meisten natürlichen Menschen vor der Stimme des Inneren empfinden, ist nicht so kindisch, wie es einem dünken möchte. ... Es ist in der Regel etwas Ungutes, ja Böses, was die Stimmes des Inneren an uns heranbringt. Das muß so sein vor allem darum, weil man für gewöhnlich seiner Tugenden nicht so unbewußt ist wie seiner Untugenden, und sodann, weil man am Guten weniger leidet als am Bösen. ... ›Luziferisch‹ in des Wortes eigentlichstem und unzweideutigstem Sinne ist der Charakter der inneren Stimme, und deshalb stellt sie den Menschen vor letzte moralische Entscheidungen, ohne

> die er eben nie zur Bewußtheit gelangen und zur Persönlichkeit werden kann. In unergründlicher Weise ist oft Niederstes und Höchstes, Bestes und Verruchtestes, Wahrstes und Verlogenstes in der Stimme des Inneren gemischt, einen Abgrund von Verwirrung, Täuschung und Verzweiflung aufreißend.[73]

Wir können in unserem Geburtsbild das astrologische Äquivalent zu unserer »inneren Stimme« erkennen. Denn das Horoskop setzt eine symbolische Niederschrift (eine »Signatur«) unseres individuellen Seinsgesetzes in Kraft, wie es von dem großen Architekten des Universums am Himmel zum Zeitpunkt unserer Geburt als unabhängiges Lebewesen, entworfen wurde. Das Kosmogramm der Geburt bildet den Zustand des universellen Ganzen sinnbildlich in einer individualisierten Form ab. Das Individuum ist jene Form. Sein Horoskopbild ist die Hieroglyphe seiner Individualität.. Seine Aufgabe (*Dharma*) lautet, dieser abstrakten Form in einem konkreten und umfassenden Organismus der Persönlichkeit, Gestalt zu verleihen. Wenn Jung diesen Begriff Persönlichkeit verwendete, dann bedeutete er soviel wie »Vollendung, Ganzheit, erfüllte Bestimmung, Anfang und Ziel und völlige Verwirklichung des den Dingen eingeborenen Daseinssinnes.«[74] Und gerade dieses Erkennen des »eingeborenen Daseinssinnes« fordert uns auf, vorurteilsfrei und objektiv zu sein.

Den Dingen, die man liebt und dem Ich gegenüber ohne Vorurteil zu sein, zieht einen Loslösungsprozeß nach sich, der im Gegenzug beinahe unvermeidbar Leiden, Bekanntschaft mit dem Bösen und Widersprüche notwendig macht. Das Böse, so wie es in der europäischen Tradition verstanden wird, ist der Widersacher Gottes. Es ist die Umkehrung und Negation Gottes. Das Böse erhebt sich andauernd gegen alle festgelegten und deswegen statischen Werte, gegen das, was wir normalerweise als Frieden, Recht und Ordnung, Gesundheit und Glück ansehen. Aber gerade weil das Böse ablehnt was ist, kann es notwendig werden, um uns zu zwingen, das »Gute« für das »Bessere« aufzugeben.

> Ein Gutes ist leider nicht ewig gut, denn sonst gäbe es nichts Besseres. Soll das Bessere kommen, so muß das Gute weichen. Deshalb sagte ja der Meister Eckhart: ›Gott ist nicht gut, denn sonst könnte er besser sein‹.[75]

In seinen allerersten Anzeichen trägt das »Bessere« häufig den äußeren Schein des Bösen. Es erscheint der richtigen Perspektive entrückt, und wird dadurch abgelenkt, daß es sich in einem irrelevanten Bezugsrahmen abspielt. Dies ruft in den noch immer an ihren alten Richtlinien gefesselten Geistern und Seelen Angst hervor; sie reagieren gewalttätig und gespürlos und schreiben somit den zunächst unbeständigen und erst aufkeimenden Anzeichen des Neuen den Charakter des Bösen zu. Die böse Erscheinungsart jeder neuen Lebensentwicklung, *die in Einklang mit dem menschlichen Wachstum steht*, ist ein Ausdruck des Widerstandes gegen jene Mächte (im Einzelnen oder in der Gesellschaft), deren Vorrangstellung von der Aufrechterhaltung der alten Ordnung abhängt.

In der Astrologie wird dieser Widerstand und der notwendige Überwindungskampf durch die planetaren Quadrate abgebildet. Ein Quadrat zwischen zwei Planeten befindet sich auf der Hälfte des Weges von der Konjunktion zur Opposition der betreffenden Gestirne. Man kann nun die mit den Mondphasen (d.h. den Aspekten von Sonne und Mond) assoziierten Namen verallgemeinern und auf die Quadrate übertragen. Das Quadrat des »ersten Viertels« (von der Konjunktion zur Opposition) repräsentiert davon abgeleitet, eine Ablehnung des Ichs und die mangelnde Bereitschaft, sich den unentrinnbaren Ergebnissen des evolutionären Neubeginns anzupassen, welcher mit der Konjunktion beider Planeten einsetzte. Andererseits bedeutet das Quadrat des »letzten Viertels« (nach der Opposition), daß der bewußte Verstand sich weigert, sich von der neuen Vision befruchten zu lassen, die während der Opposition aufkam (der »vollmondartigen« Erleuchtung). Diese Widerstände erreichen zum Zeitpunkt der Quadrate jeweils ihren Gipfel und setzen damit einen Schatten auf freien Fuß. Denn dadurch, daß die inzwischen festgefahrene Vergangenheit das neue Licht und die neue Willenskraft hartnäckig blockiert, macht sie heftige Gebärden gegen den zwangsläufigen (und deshalb oft tragisch verschleppten) Triumph der schöpferischen Kraft im Individuum oder der Gesellschaft. Die einzige Chance, diesen Schatten und die von ihm ausgelösten Ängste zu vertreiben, liegt darin, die Schöpferkraft in sich aufzunehmen und sie zu assimilieren. Dies ist »Theosynthese«: ein Prozeß, welcher als der lebendige Kern jeder echten Selbsterziehung der Persönlichkeit angesehen werden kann; der Angst in Glauben umformt; der den Fluch der Tragödie in die Segnungen der Gnade verwandelt, welche aus dem Herzen göttlicher Wesen strömt, die Mitgefühl und Alleinssein zu einem unwiderruflichen Gesetz ihrer Existenz erhoben haben.

Vom größeren zum kleineren Ganzen

Von allen großen Widersachern des Menschen ist die Angst sein größter. Wir haben gesehen, wie Furcht beim Prozeß der Persönlichkeitsentwicklung entsteht, wenn das reifende Individuum mit seinem Schattenbild konfrontiert wird. Die Weigerung, sich den Herausforderungen einer neuen Lebens- und Bewußtseinsordnung konstruktiv zu stellen, kann z.B. einen Schatten werfen. Wurden derartige Zurückweisungen über eine lange Reihe von Zyklen hinweg angestaut, sei es in einer speziellen Zivilisation oder einem spirituell hoch entwickelten Menschen, dann kann diese Gegenüberstellung mit dem Schatten tatsächlich sehr umwälzende Folgen nach sich ziehen; aber bei der Mehrheit aller individuellen Fälle fällt die Begegnung mit dem Schatten weniger dramatisch aus. Sie äußert sich in einer irgendwie unkontrollierbaren Furcht vor dem Unbekannten. Dadurch scheuen wir uns vor dem großen Schritt über die Schwelle, der uns durch die weite Dunkelheit des Unbewußten in das Reich der mysteriösen generischen und kollektiven Kräfte (oder Archetypen) führen würde, welches Goethe in seinem

Faust als das »Reich der Mütter« bezeichnete. Diese nicht individualisierten, universell–menschlichen oder sogar kosmischen Mächte sind tatsächlich die »Mütter« der letztendlich reifen individuellen Persönlichkeit; sie versorgen diese mit Substanz und Energie, mit psychisch–mentalem Leben. Aber bevor jene Kräfte wirklich als »Mütter« in einer Einzelpersönlichkeit wirken können, müssen sie vom göttlichen Geist »befruchtet« werden; denn ohne diese Befruchtung muß ihre Schöpfung spirituell formlos und ohne evolutionäre Bedeutung bleiben: eine reine Vermehrung psychischer Substanz, die sich selber sinnlos zu einer zwangsläufigen Desintegration vervielfältigt. Die spirituelle Befruchtung, die Herabkunft des heiligen Geistes über die geweihte Seele, kann durch Angst blockiert werden. Das Ich kann vor der Heimsuchung zurückschaudern und die Pforten seiner psychischen und geistigen Strukturen fest verriegeln. Das »Ungeschehene« muß sich dann ins Destruktive wenden. Das »Böse« wird zum Schatten des Guten, das nicht geschehen durfte — die Gestalt unseres ungelebten Lebens.

Die begeisterte und eifrige (vielleicht übereifrige) Beschäftigung mit Astrologie zur Ergründung des eigenen Lebens, tendiert dazu, eine eindringliche Angst zu begünstigen, auch wenn diese schwer begründbar ist: die Angst vor »schlechten« Aspekten. Das inbrünstige und konzentrierte Studium des eigenen Horoskopes muß, wie bereits ausgeführt, *intensivieren*, was im Geburtsbild angelegt ist. Indem die Aufmerksamkeit des Betreffenden bewußt auf die Möglichkeiten des Horoskopes gerichtet ist, werden diese Anlagen gedrängt, sich tatsächlich mit größerer Wirkung zu manifestieren. Jeder, der ins Rampenlicht gestellt wird, zeigt sich von seiner besten oder seiner schlechtesten Seite! Licht ist Energie; Bewußtheit setzt Kräfte frei. Sich einer bevorstehenden Chance bewußt zu sein heißt, ihr Eintreten konzentriert auf eine Verwirklichung hin zu aktivieren. Der entscheidende Punkt dabei ist jedoch, daß keine dieser Möglichkeiten als vorherbestimmter oder festgelegter Faktor auch die Bedeutung dessen verrät, was sie sein wird, wenn man sie tatsächlich realisiert. Jede Entwicklungsmöglichkeit kann entweder eine positive oder eine negative Wirklichkeit annehmen. *Angst* macht daraus eher ein negatives Symptom; *Glaube* macht daraus eher eine positive Tatsache. Als erste Reaktion oder erster Eindruck läßt sich Angst vielleicht nicht vermeiden; aber wenn man die Befürchtungen in Zuversicht verwandeln kann, bevor die günstige Kraft sich in die Realität umsetzt, dann passiert nichts schädliches. Durch die wiederholten Umwandlungen einer Furcht vor anstehenden Veränderungen in den Glauben an den kreativen Erneuerungsgeist, erreicht die Persönlichkeit tatsächlich individuelle Reife und Kraft; denn Reife erlangen heißt, die Angst vor Verantwortung zu besiegen, und sich in einem größerem Selbst zu vertiefen. Die eigentliche Macht des Individuums ist die Macht, die es über die aufkeimenden Naturkräfte gewonnen hat, die immer verhängnisvoll auf einen toten Punkt hin verlaufen (»Entropie«). Das wahre Leben der Persönlichkeit ist ein Leben des immer erneuernden Sieges; es gibt keine Endsiege.

Das zentrale Problem bei der Persönlichkeitsbildung liegt deswegen in der Umwandlung von Angst in Zuversicht. Astrologisch gesprochen heißt dies, eine konstruktive Einstellung zu seinen »schlechten« Aspekten und jedem anderen ungünstigen Faktor im Horoskop zu gewinnen. Wer eine negative oder verängstigte Haltung hinsichtlich einer oder aller dieser astrologischen Wirkkräfte entwickelt oder verstärkt, der rüttelt den Schatten wach, verfestigt ihn und gibt ihm zusätzliche Energie. »Die Begegnung mit dem Schatten« heißt sich selber zu begegnen — aber wenn man sich selber mit Mut und Selbstvertrauen entgegentritt, dann verschwindet der Schatten; er löst sich auf, wenn man zwischen zwei Lichtquellen steht: *dem Licht des eigenen Mutes und der Ausstrahlung von Gottes Gnade.*

Dieses Prinzip ist für jede gesunde Selbsterziehung von grundlegender Bedeutung. Der einzige Weg, um einen Schatten zu beseitigen liegt darin, wie jeder Fotograf weiß, ihn zwischen zwei Lichtquellen aufzufangen. Aber wohlgemerkt, ohne dabei die Lichtintensität zu erhöhen, und sei sie noch so spirituell oder göttlich. Wenn Gott oder ein anderer großer Meister unter uns erscheinen würde, dann würde das von ihm ausgestrahlte Licht die dunkelsten Schatten werfen, es sei denn die Leute könnten wenigstens in gewissem Ausmaß ihr Licht dem seinen angleichen. Dies ist der Grund, warum Avatare (oder Manifestationen), immer wenn sie auf der Erde inkarnieren, zumindestens in einigen Menschen sofort Feindschaft erwecken; sie treiben unnachgiebige Egos zu irrationalem Haß und Wahnsinn. Märtyrer geraten zu grausigen Folterern. Aufgrund der Konfrontierung mit dem göttlichen Licht werden diejenigen, die verzweifelt an ihren alten Privilegien und ihren kulturellen Idolen hängen, durch das Entsetzen vor seiner Helligkeit dazu getrieben, die schwärzesten Taten zu begehen. Nach den alten gnostischen Lehren muß jedes Christ-Wesen für diese Taten leiden und sühnen, genauso wie für die Fehler seiner anerkannten Schüler. Denn die Schwärze der Taten steht in direktem und proportionalem Verhältnis zu der grellen Intensität des Lichtes. Aus diesem Grund wird keine gottesgleiche Persönlichkeit ihr Licht denjenigen mit einem rigiden Ich offenbaren, außer sie muß es für einen evolutionären und humanen Zweck tun, und weiß um die tragischen Auswirkungen dieser Enthüllung und das Opfer, welches ihr dadurch abverlangt wird.

Wenn jemand dagegen ein starkes Licht in seiner Seele trägt, dann sollte dieses als Reaktion auf die göttlichen Strahlen heller leuchten und infolgedessen wird gerade die Struktur seiner Psyche lichtdurchlässig und verklärt. Die Fähigkeit zur Verklärung ist die in einem Individuum angelegte Gabe, göttliche Gnade in sich aufzunehmen: das was der Sufi-Mystiker *Barakah* nennt oder was Sri Aurobindo als die Kraft der Mutter bezeichnete. Dieses Einverleiben der aus dem großen mitfühlenden Herzen herabfließenden Gnade kann — analog zu den im Pflanzenreich als Photosynthese bekannten Lebensvorgängen — auch als ein Prozeß der *Theosynthese* bezeichnet werden. Bei der Photosynthese wandeln die grünen Blätter einer Pflanze unter dem Einfluß der Lichtstrahlen die Kohlendioxide und das Wasser der Atmosphäre in Zucker und Stärke (Kohlehydrate) um. Für das Gedeihen der Pflanze ist dies lebensnotwendig und damit indirekt auch für das Wachstum der Tiere, die sie fressen. Durch die chemische Umwandlung (und nur durch diese!) wird die Sonnenenergie in der Pflanze »fixiert«, aufgenommen und zur Erhaltung allen Lebens auf der Erde verfügbar gemacht. Darin liegt die Hauptaufgabe des Pflanzenreiches im ökologischen Haushalt allen Erdenlebens.

Vergleichbar hierzu gibt es einen Bestandteil in der menschlichen Natur, der die von »göttlichen« Wesen ausströmende Geistesenergie »fixieren« und umsetzen kann. Die diffuse Energie des universellen Geistes wird vom menschlichen Organismus *durch den Atem* absorbiert. Hier könnten wir auch von »Pneumosynthesis« sprechen, abgeleitet von *pneuma*, das sowohl Geist als auch Atem bedeutet. Es ist ein Anpassungsprozeß, bei dem die roten Blutkörperchen eine ähnliche Rolle spielen, wie das grüne Chlorophyll der Pflanzenblätter. Aber neben diesem Vorgang der spirituellen Absorption, den manche Okkultisten als den Grundfaktor für Individualisierung annehmen, sollte man auch vom Prozeß der »Theosynthese« sprechen. Letzterer wirkt, vom reinen Bewußtsein und der Substanz des Geistes her gesehen, auf einer höheren Ebene. Das griechische Wort *theos* bedeutet »Gott«, aber es muß sich nicht ausschließlich auf die christliche Vorstellung eines persönlichen Gottes beziehen. In den Evangelien scheinen die Begriffe »Reich Gottes« und »Himmelreich« austauschbar zu sein (wobei Himmel eine Übersetzung des griechischen *makarios* ist, das eigentlich »Firmament« bedeutet). *Theos* und *Kosmos* werden als Einheit betrachtet. Diese Einheit kann mikrokosmisch oder aber makrokosmisch sein. Somit kann man auf einer hohen Stufe der spirituellen Entwicklung eine »göttliche« Energie — den *Barakah* des Sufi-Meisters — ausstrahlen, vergleichbar zu der Gnade Gottes, die sich im Heiligen Geist manifestiert. Ein in den eigenen Ego-Mauern eingekerkerter Mensch schließt sich von diesen Gaben göttlicher Liebe und Barmherzigkeit aus. Er ist dann wie eine Pflanze, die in einer dunklen Höhle wächst.

Durch diesen Vorgang der Theosynthese »fixiert« der menschliche Geist im spirituellen Organismus des bewußten

Selbst die Energie der göttlichen Gnade, so wie das Blatt die Energie der Sonnenstrahlen in seinen Chlorophyll–Körnchen festhält. Es ist diese Energie, welche in jedem Menschen den »Körper Christi« (oder in der buddhistischen und taoistischen Philosophie den »Diamant–Körper») ernährt, wenn der Betreffende geistig dazu bereit ist, ihn »im Herzen« zu gebären. Diese Bereitschaft mißt sich sowohl durch die *Qualität* als auch durch die Intensität des Glaubens. Glauben an was? Nicht an einen persönlichen Gott, welcher der sündigen Seele Errettung spendet; sondern *Glaube an die »spirituelle Vollkommenheit« des universellen Ganzen, innerhalb dessen der Einzelne sich als Teilnehmer erfährt.* Wenn man das Horoskop eines Menschen richtig versteht, dann ist es eine festgesetzte und individualisierte Formel dieser allumfassenden spirituellen Fülle — das *Plerom* des ganzen Himmels, das auf den exakten Zeitpunkt des »ersten Atemzuges« bei der Geburt konzentriert ist. Der Prozeß der Theosynthese ist die Aufnahme der *Gottesvorstellung* (Archetyp), welche das Horoskop in geometrischen Himmelsstrukturen formuliert. Und er ist die *Energie Gottes* in allen Erscheinungsformen, welche durch diesen Geburtshimmel freigesetzt wurde und immer freigegeben werden wird, wenn wir uns im Glauben an Gott halten, so wie das grüne Blatt sich der Sonne zuwendet.

Das Wort Gott kann in diesem Zusammenhang durch zahlreiche andere ersetzt werden. Was ich hier zur Sprache bringe ist sachliche Psychologie. Es bezieht sich auch auf Astrologie, wenn wir die Astrologie einmal nur als Methode der Selbsterziehung und einen Pfad zur Erfüllung der wesentlichen Harmonie unseres individuellen Daseins ansehen. Der Kern dieser Erfüllung liegt in der Theosynthese: das Wirken des größeren Ganzen über das kleinere Ganze, der Mensch als ein Individuum, und die Reaktion dieser individuellen Person auf den kosmischen Kräftefluß, der durch die Linse eines klaren und offenen Verstandes bewußt konzentriert wird. Aber dieses Hinsteuern auf die Vollkommenheit wäre bedeutungslos, wenn der Astrologe sich dem Horoskop nicht holistisch annähern würde.

Das Fehlen einer holistischen Gesamtschau kann all das völlig verderben, was uns aus archaischen Zeiten an traditionellem Wissen über den psychologischen Charakter überliefert wurde — noch bevor ihm in Griechenland und Alexandria eine persönliche Note gegeben wurde.

Das erste und wichtigste Prinzip dieses holistischen Ansatzes läßt sich in folgende Worte fassen: Das einzig wahre und gültige »Ich« ist dasjenige, welches die Ganzheit der Persönlichkeit mit einschließt. Das heißt auf die Astrologie übertragen: das ganze Geburtshoroskop. Jeder, der auf einen *einzigen* Faktor in seinem Horoskop schaut und sagt: »ich *bin* dies oder jenes« begeht eine Sünde gegen die Ganzheit, die auch mit »Heiligkeit« oder Gesundheit gleichzusetzen ist. Es wäre das gleiche, wenn der Führer einer Nation sich nur mit den Interessen und Vorurteilen einer einzigen Bevölkerungsgruppe identifizieren würde. Jeder Planet in einem Geburtsbild ist sozusagen eine potentielle »Interessengruppe«, die nicht nur die Aufmerksamkeit des Ichs (Regierung) auf sich ziehen will, sondern auch dessen Urteile und Entschlüsse kontrollieren möchte. Jede Funktion der Persönlichkeit möchte die dominante Rolle spielen, um die sich die anderen Funktionen und Gefühle drehen. Falls das Ego sich mit einer solchen vorherrschenden Funktion identifiziert, wirft es den ganzen Organismus aus dem Gleichgewicht. Dies ist die Ursache für das meiste, wenn nicht gar alles persönliche Elend und in gewisser Weise der Auslöser des Bösen — das unvermeidbare Resultat, wenn man den Teil mit dem Ganzen verwechselt.

In einem psychologisch verhältnismäßig unentwickelten Menschen reißt eine Funktion nach der anderen die Ansprüche auf das »Ich« an sich und zwingt dieses »Ich«, sich mit ihr zu identifizieren. Das Ich ist folglich wie ein Korken, der hilflos auf der Wasseroberfläche dahintreibt und vom Wind in alle Richtungen gepeitscht wird. Es gibt keine Stabilität, und ein Ich, dessen einzige Aufgabe darin besteht, nicht in viele Einzelteile zu zerfallen, erhält keine Gelegenheit, die göttliche Absicht in seiner Persönlichkeit zu erkennen. Sollte es dem Ich jedoch gelingen, einen festen Zugriff auf die psychologische Situation zu bewerkstelligen, dann kann es sich in der Rolle des aktiven Herrschers wiederfinden. Was in einem solchen Fall aber tatsächlich passiert, ist, daß das Ich von der Triebkraft eines bestimmten Motives beherrscht wird, das gleichzeitig andere, für die Gesundheit und Ganzheit der Persönlichkeit ebenso grundlegende Motive, ausschließt. Zum Beispiel kann die Richtung und die spezielle Ausprägung der Ich–Herrschaft durch eine dominante Leidenschaft wie Habgier oder Fanatismus gefärbt sein. Beidemal herrscht das Ich dadurch, daß es einige Anlagen oder Funktionen des Gesamtorganismus der Persönlichkeit *unterdrückt.* Das Ergebnis kann ein aufsehenerregendes Leben sein, das von einer einseitig auf ein festgesetztes Endziel konzentrierten Energie vorangetrieben wird. Doch dies ist kein »gesunder« Lebensweg. Es ist ein fanatisches Leben, in dem sich »Gott« normalerweise nicht manifestieren kann, weil Gott absolute Harmonie ist. Der Prozeß der Theosynthese kommt bei einem solchen Lebensstil nicht angemessen oder voll zur Wirkung, denn die Substanz der Göttlichkeit ist in erster Linie durch ihre harmonische Qualität und ihren ausgewogenen Rhythmus charakterisiert. Selbst wenn diese göttliche Substanz von der Seele aufgenommen werden könnte, sie würde, von den Mißklängen der fanatischen Lebensweise vergiftet, sofort verfallen. Jede Art von Fanatismus macht es unmöglich, den Zustand einer erfüllten und spirituell reifen Persönlichkeit zu erlangen. Ich muß jedoch hinzufügen, daß beim Prozeß der Abgrenzung und Individualisierung von Ego-Strukturen die einseitige Hingabe an ein bestimmtes Ziel (allerdings in Maßen) oft streckenweise nicht zu vermeiden sein wird. Es ist vielleicht sogar eine Notwendigkeit; aber man muß diesen Vorgang als eine tragische Ausweglosigkeit betrachten, denn er führt zwangsläufig zur Entstehung eines starken Schattens, der seinerseits wiederum von einem Lichtspiel absorbiert werden muß, wenn sich die Seele soweit erholt hat, daß sie durch die Theosynthese Licht aufnehmen und schrittweise den eigenen strahlenden Glanz mit der Erleuchtung der göttlichen Quelle zusammenfügen kann.

Was ich hier anspreche ist der Entwicklungsprozeß hin zu Harmonie und Ganzheit, in dessen Verlauf man alles mit in Erwägung ziehen muß, was das Horoskop enthält, und der auf ein intuitives Erfassen des Geburtsbildes als Ganzes ausgerichtet ist. Das Horoskop ist ein »Akkord« von Energien und Funktionen. Was darin zählt, sind nicht die als isolierte Noten betrachteten Einzeltöne, sondern die Harmonie des Ganzen. Folglich sollte sich der Astrologe auf dem Pfad der Persönlichkeitsintegration zuallererst eine »harmonische« Vergegenwärtigung des *Gesamthoroskopes* zu Bewußtsein bringen. Hierbei darf nichts ausgelassen werden; nichts sollte als schlecht, ungünstig oder besonders schwierig gedeutet werden. Genauso sollte man kein Horoskop für einzigartig halten. Es ist eine Formel für Integration, aber es ist nicht »einzigartig«. Wenn man dieses Horoskop als Leitsatz der Harmonisierung *benützt*, kann der Geborene zu einem geschlossenen Ganzen werden; aber einem anderen, der zur gleichen Zeit geboren wurde, steht dies in gleicher Weise offen. An keinen Geburtsbild gibt es etwas »Spektakuläres«. Keines ist von Natur aus »besser« oder »schlechter«. Manche Horoskope zeichnen allerdings einen glatteren Weg vor als andere. Aber jeder Mensch hat latent die Stärke in sich, um seine Persönlichkeit zu harmonisieren und sie zu einem empfänglichen Gefäß für die Kraft auszuformen, welche unaufhörlich aus dem kosmischen Universum in das offene Bewußtsein des Menschen strömt. Wenn die Aufgaben schwieriger sind, dann ist die Kraft in demselben Maße größer: das Verhältnis zwischen dem Schwierigkeitsgrad und der zu seiner Bewältigung notwendigen Kraft ist in allen Individuen *gleich*. Es handelt sich hier im Bereich der Persönlichkeitsentwicklung um etwas Ähnliches, wie die Lichtgeschwindigkeit (c) in der Einsteinschen Formel $E=mc^2$, welche das Verhältnis von Energie (e) und Masse (m) mißt. Es ist eine Konstante der spirituellen Welt, der Welt göttlicher Güte, was soviel heißt wie *des Lichtes*.

In seinem bereits mehrfach zitierten Buch analysiert Fritz Künkel einige der Hauptschwierigkeiten, die beim Prozeß der

Selbsterziehung überwunden werden müssen: »Wie können wir unser wahres Zentrum finden? Wie können wir das Ich oder den Götzen loswerden?«[76] Wie können wir die Rebellion gegen, bzw. das passive Dulden von moralischen Gesetzen oder Gottesgeboten transzendieren? Wie sollen wir zwischen den gefährlichen Felsen des »ungehemmten Sichgehenlassens« und der »Verdrängung« navigieren? Künkel bietet als grundlegende Methode die von ihm so genannte »beichtende Meditation« (begleitet von einem »bewußten Opfer«) an, und deren Gegenpol, das »positive Training«. Auf die Astrologie übertragen stellen sich folgende Fragen: Was möchte dieses Horoskop mich (der seine Ganzheit verkörpert) entdecken, verstehen oder tun lassen? Warum diese Quadrate? Zu welcher Verweigerung tragen sie bei? Welchem Handeln oder Verstehen, welcher Form von Erleuchtung widersetze ich mich? Und wenn diese progressive Sonne meinem natalen Neptun begegnet, welche mysteriöse Alchemie des Bewußtseins muß ich lernen auszuführen? Mit welcher Metamorphose des Egos muß ich zusammenarbeiten — »Ich«, der ich das Ego bin und vieles darüber hinaus; »Ich«, der die Gesamtpersönlichkeit, die alles umfassende Eigenpersönlichkeit, das Selbst, bin.

Die Geburtssonne entspricht nicht dem Selbst. Sie ist lediglich das himmlische Symbol für die Energiequelle des Selbst, d.h. des Geistes. Das Selbst ist der Geburtshimmel, so wie wir ihn am Ort und zum Zeitpunkt unseres ersten Atemzuges über uns vorfanden. Dieses Selbst ist Gott in uns — das universale Ganze, wie es sich im Kern unseres gesamten Daseins als Individuum konzentriert. Wenn wir irgendein Ereignis (vergangen, gegenwärtig oder in die Zukunft gedeutet) prüfen, wenn wir irgendeinen Charakterzug oder periodisch wiederkehrende Fehlschläge, Unglück oder Träume untersuchen, dann müssen unsere Bemühungen immer auf dieses Selbst gerichtet sein, auf dieses Ganze, das wir potentiell sind, das wir aber konkret verwirklichen und lebendig zum Ausdruck bringen müssen. Ob es sogenannte Wohltäter oder Übeltäter sind, jeder Planet und jede Himmelskonstellation ist ein *Weg zu unserem Selbst*. Wenn wir bewußt und vorsätzlich auf diese Pfade treten, dürfen wir niemals den übergreifenden Blick für die Ganzheit verlieren — wir sollten niemals den Glauben an unsere Fähigkeit aufgeben, daß wir jenes Ziel auch erreichen und zu der harmonischen Gesamtpersönlichkeit, dem Selbst in uns, werden können.

Der christliche Mystiker sprach von der »Praxis der Gegenwart Gottes«. Der Astrologe sollte bei seiner Suche nach psychologischer und spiritueller Ganzheit niemals den Blick für die Präsenz des Kosmos verlieren, wofür das Firmament ein überzeugendes Bild und Symbol ist. Wir können unseren Geburtshimmel nicht real und sichtbar erfahren (außer im Planetarium); aber wir können uns unser zweidimensionales Geburtshoroskop veranschaulichen und in uns den Archetypus des Selbst wachrufen. Wir können in der Vergegenwärtigung des Sternhimmels leben. Dies ist aus etymologischer Sichtweise mit dem englischen Wort *consideration* (Erwägung) gemeint, das sich auf das lateinische Wort *sidera* (Sterne) zurückführen läßt. *To consider* bedeutet wörtlich genommen *sich mit den Sternen austauschen.* Das heißt zu fühlen, denken und handeln im Sinne der pulsierenden Vollkommenheit jedes Augenblicks, jeder Situation und unseres individuellen Lebens. Es meint aber auch, daß wir uns und alles was unser ist, in den Bezugsrahmen des Himmelsgewölbes stellen sollen. Und mit dem Himmelsgewölbe meine ich nicht nur den sichtbaren Himmel, sondern auch jene Teile des Universums, die man nur von den Antipoden aus sehen kann; also die »innere Welt« der Tiefe, die immer die »äußere Welt« der Höhe ergänzt — die innere Welt, die ebenso zu uns gehört, weil wir immer das Eine sind, das wir von einem bestimmten Punkt aus erfahren. Dies zu erkennen bedeutet, das ganze Sein dem Herabströmen eines umformenden Lichts zu öffnen und dieses Licht durch den spirituellen Prozeß der Theosynthese in sich aufzunehmen. Wenn uns dies gelingt, dann können wir ebenso wie die Grünpflanzen die Atmosphäre der Erde verändern. Wir können der Unzahl unvollkommener und unstimmiger Egos, die nach Frieden und Harmonie hungern, »Nahrung« geben.

Teil 3

Astropsychologische Ausblicke

Kapitel 13

Astrologie psychologisch analysiert

Jeder, der nur ein bißchen mit Psychoanalyse oder der »analytischen Psychologie« von C. G. Jung vertraut ist weiß, daß bei diesen Ansätzen das Verständnis der menschlichen Natur stark mit dem Mutterbild und dem Vaterbild verknüpft ist. Aber man trifft selten auf Laien, die einen klaren Begriff davon haben, was in diesen Vorstellungen eigentlich und tatsächlich alles anklingt. Es mangelt in der Tat sogar vielen ausgebildeten Psychologen an einer Auffassungsgabe für diese Problematik. Astrologie kann sehr viel zur Erhellung dieses äußerst wichtigen Themas beitragen. Wenn man versteht, was diese Bilder hinsichtlich der Einstellung eines Menschen zum Alltag bedeuten, erscheint umgekehrt der psychologische Wert und der Sinn der Astrologie an sich, aber auch die Gründe für das langanhaltende und starke Interesse an ihr, in einem neuen Licht.

Psychologen benützen den Begriff *Bild* auf verschiedene Weise und mit unterschiedlichen inhaltlichen Schattierungen. Für mich ist ein psychologisches Bild jene Figur, die eine Grundfunktion in der Menschnatur einer bestimmten Person übernimmt, oder kollektiv gesprochen, in einer bestimmten Gesellschaft und Kultur. Somit ist das, was ich Mutterbild nenne, eine Grundfunktion der Anpassung an den Druck und die Herausforderungen des Alltags in einer speziellen Umgebung. Jeder lebendige Organismus muß sich an seine Umwelt anpassen, um die Grundbedürfnisse seiner Organe zu stillen. Jeder muß irgendwie stärkende Nahrung zu sich nehmen, Abfallstoffe ausscheiden, seine Körpertemperatur (in den meisten Klimazonen) durch wärmende Kleider aufrechterhalten und sich durch eine gewisse ›Umzäunung‹ schützen. Früher oder später muß man seinen Fortpflanzungstrieb befriedigen. Die Menschen werden von innen heraus (wir könnten auch sagen durch das Leben selber) dazu angetrieben, diese primären Bedürfnisse zufriedenzustellen. Befriedigung erzeugt ein Gefühl des Wohlseins; Frustration führt zu Unbehagen, Schmerz und Entartung. Das Alltagsleben ist schwerpunktmäßig schon davon in Anspruch genommen, dieses organische Wohlbefinden zu gewinnen und Verdruß, Schmerz oder gar Tod auszuschalten. Diese Beschäftigung habe ich als Anpassung bezeichnet. Zwar trägt jeder Mensch die Anpassungsfähigkeit schon von Natur aus in sich, aber das neugeborene Kind hat diese Gabe bei der Geburt noch nicht entwickelt. Es ist vielmehr völlig hilflos und ganz von seiner Mutter abhängig, die es zur Befriedigung seiner unmittelbaren Bedürfnisse versorgen muß.

Sobald das Kind ein Bewußtsein über seine organischen Bedürfnisse und die ihre Sättigung vermittelnde Instanz erlangt, beginnt sich in seinem Gehirn ein Bild von dieser Instanz zu formen. Sehr wahrscheinlich läßt sich dieses Abbild anfänglich nur schwer von dem Lebensgefühl des Babys trennen. Was man braucht, was schmerzt oder was befriedigt wird und das, was diese Befriedigung verschafft, werden von dem Neugeborenen vermutlich als ein und dasselbe empfunden. Schrittweise muß jedoch das Unterscheidungsvermögen zwischen dem bedürftigen Körper einerseits und der Mutter als ausführendes Organ andererseits schärfer werden. Im Bewußtsein des Kindes baut sich allmählich ein fest umrissenes Bild von der Mutter als Bedürfnis–Befriedigerin auf. Die charakteristischen Merkmale dieser Vorstellung hängen offensichtlich ganz besonders davon ab, inwiefern es der Mutter gelingt, dem Kind ein angenehmes Leben zu verschaffen, bzw. ob sie dabei versagt. Das Bild wird beeinträchtigt von (für das Kind) unbegreiflichen Stimmungsschwankungen der Mutter, ihrem plötzlichen Verschwinden oder der Art, wie sie auf Einmischungen in die Mutter/Kind–

Beziehung reagiert usw. Je größer die Familie ist und je mehr Personen sich mit der Mutter die Aufgabe teilen, das Kind zufriedenzustellen, umso weniger wird das Mutterbild einen exklusiven Platz in dem sich langsam entwickelnden kindlichen Bewußtsein einnehmen. Sind die anderen Personen jedoch beunruhigend, unzuverlässig oder verletzend, dann gewinnt das Mutterbild eine völlig andere Qualität: es erhält die Züge der Erretterin oder der Vermittlerin zwischen dem Kind und merkwürdigen oder erschreckenden Mächten (Menschen oder Tiere, Naturelemente, Gefahren aller Art). Wenn das Kind nun heranwächst, Worte versteht und zu sprechen lernt, sich an wiederholte Handlungen erinnert oder sie erwartet und mit den ersten unerklärbaren und scheinbar willkürlichen *Verboten* konfrontiert wird, dann zeichnet sich das Mutterbild noch eindeutiger ab. Das Kind erwirbt ein noch deutlicheres und geistig formuliertes Empfinden darüber, wie sich die Mutter seiner Bedürfnisse annimmt — oder sie unerfüllt läßt, falls sie nicht in der Lage ist, sich erfolgreich damit auseinanderzusetzen.

Anfänglich durch Imitation, später auch durch Erklärungen, erlernt das Kind stufenweise die Fähigkeit zur Anpassung, die ja zunächst noch völlig auf die Mutter übertragen wurde. Dies kann ein langwieriger und schmerzerfüllter Vorgang sein. Vielleicht behütet die Mutter das Kind zu stark; sie kann unfähig, zu sehr in Anspruch genommen und launisch sein, sie kann zuviel Ego haben oder aber zu stark andersweitig beschäftigt sein. Die Mutter/Kind-Bindung kann zu eng sein oder durch verschiedene äußere Faktoren zu früh abgebrochen worden sein (ein neues Geschwister, ungerechte Strafmaßnahmen, Ärger usw.). Alle diese Gesichtspunkte tragen zur Entfaltung des späteren Anpassungsmodus an das Alltagsleben bei und verleihen dem daraus resultierenden Mutterbild (im Bewußtsein des Jugendlichen) seine besondere Qualität, Form und den emotionalen Beigeschmack.

Die abgedroschene Phrase »Mutter weiß es am besten« verdeutlicht dies ganz simpel. Sieht sich ein junger Mensch speziellen Schwierigkeiten und Konflikten bei der Befriedigung seiner körperlichen Grundbedürfnisse (sowie deren emotionalen und geistigen Nebenprodukten) gegenübergestellt, dann holt er sich normalerweise bei seiner Mutter Ratschläge ein, wie er Freude und Erfolg gewinnen oder Schmerzen, Niederlagen und Frustrationen vermeiden kann. Hat die leibliche Mutter ihn enttäuscht oder ist sie nicht mehr da, dann tendiert er dazu, weil er sein Anpassungsvermögen immer noch nicht hinreichend umsetzen kann, seine Abhängigkeit auf eine andere Frau zu übertragen. Diese Frau wird zu einer Ersatzmutter und er projiziert sein Mutterbild auf sie. Aber es muß sich nicht nur unbedingt um eine andere Frau handeln! Zum Beispiel kann das Mutterbild auch auf eine Kirche verlegt werden, wenn die Ratschläge dieser Religion und ihrer mehr oder weniger unpersönlichen Amtsträger dem Betreffenden all die erfolgsverheißenden Antworten auf die verwirrenden und brennenden Alltagsprobleme liefern. Das Mutterbild läßt sich auch sehr effektvoll auf die Astrologie übertragen! Diesen Fall haben wir dann, wenn jemand keinen wichtigen Schritt mehr unternehmen kann, ohne daß er einen Astrologen konsultiert, einen Blick in die Ephemeride wirft oder zu einem aktuellen Problem schnell ein Stundenhoroskop berechnet.

Keine dieser Übertragungen ist nun rundweg und zwangsläufig schlecht! Wären wir vor einigen Jahrhunderten beispielsweise nach Tibet gereist, dann hätten wir die Führung eines Lamas sehr wohl begrüßt, der unserer Sprache mächtig und mit unseren Sitten vertraut gewesen wäre, sodaß wir uns gut in die Lebensweise Tibets hätten einordnen können. Bei jedem Schritt, der uns in eine völlig ungewohnte Lage versetzt, braucht man Führung irgendeiner Art, wenn sich die Anpassung erfolgreich und verhältnismäßig glatt vollziehen soll. Aber solch eine Führung sollte nur vorübergehend sein! Eine andere Art von Führung steht dann zur Verfügung, wenn man mit den neuen Bedingungen bereits vertraut ist: die Anweisungen einer »Karte«. Ein Vertrauen auf Karten, Organisationsprinzipien (körperlich, sozial, kosmisch), Strukturierungswille und das Erkennen des eigenen Platzes in den verschiedenartigen Strukturen — dies kann an die Stelle einer Abhängigkeit vom Mutterbild treten. Normalerweise wird diese Art Vertraulichkeit von dem Kind zuallererst mit seiner Vaterbeziehung assoziiert.

In der Astrologie steht der Mond traditionell für die Mutter und Saturn für den Vater. Der Grund für diese Symbolik ist eindeutig. Der Mond ist unser einziger Trabant und als solcher dreht er sich ständig um uns; ähnlich versorgt und umgibt die Mutter permanent das kleine Kind. In der alten geozentrischen Astrologie und in der Alchemie nannte man das, was wir jetzt als die Umlaufbahn des Mondes bezeichnen, die sublunare Sphäre. Diese Sphäre wurde als eine Art kosmische Gebärmutter angesehen, als die lebenspendende Plazenta unseres Planeten Erde, von dem man oft dachte, daß er sich noch im embryonalen Stadium befinde (auch heute noch sagen die Okkultisten, daß die Erde kein heiliger Planet sei). In der modernen Astrologie sollte der wesentliche Einfluß des Mondes als die Anpassung an die Alltagsgeschäfte definiert werden. Aus diesem Grundprinzip heraus ergeben sich alle anderen sekundären Entsprechungen. Zum Beispiel handelt es sich bei der mit dem Mond in Geburtshoroskopen verknüpften Mentalität um jene Geistesart, die sich intensiv und bis ins äußerste damit befaßt, Erfolg und Lebensfreude in die eigene Umgebung einzubringen. Es ist der schlaue, opportunistische und flexible Verstand; der chamäleonhafte Verstand, der allzeit bereit ist, sich um eines praktischen Erfolges willen anzupassen, sich zu mäßigen und Kompromisse einzugehen. Der Mond repräsentiert auch die persönlichen Stimmungen, die Gefühle usw., denn all dies sind mehr oder weniger passive Methoden des sich Einfügens, beziehungsweise Reaktionen auf innere oder äußere Situationen, wie sie sich im Alltag entfalten.

In der Vergangenheit galt Saturn als der äußerste Planet. Selbst heute kann er immer noch durch den Symbolgehalt seiner kräftigen Ringe als Markierung der realen (sichtbaren) Grenzen des Sonnensystems in Betracht gezogen werden. Das Sonnensystem ist eine begrenzte und wohldefinierte Einheit. Die äußeren Planeten (Uranus, Neptun, Pluto) beziehen sich auf die greifbaren Zonen, die den wohldefinierten Körper umgeben — auf die Aura, und auf jene Funktionen also, welche die rein körperlichen Organismen mit dem größeren kosmischen Ganzen, sagen wir einmal der Galaxie, verbinden. Saturn entspricht nicht nur dem leiblichen Vater, sondern auch all dem, was unsere dauernde Seinsstruktur und unsere Position innerhalb eines größeren existenziellen Planes verdeutlicht. Körperlich bezieht sich Saturn auf das Skelett, das Grundgerüst für unseren Organismus; intellektuell auf die Logik; psychologisch auf das Ich mit seinen festgefahrenen Reaktionsmustern gegen sozialen Druck; und ganz allgemein gesagt steht Saturn für unseren potentiellen »Platz« innerhalb eines »größeren Ganzen«. Tatsächlich legte der Status des Vaters in älteren Gesellschaften beinahe unwiderruflich die soziale Stellung der Kinder fest (ihren Beruf, ihre Heiratschancen usw.). Heute noch bekommt das Kind den Namen des Vaters, auch wenn dies dann oft schon alles ist.

Saturn bedeutet Struktur und er zeigt, an welchem Punkt etwas in die Struktur paßt — also die exakte Ortung, wo etwas in einem Menschen oder einem rhythmischen Schaltplan bzw. Prozeß zu stehen hat. Deswegen ist alle Astrologie tatsächlich auf den saturnalen Prinzipien begründet, denn das Horoskop legt schlicht und einfach unseren Platz in der Raum-Zeit Entwicklung des Sonnensystems fest. Es zeigt dir, wo du fähig bist und deine Eignung für alles, was dir widerfährt. Aber es sagt dir nicht, was du tun sollst! Es führt dich nicht, außer daß es dir eine Karte dessen zeigt, was gemäß der Struktur der Dinge an dem Ort und in der Zeit, in der du lebst, möglich ist.

Diese letzten Sätze sind für jeden, der sich mit Astrologie oder Psychologie befaßt, von elementarer Bedeutung. Sie implizieren das Vorhandensein von zwei wesentlichen Annäherungsweisen für einen praktischen Umgang mit Astrologie: den Mutterbild-Typus und den Vaterbild-Typus. Wenn man zu einem Astrologen geht oder seine Ephemeride zur Hand nimmt und eine Antwort auf die Frage erwartet »Was soll ich tun?«, dann heißt dies schlicht und einfach, daß man zu einer überirdischen Mutter rennt im Glauben, daß »Mutter es am besten weiß«. Ich wiederhole, daß dies nicht nur »schlecht« sein muß, denn wenn man zu einer Audienz beim Papst oder dem Dalai Lama eingeladen wird, dann hat man gute Gründe, einen Führer nach den richtigen Verhaltensregeln zu fragen. Ähnlich verhält es sich, wenn man vor einem ungewöhnlichen Problem steht, das zwei Alternativen zur Wahl stellt, deren Eigenart und Endresultate man in keiner Form selber ermitteln kann. In dieser Situation kann konkrete astrologische Führung von großem Nutzen sein. Aber diese externe Anweisung ist nur dann wertvoll, wenn man sie als vorübergehend versteht. Man muß ihr wieder entwachsen oder man haftet an der Abhängigkeit vom Mutterbild und bleibt folglich immer ein Kind. Eine echte Mutter wird ihr Kind jedoch zu dem Vater schicken, denn was der Vater (wenigstens in der Theorie) anzubieten hat, ist ein Wissen um strukturelle Prinzipien, Gesetze und Regeln. Die Mutter mag dem fragenden Teenager zurufen: »Mach dies ja nicht!«; aber der Vater wird vor dem Kind eine Karte ausbreiten (symbolisch gesprochen) und ihm zeigen, wohin seine Taten führen werden, welche Gesetze es damit verletzt und welche Auswirkungen auf seinen Charakter und sein Schicksal damit verbunden sein können.

Ein guter Vater wird einem halbwüchsigen Kind, das gerade ein bißchen von der Kraft erworben hat, um die Struktur und Ortung von wenigstens ein paar Dingen zu verstehen, niemals fertige Lösungen vorsetzen. Er zeigt den Weg, den richtigen Platz und die zu erwartende Lebensqualität, wenn bestimmte Ergebnisse erzielt werden. Er stellt es dem Kind jedoch frei, dies zu akzeptieren oder zurückzuweisen. Seine einzige Aufgabe lautet Licht abzugeben, klar, ehrlich und treu zu sein — und zwar auf der Basis dessen, was er selber gelernt und angewendet hat. Selbstverständlich entspricht dies nicht dem landläufigen Vaterbild in unserer westlichen Gesellschaft, unsere Comics bezeugen es! Genauswenig spiegelt dies das Bild des autokratischen und sturen Vaters der Vergangenheit, oder gar unserer puritanischen Tradition, wider. Sollte eine dieser zwei Varianten vorherrschen, dann tendiert das Kind dazu, ein negatives Vaterbild aufzubauen. Handelt es sich bei dem Vater um die moderne karikierte Spielart, dann verfängt sich das Kind leicht im Netz des »Mama-Kultes«. Wenn der Vater den autokratischen Typus verkörpert, dann rebelliert der Jugendliche gegen jede Form von Autorität, d.h. gegen alle Strukturen in die er sich einfügen könnte, sprich gegen Anpassung ganz generell.

Es gibt Betrachtungsweisen der Astrologie, die mit diesen negativen Vaterbildern korrespondieren. Im ersten Fall wird der Astrologe konstant von seinen vermeintlichen Intuitionen und Ahnungen geleitet. Vielleicht erfindet er sogar neue Systeme als Ausflucht vor der wirklichen und in die Struktur eingreifenden Reichweite von Zyklen und planetaren Mustern. Im zweiten Fall ist der Astrologe unbeugsam schicksalsgläubig und malt für sich oder seine Klienten Gemälde von fatalistischen Umständen, unausweichlichen Krankheiten und Tragödien oder aber wunderbaren Ereignissen in der Zukunft (Geld, Liebe usw.). Im Gegensatz dazu basiert eine am positiven Vaterbild orientierte Astrologie meiner Meinung nach auf einem sorgfältigen Zugriff auf zyklische Prozesse und ihre komplexen Wechselbeziehungen. Sie setzt sich mit den Ablaufstrukturen, mit der Gestalt des Horoskops als Ganzem, und mit den Planeten als wechselseitigen Funktionen im gesamten Sonnensystem auseinander. Sie untersucht die *Angemessenheit* von allem. Sie plaziert Ereignisse und Möglichkeiten in fein gegliederte Schicksalspläne. Aber sie sagt keine präzisen Ereignisse an sich voraus, sondern nur Krisen oder Wendepunkte. Sie zeigt, was innerhalb der Umrahmung deiner Raum-Zeit-Individualität, die auch dein Schicksal ausmacht, möglich ist. Denn das reale Du und das besondere Schicksal, die beide von den räumlich und zeitlich fixierten Geburtsdaten definiert werden, sind ein und dasselbe.

Wenn man von Los Angeles nach San Francisco oder von New York nach Chicago fahren will, dann stehen viele Reisewege offen. Aber es gibt nur eine Landkarte. Die Karte zwingt niemand dazu, eine ganz bestimmte Straße zu nehmen — es sei denn, man hat zu einer bestimmter Zeit einen Termin, was die

Wahlmöglichkeiten auf den schnellsten Weg reduziert. Doch was ist die schnellste Route? Du kannst auf der Autobahn schläfrig werden und in einen Unfall geraten. Oder man kann auf einer weniger befahrenen Nebenstraße eine schnellere Möglichkeit finden, selbst wenn sie kilometermäßig länger ist. Struktur zwingt zu nichts! Sie definiert. Sie ist da, damit man sie gebraucht, und nicht als ein Tyrann, der einen versklaven will. Echte Vaterschaft heißt Formklarheit und Erleuchtung. Sie bindet nicht; sie zeigt den Weg, so wie er ist. Sie bietet kein spezielles Dogma, an das man ehrfürchtig glauben muß; sie entzündet das Feuer in dir und spendet dir Licht auf dem Weg — auf jedem Weg.

Dieses Erleuchten des Weges läßt sich nicht eindeutig mit Saturn in Verbindung bringen. Er ist jedoch auf indirekte Weise durch das Prinzip des komplementären Gegensatzes damit verknüpft. Saturn und Sonne sind ein Gegensatzpaar, weil der eine Planet zwangsläufig die Wirkung des anderen anregt, wenn die Aktivität des ersteren grundlegend, eingehend und echt ist. Die Sonne gibt eine permanente Strahlung ab; aber ohne das strukturierende Energiefeld des Saturn würde dies bestenfalls eine zufällige Explosivität bedeuten. Nur dadurch, daß es ein polares Wechselspiel zwischen Sonne und Saturn gibt, kommt es zu einem rhythmischen Auf und Ab der Sonnenenergie, welches uns als Sonnenfleckentätigkeit bekannt ist. Vom Zentrum zur Peripherie und von der Peripherie zum Zentrum zurück, gibt Saturn den Takt für den solaren Energiefluß. Die große Botschaft des Christentums war: »Der Vater ist in dir«. Schicksal ist Individualität. Vertraut man stillschweigend auf Vater Saturn, dann wird man zur Sonne. Wenn man keine Angst vor dem Schicksal hat, dann ist alles möglich in dem Sinne, daß sich Schicksal tatsächlich erfüllen kann — zur richtigen Zeit und am richtigen Ort. Zu sein wie die Sonne heißt, sein eigenes Potential in einem vollen Prozeß der schrittweisen Verwirklichung zu leben.

Danach braucht es kein Mutterbild oder Vaterbild mehr. Die zwei Ursymbole der Vergangenheit — Mond und Saturn — sind innerhalb einer solaren Gegenwart absorbiert worden. Du bist, was für dich in jedem Augenblick notwendig ist, ohne Furcht vor der Zukunft oder Trauer um die Vergangenheit. Dieser Zustand ist sehr schwer zu erreichen! Schwierig ist dies aber nicht deshalb, weil man einen spektakulären Drahtseilakt ausführen müßte, sondern ganz im Gegenteil deswegen, weil uns damit eine Befreiung von Anstrengung, angespannter Aktivität und präzisen Erwartungen abverlangt wird. Wir müssen auf unsere Abhängigkeit von irgendwelchen Bildern verzichten, sei es nun das Vater– oder das Mutterbild.

Was heißt dies nun bezüglich unserer Einstellung zur Astrologie? Ganz einfach: wir sehen Astrologie als ein Mittel zum Zweck, als eine sehr wertvolle Technik, um gewisse Anlagen in uns zu entwickeln. Geradeso wie das Vorbild und die Beziehung zu Vater und Mutter (oder deren späteren Ersatz) lediglich ein Mittel zur Weiterentwicklung unserer eigenen Anpassungsfähigkeit an das Leben und unseres Willens zur Einfügung in eine höhere Ordnung sind, um unser Schicksal und unsere Individualität festzulegen. Jede Generation leistet diesen Dienst für die nachkommende Generation. Aber was eine Generation von den Eltern empfängt, ist nur eine Schulung und es sollte niemals ein Gefühl des Zwanges oder der Identifizierung erzeugt werden. Vergleichsweise kann die Astrologie unsere Auffassungsgabe so ausbilden, daß wir auf neue Provokationen und Probleme des Alltags bestens reagieren können. Oder aber sie kann unser Wahrnehmungsvermögen für die kosmische Ordnung und die strukturelle Entfaltung natürlicher Prozesse schärfen, und zwar selbst in den Bereichen, in denen das Leben uns besonders chaotisch vorkommt.

Eine vom Mutterbild geprägte Astrologie kann unseren Sinn für Eigennützigkeit sowie für Geben und Nehmen bei der zeitlichen Koordinierung unserer Aktivitäten stärken, aufdaß wir nicht jedem Sachverhalt und jeder irrelevanten Umgebung grob unseren Eigenwillen aufzwängen. Dadurch können wir lernen, Führung für unsere egozentrischen und ruhelosen Impulse zu akzeptieren. Wenn diese Führung allerdings Abhängigkeit bedeutet, dann werden wir hiervon in gewisser Hinsicht zu einer ewigen Kindheit verdammt. Vom Mutterbild geleitete astrologische Führung erfüllt ihren wahren Zweck, sobald wir erkennen, daß wir ihrer nicht mehr bedürfen, und unsere eigenen Fehler unzuverlässigen Ratschlägen vorziehen. Ein altes Sprichwort sagt: »Wenn der Sohn die Mutter verläßt, dann wird er Vater«. Falls wir bereit sind, nicht mehr die »Mama» zu fragen, auch wenn sie es am besten wissen sollte, dann können wir in den Bereich des »Vaterwissens« einsteigen, in das Verständnis der Zyklen, der Formen und der Harmonie hinter Konflikten und anscheinender Unordnung: das Wissen um das, was wir hier und jetzt sind. Unser wahrer Vater ist es, der uns zu jener Kenntnis führen kann oder uns die dazugehörige Verankerung mit auf den Weg geben kann. Es muß sich nicht um unseren Vater in biologisch und sozialer Hinsicht handeln. Es kann genausogut auch unser »Guru« oder Initiator sein. Aber dieses Vater–Vorbild sorgt im wesentlichen für die Ausbildung — und vielleicht auch die Erleuchtung — sobald der Betreffende einen gewissen Reifegrad erlangt hat. Es liegt an uns, den erleuchteten Pfad zu beschreiten, und allem, was wir berühren und durchdringen, unsere eigene Verwirklichung der Ordnung aufzuprägen. Wir müssen aus eigenem Recht Väter werden. Und was in uns pocht, wenn wir frei sind, ist tatsächlich nicht der Vater als Wesen — sondern die Macht des vaterschaftlichen Prinzips!

Man kann auf sein Horoskop blicken und sagen: Das bin ich, mein Saatpotential, das ich zu einer wirklichen und konkreten Tatsache werden lassen sollte. Aber der Hauptzweck der Analyse seines Horoskops liegt darin, dieses vergessen zu können, indem man Erkenntnisse darüber erlangt, was man ist — nämlich ein auf individuelle Weise geordnetes Sonnensystem! Der vom Vaterbild geprägte Zugang zur Astrologie sollte den Verstand so ausbilden und erziehen, daß unser Individualitäts–Bewußtsein von der Ebene eines bloß rein saturnalen Egos auf die eines individualen Selbst gehoben wird. Dieses Selbst ist analog zum Sonnensystem, das von einer flammenden Sonne angetrieben wird, zu begreifen. Wenn der Astrologie dies gelingt, dann war sie ein guter Ersatzvater.

Was am Ende jedoch tatsächlich zählt, liegt jenseits von Ausbildung und Training. Es ist die große Symphonie, die der Komponist aus der dynamischen Wahrheit und dem Rhythmus seiner ursprünglichen Natur heraus schöpft, ohne sich irgendwelche Sorgen um einst gelernte Regeln zu machen. Es ist das große Gemälde, welches den Betrachtern den Atem verschlägt und sie verblüfft — sie können allerdings von da ab vielleicht auf andere Weise »sehen«. Wirklich relevant ist das Leben, welches nicht durch Moralvorschriften und Gesetze oder astrologoische Progressionen gelebt wird, sondern durch die eigene Bewußtseinskraft des schöpferischen Selbst, das dieses ganze Leben von der Geburt bis zum Tode uneingeschränkt als eine große Aussage, ein kreatives Wort, ein weltveränderndes Schicksal ansieht.

Kapitel 14

Die sexuellen Faktoren der Persönlichkeit

Wo Leben ist, da wirkt das Prinzip der Polarität. Dem ist möglicherweise so, weil das Leben in hohem Maße positive und negative elektrische Phänomene in sich birgt, wie die Biologen inzwischen feststellten. Alle Zellen sind elektrisch geladen und die Nerven leiten elektrische Ströme. Im Nervensystem des Menschen ergänzen sich zwei untergeordnete Systeme gegenseitig in ihrer Wirkung; Gesundheit ergibt sich aus deren dynamischem Gleichfluß. Tatsächlich ist für alle Aktivitäten eine elektrische Entladung erforderlich, und Elektrizität hat zwei Pole, einen positiven und einen negativen. Im menschlichen Organismus sind viele Funktion am Werk. Gesundheit ist dort zu finden, wo diese Funktionen harmonisch und in rhythmischer Wechselwirkung zu einander stehen.

Die alten chinesischen Philosophen brachten diese rhythmische, selbstregulierende Eigenschaft von Lebensvorgängen in dem Tao-Symbol zum Ausdruck: *Yin* und *Yang*, zwei Kräfte von entgegengesetzter Polung, werden verschränkt miteinander in einem Kreis dargestellt. Das Symbol ist nicht statisch und versinnbildlicht einen bipolaren Prozeß. Es veranschaulicht einen Rhythmus der Jahreszeiten und der astrologische Tierkreis ist ein symbolisches Abbild dieses zyklischen Wechsels.[77] Was ich als die Tagkraft bezeichne, bezieht sich auf die »männliche« Polarität *Yang*. Sie erreicht ihr Energieminimum zur Wintersonnenwende (der symbolischen Christusgeburt); die Nachtkraft *Yin* befindet sich parallel dazu auf ihrem Höhepunkt.

Während der Wintermonate nimmt die Tagkraft an Stärke zu (und die Tage werden länger), die Nachtkraft verringert sich gleichzeitig. Zur Frühjahrs–Tagundnachtgleichen haben beide die gleiche Intensität; bei der Sommersonnenwende gelangt die Tagkraft an ihr Maximum und die Nachtkraft an ihren Tiefstpunkt. Danach nimmt die Nachtkraft wieder ständig zu, während die Tagkraft abnimmt, sodaß beide Kräfte bei der Herbst–Tagundnachtgleichen wieder gleich stark sind und so fort.

Das Prinzip der Polarität ist auch im Leben wirksam, nämlich im Bereich der Sexualität. Primitivste Lebensformen werden nicht mithilfe der Sexualität klassifiziert. Einzeller zweiteilen sich selber und jede Hälfte wird eine unabhängige Einheit, die sich wiederum teilt und so fort *ad infinitum*. Ein Mensch wird als Mann oder Frau geboren; aber etwa bis zum dritten Schwangerschaftsmonat trägt der Embryo in der mütterlichen Gebärmutter noch die Keime sowohl der männlichen als auch der weiblichen Geschlechtsorgane. Die sich danach vollziehende Differenzierung ist allerdings nicht absolut. Der männliche Körper behält noch Spuren der weiblichen Organe zurück und der weibliche Körper weist noch strukturell männliche Kennzeichen auf. Tatsächlich kommt das Geschlecht erst mit der Pubertät zur vollen Geltung, auch wenn die Geschlechtsmerkmale sich seit der Geburt mehr und mehr herausbilden. Wie schon Freud hervorhob (und überbetonte!), bedingt die Dynamik dieses Prozesses in den ersten sieben Lebensjahren entscheidend das infantile Bewußtsein. In einem sehr realistischen Sinne kann man sagen, daß die Sexualkraft den Körper des Kindes aufbaut oder diesen Aufbau vorantreibt. Aber der Körper stellt nur den *äußeren Aspekt der Persönlichkeit* dar. Diesem äußeren Aspekt muß man einen *inneren* hinzufügen, den man normalerweise als »Psyche« bezeichnet. Ein Mensch ist sowohl aus Körper als auch aus Seele zusammengesetzt; jedes Individuum hat nicht nur ein Innenleben, sondern auch ein Außenleben. Die Kräfte, welche die männlichen oder weiblichen Körpermerkmale hervorbrachten, stehen nicht für sich allein. In und durch den männlichen *Körper* ist auch eine *weib-*

liche Psyche wirksam. Man kann sagen, daß diese von den ursprünglich weiblichen Merkmalen, die schon in der präsexuellen Embryonalphase vorhanden waren, übernommen wurden.

Mit anderen Worten, das befruchtete Ei in der Gebärmutter kann potentiell sowohl weiblich als auch männlich sein; wenn der »Keim« der männlichen Funktionen dominant wird und der Embryo schrittweise rudimentäre männliche Organe ausbildet, dann verschwindet die weibliche Anlage nicht völlig. Wir könnten sagen, daß diese zwar ihre Kraft nicht ganz verliert, daß sie aber in entgegengesetzter Richtung zu dem das Geschlecht markierenden männlichen Keim wächst. Sie entwikkelt sich also entlang »gegengeschlechtlicher« Richtlinien, d.h. psychisch.

Wenn sich der männliche Embryo seiner Geburt nähert, dann produzieren die Drüsen Hormone, die nicht nur das Körperwachstum beeinflussen, sondern bauen auch etwas auf, das man eine maskuline Form der neuro-intellektuellen Anpassung des zukünftigen Kindes an die Außenwelt nennen könnte. In ähnlicher Weise sorgen die weiblichen Hormone beim Mädchen für eine feminine Anpassungsform an die späteren Existenzbedingungen. Zum Beispiel kommen bei einem Knaben die gegengeschlechtlichen weiblichen Energien ebenfalls zur Geltung. Sie wirken im *Unterbewußtsein* als möglicher kompensatorischer Faktor des Innenlebens. Sie scheinen bei dem ausgelassenen amerikanischen Jungen mit 9 oder 16 Jahren nicht vorhanden zu sein, aber dies ist weitgehend eine Besonderheit der amerikanischen Gesellschaft; in Frankreich oder in vielen orientalischen Ländern hat ein Junge vor Eintreten der Pubertät häufig beinahe weiblichen Charme.

Kommt es während der Kindheit oder in der Zeit des Heranwachsens zu einem körperlichen oder organischen Schock, dann können die geschlechtsspezifischen Merkmale des Jugendlichen beeinträchtigt, blockiert oder fehlgeleitet werden; die andersschlechtlichen Faktoren (das Feminine im Jungen oder das Maskuline im Mädchen) können sich viel klarer manifestieren. Sie beeinflussen sodann die psychischen oder geistigen Persönlichkeitsbereiche. Dies kann unter Umständen sogar zu »psychosomatischen« Problemen führen oder zumindestens die Entwicklung einer irgendwie ungewöhnlichen Persönlichkeitsstruktur bedingen — bei einem Jungen mag sich dies vielleicht auf imaginative oder künstlerische Weise äußern; beim Mädchen auf intellektueller oder wissenschaftlicher Ebene.

Jede Erfahrung, welche die Tönung der sexuellen Persönlichkeitsfaktoren vermindert oder ihnen einen negativen Gefühlswert verleiht, scheint demnach in dem Jugendlichen den Einfluß und die Auswirkungen des gegengeschlechtlichen Lebensprinzips zu steigern. Es ist gerade so, als ob man während der Sommermonate, wenn man sich vorwiegend im Freien aufhalten sollte, durch anhaltend schlechtes und kaltes Wetter dazu gezwungen wird, seine Tage drinnen zu verbringen und sich auf häusliche Betätigungen zu konzentrieren. Aus diesem Grunde haben viele religiöse Vorschriften den Akzent auf asketische Übungen gelegt, um die sexuellen Wesenszüge beinahe bis zum Kollaps zu erschüttern. Dadurch wurde es den andersgeschlechtlichen Energien des Seelenlebens ermöglicht, mit ganzer Kraft aus ihrer unterbewußten Position in den Bewußtseinsbereich einzudringen.

Die Astrologie bietet ein sehr aufschlußreiches Bild für die gerade beschriebenen Prozesse. Denn in der Sonne und dem Mond finden wir Symbole für die sexuellen Aspekte des menschlichen Naturells bzw. maskulinen oder femininen Körpers. Jupiter und Saturn geben uns bedeutende Hinweise auf die Aktivität der komplementär-geschlechtlichen Kräfte in den männlichen und weiblichen Seelen. Die Sonne (männlich) und der Mond (weiblich) sind die »Lichter« des Lebens auf der Erdoberfläche. Die Sonne ist die primäre Energiequelle auf dem Planet Erde; sie ist das aktive, befreiende Prinzip, die Befruchterin und treibende Kraft aller Lebensprozesse. Was den Mond anbelangt, so bin ich der Meinung, daß wir seine astrologische und okkulte Bedeutung nur dann verstehen können, wenn wir erkennen, daß sich diese nicht nur auf den Erdtrabanten als materieller Himmelskörper bezieht. Er symbolisiert vielmehr das, was die antiken Astrologen als das »sublunare Reich« bezeichnet haben, d.h. den gesamten Raum um die Erde, der von den monatlichen Umdrehungen des sichtbaren Mondes umspannt wird. Dieser sublunare Umkreis ist die Matrix (oder wenn man diese Begriffe vorzieht, die Aura bzw. das elektromagnetische Feld), innerhalb der unser Planet, und damit die Menschheit als ganze, existiert. In diesem Sinne haben die Astronauten die Sphäre der Erde niemals ganz verlassen, solange sie nicht fähig sind, über den Mond hinauszufliegen und (wenigstens symbolisch) zur »verborgenen Seite« des Mondes vordringen, welche immer zum äußeren Weltraum hin gedreht und damit von der Sonne abgewendet ist.

Der Mond versinnbildlicht demzufolge die traditionell »mysteriöse« Seite der weiblichen Sexualität; das wechselnde Erscheinungsbild des Mondes repräsentiert den weiblichen Ovulations- und Menstruationszyklus bzw. die *bioglandularen* Stimmungen der Frau. Auf ähnliche Weise entspricht die Sonne in der Astrologie der zeugenden Sexualkraft des Mannes. Durch Sonne und Mond befassen wir uns vornehmlich mit den äußeren biologischen und sexuellen Aspekten von Mann und Frau. Überdies wirkt die Sexualenergie mittels Organstrukturen, welche in beiden Geschlechtern von Venus und Mars »regiert« werden: Venus bezieht sich auf die Hoden und die Eierstöcke, Mars auf die Mechanismen zur Entladung der Sexualenergien.

Wenn wir auf die gegengeschlechtlichen Gesichtspunkte des Individuums zu sprechen kommen, dann betreten wir ein Feld, im dem eine gute Portion Aufklärung angebracht ist, sei es in psychologischer oder auch in astrologischer Hinsicht. Ich bringe das Gegengeschlechtliche mit Jupiter und Saturn in Verbindung. Marc Edmund Jones sprach von diesen zwei Planeten schon vor sehr langer Zeit als den »sozialen Planeten« und in einem anderen Zusammenhang als »Planeten der Seele«. Im ursprünglichsten Sinne beziehen sie sich auf alles, was menschlichem Zusammenleben entspringt; sie haben mit der Organisation und Aufrechterhaltung von Gemeinschaften, Nationen, sozialen und religiösen Institutionen zu tun. Jupiter läßt sich dem Sozialgefühl zuordnen, also den Rhythmen von Gruppeneinstellungen und der Gemeinschaft zwischen Menschen, deren Interessen ähnlich gelagert sind. Saturn befaßt sich insbesondere mit dem Platz, den ein Gesellschaftsmitglied rechtmäßig besetzt und den sozialen Aufgaben, die es wirkungsvoll übernehmen kann, wenn es den richtigen Standort gefunden hat. Saturn steht somit in Bezug zu den Problemen des Definierens, Stabilisierens und zur Sicherung der Stellung und Vorgehensweise in der Gruppe.

Saturn und Jupiter haben also die kollektiven Faktoren im Menschen zum Thema. Sonne, Mond, Mars und Venus betreffen die *individualen* Faktoren. Ich habe in meinen anderen Büchern gezeigt, daß diese zwei Prinzipien — das Individuelle und das Kollektive — die grundlegendsten Polaritäten in allen Daseinsformen sind. Die Tagkraft im Jahreskreislauf (das chinesische *Yang) manifestiert sich im Leben als die Triebkraft zur Individuation*; sie schafft begrenzte, klar definierte, organische Systeme und nach außen gelenkte Persönlichkeiten. Die Nachtkraft (*Yin*) setzt den Anstoß zur Sozialisation und für das Errichten von mehr oder weniger großen *Kollektiven* aus individualen Einheiten.

Das Herausdrängen des kindlichen Körpers aus der Gebärmutter — und in evolutionär weiter gefaßtem Sinne, aller Lebewesen aus dem Meer — ist ein Resultat des Verlangens nach Individualisierung; der Geschlechtstrieb (d.h. Fortpflanzung und Vermehrung) ist eine Gewalt, die genau in das Mark dieser Individualisierungstendenz trifft. Aber das neugeborene Kind — und fürderhin auch das selbstzufriedene, reife Individuum — lebt nicht allein auf der Welt. Es könnte seine menschlichen Geburtsanlagen nicht für sich alleine leben und entfalten. Es wird in eine Gemeinschaft von Menschen hineingeboren; und exakt diese Kollektivität und ihre Tradition stellt dem individuellen menschlichen Organismus all das bereit, was er auf biologischer und geistiger Ebene braucht — d.h. Nahrung, Wissen, Sprache und soziale Institutionen, die zur Erfüllung jeder individuellen Personalität absolut erforderlich sind.

Was wir mit »Innenleben« einer Person bezeichnen, wird *mental* durch die Sprache, Symbolik und kollektiven Geisteshaltungen der jeweiligen Gesellschaft und Kultur bedingt; *emotional* ist es von den ersten als selbstverständlich angenommenen zwischenmenschlichen Beziehungsmustern, dem Beispiel der Eltern und den direkt übertragenen Gemeinschaftsgefühlen abhängig. Selbst wenn der Betreffende gegen die Denkformen und die ethischen, religiösen und sozialen Lebensweisen seiner Familie, Klasse oder Nation rebelliert, wird diese Auflehnung an das Urgefühl gebunden, daß man zu einer Gruppe »gehört« und nimmt von da aus ihren Anfang.

Man kann dem Druck seiner Kollektivität und seiner Kultur nicht entfliehen; selbst die Revolte muß Worte und Gesten verwenden, die von der soziokulturellen Vergangenheit vererbt wurden, um Gestalt annehmen zu können und effektiv zu werden. Carl Jung redete von dem kollektiven Unbewußten nicht nur als Erntespeicher für die Erfahrungen von Millionen von Generationen, sondern mehr noch als von einem Meer, aus dem viele kleine Inseln aufsteigen, die uns als Einzelindividuen bekannt sind. Die Aufgabe der biologischen, soli–lunaren Triebkräfte besteht darin, individuelle menschliche Organismen zu erzeugen. Wenn sie nun ihren nach außen gerichteten Impuls bei der Entwicklung der sexuellen Anteile einer Persönlichkeit mit Erfolg vollenden, dann geschieht dies dadurch, daß sie die gegengeschlechtlichen Komponenten in das Unbewußte zurückdrängen. Diese mögen scheinbar nicht mehr auf persönliche, bewußte und willentliche Weise wirksam sein. Aber sie sind dennoch da, und sie setzen die Rahmenbedingungen für das *psychologische Klima* des Betreffenden. Vergleichbar mit dem Meer, das durch seine Strömungen und den aus ihm verdunstenden Nebeln, das Klima der kleinen, aus dem Wasserspiegel herausragenden Inseln festlegt — und manchmal kann auch eine Flutwelle die Insel des Bewußtseins überfluten!

Wird von Jupiter und Saturn als den »Planeten der Seele« gesprochen, dann bezieht sich der Begriff »Seele« auf jenen Aspekt der Gesamtperson, der immer die *Vervollkommnung* seiner nach außen orientierten, selbstbewußten und bewußten Persönlichkeitsanteile sucht. Carl Jung sprach in diesen Zusammenhang von der *Anima* des Mannes oder dem *Animus* der Frau; er sah beide als undiffernzierte und oftmals archaische psychische Funktionen. Sie können sich in Träumen, schöpferischen Phantasien, plötzlichen Intuitionen und paranormalen Fähigkeiten manifestieren. Diese stellen die weniger offensichtlichen oder »verborgenen« Einflüsse der Planetenenergie von Jupiter und Saturn dar.

Das nach außen hin männliche Individuum kann andersgeschlechtliche Züge in seiner Psyche (die Anima) antreffen, wenn es fähig ist, auf den Grund seiner Seele zu blicken. Es ist dieselbe Kraft, die, obschon dem individuellen Bewußtsein unbekannt, das Einzelwesen dazu drängt, nicht nur die soziale Verbundenheit, sondern auch die hingebungsvolle Teilnahme an Gruppenaktivitäten zu suchen. Die »Seele« eines Mannes ist kollektiv ausgerichtet; die »Seele« einer Frau ist individualistisch orientiert — denn ihr *äußeres* Wesen und ihre Geschlechtsfunktion ist, dadurch, daß sie Kinder gebärt, von einer Hingabe an die menschliche Gattung durchdrungen, deren weitere Existenz sie fortsetzen und sichern muß.

Der weibliche Intellekt (der auch ein Teil ihres äußeren Wesens ist) erfährt normalerweise eine große Öffnung für kollektivierende Sozialströmungen. Eine Frau neigt eher dazu, sich institutionalisierter Religion und Ethik sowie der Mode anzupassen. Aber in den unbewußten Seelenteilen richtet sich ihr Grundtrieb auf die Individualisation. Wenn sie eifrig die Abhängigkeit akzeptiert — sei es von ihrem Ehemann (was in der Hindu–Kultur so verherrlicht wird), oder von Jesus als göttlichem Geliebten (wenn sie ihr Liebesbedürfnis transzendiert hat), oder von einem orientalischen Lehrer, Swami bzw. Guru (der vermeintlich eine Technik zur Selbstoffenbarung bietet) — dann nur deshalb, weil ihr Unbewußtes immerwährend einen Zustand der individualistischen Integration erreichen möchte. Es sucht diesen in der Identifizierung mit einem Vorbild, einer katalysierenden Person oder Lebenssituation. Saturn, der Individualisierer und Stabilisator ist somit ein Symbol für die innere Antriebskraft der Frau; dagegen ist Jupiter, der Sozialisator, das Sinnbild für die halbbewußten oder völlig unbewußten psychischen Sehnsüchte des Mannes.

Dieser innerpsychische Trieb kann sich tatsächlich als tiefer und unklarer Zwang äußern, der den Mann oder die Frau erfaßt und deren äußere Existenz beherrscht; aber in jedem Fall hat er die gegengeschlechtlichen Kräfte als Nährboden. Sehr oft ist es gerade so, daß nicht darin der wirkliche Auslöser steckt, was bei einem Mann oder einer Frau das Handlungsmotiv oder die Ursache für persönliche oder situative Gefühle zu sein scheint. Ein Mann kann einer Gilde oder Zunft beitreten, weil er denkt, dies könnte seinen äußeren sozialen und geschäftlichen Interessen oder seiner Macht dienen; aber der wahre Grund kann darin verborgen liegen, daß seine »Seele« sich nach einer verbindenden sozialen Gemeinschaft und nach Gruppenzugehörigkeit sehnt — und dies repräsentiert in gewisser Hinsicht eine Art psychologische »Übertragung« der frühkindlichen Mutter–Kind–Beziehung.

Auf der anderen Seite kann eine Frau *bewußt* daran glauben, daß sie die Liebe eines Mannes als Ventil für ihre sexuellen Gefühle begehrt. In Wirklichkeit sehnt sie sich jedoch (halbbewußt oder unbewußt) nach einer transzendenten Macht, die ihr offenbaren könnte, was sie als spirituelles Wesen eigentlich ist. Das Liebesspiel kann allzu oft nur ein Vorwand oder ein Mittel für einen unbewußten oder einen undeutlich bewußten Zweck sein. Für die Frau kann der Liebesakt in Wirklichkeit Symbolcharakter haben; die Realität, weit hinter dem Symbol liegend, entspricht dem katalytischen Prozeß, der ihr auf mysteriöse Weise ihre wahres Selbst enthüllt. Es handelt sich somit wahrhaftig um eine »Initiation«, die sich in ihrem *Innenleben* abspielt—eine Aktivität, bei der ihre unbewußte Andersgeschlechtlichkeit zum handelnden Faktor wird. Im Gegensatz dazu stellt der Liebesakt für den Mann normalerweise einen bewußten Ausdruck seiner Sexualkraft dar, eines der vielen Ereignisse (oder Zwischenfälle) in seinem *Außenleben.*

Der Planet Saturn verkörpert für die Frau die Figur des todernsten Hierophanten, der den mysteriösen Reinigungsritus *aus* oder *durch* — je nachdem was zutrifft — ihrer sexuellen Natur heraus zelebriert. Astrologisch manifestiert sich im Saturn das Vaterbild, weil der Vater das Symbol für Autorität und Verstandeskraft ist (oder wenigstens sein sollte); und er war — im seelischen Empfinden kleinen Mädchens — der »Initiator« der Mutter. Das Mädchen, das seine kollektive, bio-soziale Rolle mit der Mutter gleichsetzt, projiziert seine unbewußte Sehnsucht nach Individualisation (die auch geistige Entwicklung mit enthält) auf seinen Vater. Wenn der Vater nun eine wertlose oder ineffektive Projektionsfläche ist, dann wird es frustriert und neigt später dazu, jemanden zu suchen, der diesem Idealbild gerecht wird. Das Mädchen kann eine starke Verwirrung in seine Suche hineintragen, weil es die sexuellen und die gegengeschlechtlichen Triebkräfte vermischt — und dies führt manche Ehe vor den Scheidungsrichter. Das »Innen« und das »Außen« schließen sich gegenseitig kurz.

Das innere Sehnen eines Mannes nach Gemeinschaft und Teilhabe — wovon die christliche Kommunion und frühere Vorläufer des gemeinsamen »heiligen Mahles« in einer mystischen Brüderschaft die religiösen Ausdrucksformen sind — kann ebenfalls durcheinander geraten und materialistisch werden, wenn es mit dem äußeren Verlangen nach Macht und Wohlstand vermischt wird. Dies setzt eine »sozialisierte« Form der sexuellen und ichbildenden Aktivität in Gang. Religiöse Bewegungen und Geheimbünde (wie die Freimaurer) werden leicht pervertiert oder zumindestens materialistisch, weil das »Außen» in das »Innen« eindringt und der Körper die Seele in seinen Teufelskreis der Begierden hineinzieht.

Die Schwierigkeiten, diese gerade erwähnten psychologischen Fakten und astrologischen Konzepte bei der Untersuchung von Geburtshoroskopen umzusetzen, liegen darin, daß verschiedene andere Gesichtspunkte in das Gesamtbild eintreten und sich auf Charakter und Leben der Person auswirken. Vor allen Dingen kann der Druck der Umgebung, und zwar in erster Linie die Eigenart der alltäglichen Eltern–Kind–Beziehung im frühen Kindesalter oder in der Jugend (besonders bei Mädchen), die natürliche Persönlichkeitsentwicklung verändern. Die Eltern–Kind–Beziehung wirkt sowohl auf der inneren als auch auf der äußeren Ebene, und auf jeder Ebene ganz unterschiedlich.

Für einen Jungen wird die Mutter im Horoskop vordergründig durch den Mond repräsentiert. Die Mutter umgibt das Kind normalerweise mit Aufmerksamkeit, Fürsorge und Liebe. Sein Wohlbefinden und seine Auseinandersetzung mit den alltäglichen Existenzschwierigkeiten, die möglichst erfolgreich und glücklich verlaufen sollte, hängt von ihr ab. Diese äußere Abhängigkeit kann über die Pubertät hinaus hartnäckig fortbestehen, und der junge Mann wird sie auf seine Frau übertragen. Aber es gibt noch eine subtilere Beziehungsform, die auf das Innenleben des Jungen einwirkt, denn normalerweise *identifiziert* er sich mit seiner Mutter durch eine Liebesgemeinschaft. Er und sie bilden ein »wir«; sie gehören zusammen, solange bis dieses Wir–Gefühl durch die Nachlässigkeit der Mutter oder den Mangel an wirklicher Liebe zerbricht. Wird das Wir–Gefühl zerrüttet, dann trägt der Junge sein ganzes Leben lang das Gefühl einer tiefer Verletzung oder eine Empfindung innerer Leere mit sich herum. Er wird dann versuchen, diese Leere zu füllen, indem er ein soziales, jupiterhaftes Begehren nach Kameradschaft entwickelt, um von Gleichgesinnten geliebt zu werden und einer Gruppe anzugehören.

Folglich muß man in dem Horoskop eines Mannes, zusätzlich zur Stellung der Sonne, auch die Position von Mond und Jupiter in Betracht ziehen, die immer ein Indikator für den Grundtrieb nach äußerer sexueller oder sozialer Selbstdarstellung und Selbstüberhöhung sind. Das Instrumentarium für diesen Trieb ist die Marsenergie (welche über alle Muskeln und Bewegungsorgane herrscht), aber auch das Merkurprinzip (das mit dem Intellekt und dem assoziativen Gedächtnis verbunden ist). Die gegenseitigen Querverbindungen (Aspekte, sensitive Punkte usw.) zwischen diesen Planeten sollten es einem ermöglichen, ein relevantes Bild der sexuellen und komplementär–geschlechtlichen Kräfte zu entwerfen, die in der Persönlichkeit des Mannes zusammenspielen.

Im Horoskop einer Frau repräsentiert der Mond ihr feminines Wesen und während der Kindheit und Jugend auch ihr Verhältnis zur Mutter, die sie normalerweise zu *imitieren* wünscht. Selbst wenn sie das Verhalten der Mutter nicht leiden kann und dagegen aufbegehrt, wird sie letzendlich feststellen, daß sie einige der Lebensmuster von ihrer Mutter wiederholt. Da die gegengeschlechtliche Seite in der Persönlichkeit des Mädchens von Saturn abgebildet wird, ist jede Winkelverbindung zwischen Mond und Saturn ziemlich aufschlußreich. Stehen diese zwei Planeten in Opposition, dann ist es höchst wahrscheinlich, daß das Mädchen früher oder später den äußeren körperlichen Druck des Sexualtriebes auf das innerere Seelenbewußtsein und den Verstand überwinden wird. Aber es kann dennoch in manchen Fällen auch zu negativen Ergebnissen kommen: zu einer Dissoziation von Innen– und Außenleben.

Eine Konjunktion von Mond und Saturn kann auf den Beginn eines neuen Lebenszyklus hindeuten (wenn man an Reinkarnation glaubt), oder aber auf ein gestörtes Sicherheitsgefühl, als ob man in einer neuen und unvertrauten spirituellen Umgebung tätig wäre. Sie kann emotionale Verwicklungen mit dem Vater bedeuten; die Gegenwart und der Einfluß der Vaterfigur kann das Wesen des Mädchens so stark polarisieren, daß ambivalente Gefühle einer inzestähnlichen Anziehung und Schuld erwachen. Ob diese Komplexreaktion in einem nebulösen und unbewußten Hintergrund bleibt, oder im Gegenteil die bewußte Persönlichkeit verfolgt, hängt theoretisch von den planetaren Verbindungen zwischen dem Horoskop von Vater und Tochter ab.

Eine exakter Aspekt zwischen dem Jupiter eines Mannes und dem Saturn einer Frau kann einen Hinweis auf eine karmische Beziehung geben, deren Ursprünge bis weit in die Vergangenheit zurückreichen; als eine typische Analogie für diese Situation ließe sich das Beispiel von Romeo und Julia anführen. Steht die Sonne eines Mannes in Konjunktion zu seinem Jupiter, dann neigt seine Persönlichkeit dazu, einem starken inneren Zwang zur Erfüllung einer überpersönlichen Bestimmung energischen Ausdruck zu verleihen. Präsident Johnson war in etwa ein Vertreter für diese Sachlage. Aber die Gegenwart des Mars, der zwischen seinem Löwe–Jupiter und der Jungfrau–Sonne aufsteigt, bringt die Bedeutung dieser Konjunktion etwas durcheinander, die zudem weder exakt noch im gleichen Tierkreiszeichen steht. Das beste Beispiel gibt uns der große Prophet, Dichter und Yogi Sri Aurobindo, in dem seine Anhänger einen »Avatar« sehen, d.h. eine Verkörperung des Göttlichen. Er wurde mit einer Sonne/Jupiter–Konjunktion im Löwen nahe am Aszendenten geboren.

Ein rückläufiger Jupiter beim Mann und ein rückläufiger Saturn bei der Frau scheinen das innere Leben vom äußeren, die sexuellen von den gegengeschlechtlichen Seiten der Persönlichkeit, stärker abzugrenzen. Aber ich wiederhole, alle diese Indikatoren sind ganz subtil und sollten bei einer schnellen und oberflächlichen Horoskopdeutung kaum berücksichtigt werden. Sie gehören zu einer neuen Form psychologischer Astrologie, die Hand in Hand geht mit einer Psychologie, welche auf die Verwirklichung der vollkommenen Individualität ausgerichtet ist.

Kapitel 15

Die Mysterien von Schlaf und Traum

Wenn ich eine astrologische Aussage zum Dogma erheben müßte, dann wäre es sicher das Polaritätsprinzip. Jeder Wirkfaktor in der Astrologie hat seinen polare Gegenspieler. Jedes Zeichen des Tierkreises hat als Polarisation das gegenüberliegende Zeichen. Die Wintersonnenwende hält sich das Gleichgewicht mit der Sommersonnenwende, die Frühlings–Tagundnachtgleiche ist der Kontrapunkt zur Herbst–Tagundnachtgleichen. Jeder Planet ist mit einem anderen gepaart (Sonne und Mond, Mars und Venus, Jupiter und Saturn oder Jupiter und Merkur). Jeder Ausschnitt des Geburtshoroskopes (jedes Haus) über dem Horizont ist komplementär zu dem entsprechenden unter dem Horizont. Der östliche Aszendent hat als Gegenpol den Deszendenten im Westen.

Astrologie ist in erster Linie eine Methode, um ein ausführliches Verständnis von lebenden Organismen zu gewinnen; diese können Körper oder Persönlichkeiten, ja sogar soziale Gebilde (z.B. Nationen oder Firmen) sein, welche irgendwie als mehr oder weniger andauernde Ganzheiten funktionieren und die Produktionstätigkeiten von Menschen organisieren. Das Leben verläuft in jeder Form gemäß eines bipolaren Rhythmus — vergleichbar mit der Elektrizität, die immer einen positiven und einen negativen Pol hat, wenn der Strom fließt. Somit ist das Verstehen der Polarität wesentlich für die Betrachtung der Astrologie. Die eindrucksvollste polare Gegenüberstellung im menschlichen Leben ist jene von Wachzustand und Schlaf. In manchen Zivilisationen und Religionen wurde dieses Wechselspiel zwischen bewußter Aktivität und unbewußtem Schlummer erweitert. Man wollte die Vorstellung eines Überganges zwischen inkarnierter Erdenexistenz und das Entgleiten in transzendente Seinszustände hinter den Portalen des Todes mit in das Konzept aufnehmen.

Die letztgenannte Thematik, die man meist als Reinkarnationslehre bezeichnet, wird selten richtig begriffen; sie läßt sich ganz einfach und zweckmäßig einordnen, wenn man sie mit dem Schlaf in Verbindung setzt. Unglücklicherweise haben wir nur einen sehr vagen Begriff von dem, was Schlaf bedeutet! Wir belasten uns nicht groß damit, zu fragen *warum* wir schlafen, obwohl wir ein Drittel unseres Daseins schlafend verbringen. Wir wissen lediglich, daß wir schlafen müssen, wenn wir zu müde sind. Aber warum erholen wir uns im Schlaf, warum müssen wir unser Tagesbewußtsein verlieren, und warum erleben wir dieses Phänomen der Träume? Wir nehmen diese Dinge selbstverständlich hin, gerade so wie wir Tod oder Krankheit als unvermeidbare Ereignisse akzeptieren, auch wenn wir sie nicht verstehen.

Von Religionen und Philosophien erwarten wir Einblicke in solche Grundfragen. Aber ihre Erklärungen erhellen wenig und sind von Aberglauben und Einbildung verschleiert. Was die Wissenschaft und Psychologie anbelangt, so bieten sie zahllose Theorien über Schlaf und Träume; aber was sie sagen, erklärt wenig und ersetzt bloß eine Unbekannte durch eine andere. Läßt sich wirklich keine einfache Erklärung aufstellen, die wenigstens in Umrissen ein Bild von dem Verhältnis zwischen bewußtem Wachzustand und unbewußtem Schlaf präsentiert? Ganz offensichtlich müßte diese Darstellung auch das Traumphänomen enthalten, denn die Träume ereignen sich an der Grenzlinie zwischen Wachbewußtsein und Schlaf und haben auf besondere Weise an beiden Zuständen anteil. Ich glaube, daß die Mittel und Symbole der Astrologie behilflich sein können, um dieses Problem zu erhellen; ich werde einen einfachen Schlüssel vorschlagen, der richtig eingesetzt, erheblich mehr

Licht in diese Materie bringt, die normalerweise von mystischem Dunkel umhüllt ist.

Wir wissen, daß schon einige griechischen Philosophen begriffen haben, daß sich die Erde um die Sonne dreht. Aber erst vor 500 Jahren, nach Galilei, Kepler und Newton, wurde das Bild des Sonnensystems klar entworfen. Erst nachdem Uranus, Neptun und Pluto entdeckt worden waren, konnten die Astrologen dieser heliozentrischen Vorstellung vom Sonnensystem ihre volle Bedeutung beimessen. Ich beziehe mich im weiteren Verlauf dieser Abhandlung nicht auf die heliozentrischen Positionen von Planeten. Diese kann man untersuchen und sehr wohl zu wertvollen Ergebnissen kommen; sie erfordern allerdings eine andere Ephemeride. Die Astrologen verwenden aber normalerweise immer noch die geozentrische Perspektive und betrachten die Planetenbewegungen von der Erde aus. Doch selbst wenn wir ein geozentrisches Horoskop aufstellen, können wir die heliozentrische Sichtweise mit in Betracht ziehen: die Planeten verkörpern dynamische Funktionen innerhalb des gesamten Sonnensystems.

Das Planetensystem, mit der Sonne im Zentrum, ist eine kosmische Einheit und, wenigstens in symbolischer Hinsicht, ein »lebender Organismus«. Aus diesem Grunde kann der Astrologe, wenn er die zusammenhängenden zyklischen Planetenbewegungen untersucht, die periodische Ebbe und Flut im Leben und Bewußtsein eines Menschen besser verstehen und bis zu einem gewissen Ausmaß vorhersehen. Dasselbe gilt für die Kursrichtung, welche die Gefühle, Bedürfnisse und gedanklichen Neigungen während einer Lebensspanne nehmen. Das gesamte Sonnensystem kann folglich so verstanden werden, daß es die individuelle Persönlichkeit als Ganzheit abbildet.

Dem psychologisch informierten Astrologen ist es klar geworden, daß bei der Komplexität der menschlichen Persönlichkeitsstruktur alle bekannten Planeten benötigt werden, um überhaupt zu einer adäquaten Beschreibung kommen zu können. Unsere Vorfahren machten bei Saturn halt, wenn sie ein Horoskop erstellten; aber in Wirklichkeit ist die Himmelsbahn des Saturn nur eine Trennungslinie zwischen zwei unterschiedlichen planetaren Kategorien. Die Planeten zwischen der zentral gelegenen Sonne und (einschließlich) Saturn beziehen sich auf einen bestimmten Aspekt der Gesamtpersönlichkeit; die Planeten jenseits von Saturn (Uranus, Neptun, Pluto — es können noch mehr sein) verkörpern einen anderen Gesichtspunkt, der den ersten ausbalanciert und ergänzt. Zwischen diesen zwei Planetenreihen besteht ein klares polares Verhältnis, das es zu verstehen gilt. Die Mehrheit der Astrologen deutet Uranus, Neptun und Pluto so, als ob sie genauso Planeten wären wie die übrigen. Andere kamen auf den Gedanken, daß die drei »transsaturnischen« Planeten »höhere Oktaven« von Merkur, Venus und Mars darstellen, wobei ihre Meinungen darüber auseinandergehen, welche Planeten der zweiten Serie mit denen der erstgenannten korrespondieren sollen. Meiner Ansicht nach dringt die Idee der höheren Oktave, auch wenn sie teilweise gültig ist, nicht bis an die untersten Wurzeln der Unterscheidung zwischen beiden Planetengruppierungen vor.

Worin liegt der eigentliche Unterschied? Was bewirkt den polaren Gegensatz? Jedes organische System bzw. jede kosmische Einheit ist von zwei entgegengesetzten Kräften abhängig. Es gibt eine Zugkraft, die jedes Teilchen des Systems zum Zentrum zieht (z.B. die Schwerkraft); aber es gibt auch eine Anziehungskraft des äußeren Weltraumes, was real bedeutet, daß ein übergreifendes System existiert, innerhalb dessen das andere System zum Tragen kommt. Im Falle des Sonnensystems ist die Galaxie das größere System. Unsere Sonne ist nur einer von Millionen Sternen, aus denen sich dieser immense Spiralnebel, die Milchstraßengalaxie zusammensetzt; diese ist ihrerseits wiederum Teil des unendlichen Universums, das aus Millionen verschiedenen galaktischen Nebeln besteht. Jeder Planet unseres Sonnensystems und jedes irdische Lebewesen ist bis zu einem gewissen Grad den Flieh – und Schwerkräften ausgesetzt, die uns außen von der Galaxie erreichen. Wir werden andererseits durch die Gravitationskraft der Sonne, dem Mittelpunkt unseres Systems, auch in die entgegengesetzte Richtung beeinflußt.

Saturn stellt nun die Demarkationslinie zwischen diesen zwei sich gegenüberstehenden Energiezonen dar, der solaren und der galaktischen. Die Planeten innerhalb der Umlaufbahn Saturns sind Geschöpfe und Vasallen der Sonne. Dagegen sind die Planeten außerhalb von Saturn »Gesandte der Galaxie«. Sie richten die Energie dieser großen Sterngemeinschaft, der Galaxie, auf das Sonnensystem. Sie gehören nicht völlig zum Sonnensystem. Sie befinden sich in seinem Einflußbereich, um eine ganz bestimmte Aufgabe zu erfüllen: das kleine System (mit der Sonne im Zentrum und der Saturnbahn als äußere Begrenzung) mit dem größeren System der Galaxie zu verbinden.

Aufs erste mag dies recht phantasievoll klingen; aber wenn wir die Idee in die Wirklichkeit menschlicher Existenz übersetzen, werden wir sofort erkennen, was dies bedeutet. Kein Individuum führt ein isoliertes Dasein, mit dieser These wird jeder einverstanden sein. Es ist Mitglied in einer Familie und Gemeinschaft. Folglich fungiert es als eine kleine Einheit innerhalb eines größeren Ganzen. Man ist ein Einzelwesen, das eine Rolle innerhalb der Gesellschaft spielen muß. Hier haben wir nun die Polarität, von der ich gesprochen habe, als ich vorhin das Sonnensystem und die Galaxie erwähnte — den einzelnen Stern und die große galaktische Sternengemeinschaft. Die Einzelperson handelt tatsächlich innerhalb des Gemeinschaftslebens ihrer Gesellschaft, in die sie hineingeboren wurde und in welcher sie lebt; aber das kollektive Denken und Verhalten der Gesellschaft — seine Traditionen, Religion, Kultur, Ethik — haben das Individuum geformt und üben ständig einen (konstruktiven oder destruktiven) Einfluß auf es aus. Lehnt es sich dagegen auf, dann bleibt es noch immer durch das bedingt, wogegen es rebelliert.

Es gibt noch eine tiefer greifende Wechselbeziehung, bei der das bewußte, selbstentschlossene Individuum in Kontrast zum ungeheuren Ozean des universellen Lebens steht — dem Leben, das den Körper und alle Menschen beseelt und den Grundbedürfnissen, Emotionen und instinktiven Gedanken des Einzelnen Kraft verleiht und sie aber gleichzeitig kontrolliert, solange es kann. Auf diese grundlegende Dualität müssen wir den Übergang zwischen wachem Bewußtsein und Schlaf beziehen und in letzter Instanz auch zwischen körperlicher Existenz und Tod. Das Prinzip dieses Wechselspiels ist sehr einfach. Das Leben der Persönlichkeit ist das Ergebnis des Verhältnisses zwischen zwei widersprüchlichen Mächten: die eine drängt danach, aus dieser Person ein bewußtes, selbstzufriedenes, selbstentschlossenes und zielgerichtet handelndes Individuum zu machen; die andere versucht dagegen, diesselbe Person in den undifferenzierten, unbewußten und nicht individualen Ozean des Lebens zurückzuziehen. Ist die individualisierende Kraft positiv und dominant, dann ist der Mensch wach und mit bewußten Bestrebungen und geplanten Aktivitäten beschäftigt. Aber sobald die Kraft des universellen Lebens die Kontrolle übernimmt, und damit die individualisierende Kraft dementsprechend negativ wird (was wir als Müdigkeit bezeichnen), dann fällt die Person in Schlaf.

In psychologischer Hinsicht trifft dies auch auf den weniger stark polarisierten Gegensatz zwischen Individuum und Gesellschaft zu. Handelt das Individuum mit starker Selbstentschlossenheit, dann ist es geistig und spirituell hellwach, es schafft neue Werte oder erhebt sich gegen veraltete; es ragt als ein Talent aus seiner Gesellschaft heraus. Aber immer dann, wenn die Gesellschaft ihre potentiellen Individuen unbarmherzig dazu zwingt, sich ihren Normen und ihrem kollektiven Standard zu fügen, dann leben die Menschen solch einer Gesellschaft in einem schläfrigen Geisteszustand, wie es in allen totalitären Staaten anzutreffen ist.

Wenn wir uns mit dem polaren Unterschied zwischen Individuum und Gesellschaft befassen, dann bewegen wir uns noch immer im Rahmen der bewußten und wachen Aktivität. Der Kontrast liegt, astrologisch ausgedrückt, zwischen den persönlichen Planeten Mars, Venus und Merkur einerseits und den zwei sozialen Planeten Jupiter und Saturn andererseits. Wollen wir aber auf die Gegensätzlichkeit zwischen Wachbewußtsein und Schlaf bzw. zwischen Bewußtheit und Unbewußtem (um die psychologischen Terminologie zu verwenden) zu sprechen kommen, dann setzen wir uns astrologisch mit der Gegenüberstellung von allen Planeten innerhalb und einschließlich Saturns, zu den äußeren transsaturnalen Planeten Uranus, Neptun und Pluto auseinander.

Reden wir vom Unbewußten, dann ziehen wir den Schlaf und alle Manifestationen des Lebens in Betracht, welche das Bewußtsein überschreiten, d.h., die das Bewußtsein negieren oder bei denen das Bewußtsein abwesend ist. Vergleichbar hiermit dachten die Wissenschaftler und Philosophen über sehr lange Zeit hinweg fälschlicherweise, daß der Raum außerhalb unseres Sonnensystems völlig leer sei. Aber allmählich beginnen wir zu erkennen, daß dieser Raum jenseits der Grenzen des Sonnensystems nicht bloß reine Leere ist. Es ist vielmehr der aktive Bereich des gewaltigen kosmischen Organismus namens Galaxie. Wir »leben, bewegen und existieren« in dem ungeheuren Körper der Galaxie. Wir dürfen über diesen galaktischen Raum nicht in negativer Weise denken; es ist ein Raum der Kraftfülle, ein *plenum*, ein elektromagnetisch geladenes Energiefeld — und vielleicht sogar zahlreicher anderer transzendenter Energien, die uns bislang noch unbekannt sind.

Genauso ist das von den Psychologen (ziemlich unglücklich) als das Unbewußte bezeichnete kein leeres Feld. Wenn wir schlafen, gehen wir nicht in ein Nichts ein. Wir wechseln die Polarität. Der bewußte, individuelle Pol unseres Daseins erhält eine negative Ladung im Verhältnis zum Lebenspol, sodaß letzterer nun stark aktiviert und positiv wird. Das universelle Leben übernimmt die Kontrolle. Aber es kommt ein Zeitpunkt zum Aufwachen; die »Gewässer« des allmächtigen Lebens entfernen sich teilweise aus dem Geist des Schläfers, seinem Nervensystem und der Zellaktivität. Für einen bestimmten Zeitraum wieder mit diesem undifferenzierten Lebensfluß gesättigt, reagieren sein Gehirn, die Nerven, jede Zelle und die Körperorgane auf eine neue Woge bewußten, selbstgerichteten Handelns, Denkens und Fühlens. Individuellen Problemen wird erneut im Sonnenlicht des Bewußtseins die Stirn geboten.

Aber was ist mit den Träumen? Wenn die Flut vom Strand zurückfließt, dann bleiben manchmal kleine Pfützen zurück, besonders an den Stellen, wo Felsen vorspringen und das Wasser einschließen. Es kann dem Leser helfen, sich für einen Augenblick die kleinen Garnelen, Fische oder Kraken, die in diesen Wasserlachen gefangen sind, als unsere Träume vorzustellen. Manchmal kann auch ein riesiger Wal sterbend oder tot auf dem Strand liegen bleiben. Die zurückweichende Flut hinterläßt alles mögliche Strandgut, und häufig können wir kaum feststellen, was es früher einmal war. Es wurde aus den Tiefen und Strömungen des Unbewußten an die Gestade des Bewußtseins gespült.

Es gibt ganz verschiedenartige Träume, und diese Veranschaulichung paßt nur zu manchen; folglich darf man sie nicht allzu wörtlich nehmen, oder gar glauben, daß sie alle Traumbeispiele erfaßt. Es wäre wohl am besten, sich Träume als Reaktionen des Unbewußten auf das zu denken, was sich aus der bewußten Aktivität während des Wachseins ergab. Genauso wie die Gesellschaft die produktiven oder besonderen Taten eines Individuums mit Ruhm und Wohlstand belohnt — oder mit Gefängnis bestraft — ebenso reagiert unsere unbewußte Seite auf die bewußten Gefühle, Gedanken und Verhaltensweisen, sobald die Polaritäten sich umkehren. Während des Schlafes besitzt das Leben die Kontrolle und hat das Sagen. Es nimmt den bewußten Teil unseres Seins in die Pflicht, selbst wenn es versucht, die durch unser eigenwilliges, individualistisches und bewußtes Ego verursachten Schäden zu reparieren.

Ist das Ego nun auf besondere Weise determiniert und stellt die traditionellen und moralischen Gesetze von Gesellschaft, Religion und Kultur erfolgreich in Frage — oder noch extremer, widersetzt es sich den natürlichen Trieben und Emotionen der menschlichen Natur oder blockiert diese (z.B. durch Askese) — dann protestiert der kollektive Wesenspol des nachts, wenn man schläft. Er warnt vor Gefahren oder versucht der Ego–Polarität Bilder von unheilvollen Folgen oder das Gefühl unausweichlichen Versagens einzuprägen. Geschieht dies, werden einige Gegenpositionen des kollektiven Pols auf bestimmten sensibilisierten Gehirnzonen, ja sogar auf einigen großen Nervengeflechten im Körper, abgelegt. Wenn die Polaritäten sich wieder umkehren und die individuellen Persönlichkeitsfaktoren (das Ich) erneut die Kontrolle über den Bewußtseinsbereich zurückgewinnen (d.h. wenn wir aufwachen), dann werden diese Eindrücke vom Bewußtsein als Träume aufgeschnappt.

Die Gründe für die Rätselhaftigkeit der Träume sind mannigfaltig. Erstens kann der kollektive Pol (Gesellschaft und Leben oder menschliche Natur) seine Bestürzung und Einwände nicht in intellektueller Sprache mitteilen; er kann nur tastend aus dem Reservoir verflossener Bilder, die im Gehirn oder der Erinnerung gespeichert sind, ein paar vereinzelte für sich herausgreifen. Diese sind entweder in Analogie miteinander verknüpft oder auf das abgestimmt, was das Unbewußte dem Bewußtsein zuführen möchte. Deshalb sind diese Bilder in erster Linie nur vom Standpunkt der Analogie und des Symbols her bedeutsam; und sie erscheinen in Abfolgen, die wenig mit den Kategorien der bewußten Logik zu tun haben. Der Traum führt eine räumliche Sequenz von Bildern vor Augen, die tief im Gehirn und anderen Nervenzentren eingeprägt sind. Das zeitliche Empfinden der Sequenzen entsteht nur dann, wenn das erwachende Ich, das sich noch kaum von seinem passiven Schlafzustand erholt hat, versucht, diese Eindrücke schnell zu überfliegen. Es ist gerade so, als ob ein vielgefragter Geschäftsführer morgens in sein Büro eilt, und auf seinem Schreibtisch einen Berg von Papieren findet; das Telefon klingelt schon bei seiner Ankunft und alles was er noch tun kann, ist schnell die ausgebreiteten Papiere zu überfliegen, und zwar meistens nicht in der Reihenfolge, wie sie von den Sekretärinnen vor seiner Ankunft abgelegt wurden. Gelegentlich gibt es besonders wichtige Informationen. Der Geschäftsführer wird zuhause angerufen und erhält eine entscheidende Nachricht: am nächsten Morgen ist ein Zusammenbruch des Börsenmarktes zu befürchten oder der Direktor ist schwer erkrankt, in der Firma ist ein Brand ausgebrochen usw. Doch auch wenn die Nachricht den Geschäftsführer (das Ich) mit einem Schlag trifft, so kann sie völlig wirr sein; sie kann ihm von einem Angestellten oder seiner Frau überbracht werden, welche sie vielleicht am Telefon nicht exakt verstanden haben usw.

Selbstverständlich sind alle diese Veranschaulichungen nicht ganz passend; sie können die Art eines Prozesses, der sich nicht exakt im Hinblick auf bewußte Erfahrungen übersetzen läßt, nur andeuten. Astrologie kann unsere Traumanalyse aber um eine Dimension erweitern, indem sie es uns ermöglicht, Träume in drei Grundkategorien einzuteilen: uranische, neptunische und plutonische Träume.

Der uranische Traum ist eine Angriff auf die Schmalspurigkeit, selbstzufriedene Trägheit, Rücksichtslosigkeit und Eigennützigkeit der saturnalen Seite in uns. Das Ich ist im wesentlichen saturnisch geprägt, weil Saturn die Struktur und Grenzen des individuellen Existenzpols verkörpert. Werden wir auf ausschließende, absondernde und rigide Weise überindividualisiert, dann löst diese Überbetonung der Saturnenergie eine Gegenreaktion der Gesellschaft, des Lebens oder des Gottes in uns aus. Es ist so, als ob eine Galaxie kraftvolle Strahlen in ein Sonnensystem aussenden würde, dessen elektromagnetisches Feld abgeschirmt ist und das somit zu einem »Krebsgeschwür« der galaktischen Gemeinschaft heranwuchern würde. Die galaktische Kraft erreicht das Sonnensystem mittels Uranus. Der Uranus Traumtyp ist im höchsten Sinne prophetisch und erleuchtend. Er kann sich sogar als eine plötzliche Erscheinung oder ein inspirierender Geistesblitz äußern, der während einer bewußten und ichbezogenen Wachphase zu einem kommt — wie zum Beispiel die Erscheinung Christi, als Paulus sich auf dem Weg nach Damaskus befand, die als eine Antwort auf seinen blinden und fanatischen Entschluß kam, die Gläubigen der neuen göttlichen Offenbarung zu verfolgen.

Uranische Träume werden normalerweise äußerst krisenhaft erlebt. Sie bringen eine Herausforderung, und zwar in einer Weise, die das Ich nicht bereitwillig hinnimmt. Feierliche Worte mögen Teil des Traumes sein. Häufig sticht Licht oder eine bestimmte Farbe als Haubtbestandteil des Traumbildes hervor. Meistens tauchen die von C.G. Jung erkannten »Archetypen des Unbewußten« in solchen Träumen auf. Sie verweisen auf die tiefsten und allumfassenden Erfahrungen der Menschheit und sind mit den Grundfunktionen des universellen Lebens, so wie es in der menschlichen Natur wirkt, verbunden. Deshalb tragen sie oftmals religiöse oder transzendente Charakterzüge; der Traum kann die starre Ich–Struktur des Träumers ziemlich radikal verändern — gewissermaßen auf den Kopf stellen — und seine Unabhängigkeit, Egozentrität oder seine Lieblingsideen gründlich durcheinander würfeln.

Neptunische Träume sind vermutlich die häufigsten. Sie sind Reaktionen auf alles, was das harmonische Verhältnis des Individuums zur Gesellschaft, seiner Gesundheit, seiner Verdauung oder den körperlichen Instinkten in Unordnung bringt. Neptun antwortet in gewisser Weise durch Träume auf alle Störungen oder Gefahren für den komplexen Aufgabenbereich, den Jupiter im Körper und in der Seele wahrnimmt. Jede Anfechtung von sozialen oder moralischen Verhaltensprinzipien, und jeder Übergriff auf die gesicherte »Diät« (von Körper und Geist) ruft neptunische Träume hervor und diese sind in der Regel sehr phantasievoll! Wenn sich der Körper bei Nacht durch fallende Temperaturen abkühlt, dann kann man erwachen und sich vielleicht an einen langen und dramatischen Traum erinnern, bei dem man in einem Schneesturm marschierte oder in eisiges Wasser gefallen ist usw. Wenn man das starke Verlangen verspürt, moralische und soziale Verhaltensregeln zu brechen, dann ist es wahrscheinlich, daß man früher oder später von dramatischen Szenen träumt, in denen die Traumfiguren in seltsamen aber symbolischen Umgebungen, vielleicht auch in Verkleidungen erscheinen. Dadurch wird die Grundwahrheit der Situation nach dem ersten Schock für den Träumer wieder leichter verdaulich.

Die Freudianische Traumanalyse hat unser Denken mit der Vorstellung der »Traumzensur« vertraut gemacht. Diese Zensur soll eine Art privater Wächter über die persönliche Sicherheit des Egos sein, der dieses vor allen unerfreulichen Verstimmungen oder Umsturzversuchen im Ich–Bereich in Schutz nimmt. Die von dem kollektiven Wesenspol unserer Existenz hinterlassenen störenden Eindrücke werden also folglich zensiert, verändert, ausgesondert oder gänzlich ausgelöscht, bevor das bewußte Individuum ihnen gewahr wird. Ob solch ein zensierendes Element tatsächlich existiert, ist ziemlich zweifelhaft. Es bezieht sich lediglich auf einen besonderen Zustand des Verhältnisses zwischen den zwei grundlegenden Polaritäten unseres Seins: individuell — kollektiv, bewußt — unbewußt, Tagesaktivität — Schlaf. In dieser Verfassung ist die Einzelperson besonders widerspenstig gegen das Kollektive und das verunsicherte Ego bedarf des beständigen Schutzes durch die Gemeinschaft.

Plutonische Träume sind sehr viel seltener als der Neptun Traumtyp. Sie können sich sehr destruktiv auf die Integration der Persönlichkeit auswirken — merkwürdige Alpträume, die ein entsetzliches Gefühl von Tod und Schrecken oder böse Omen hinterlassen. In stärker spirituell veranlagten Menschen können sie sich als Projektionen und Symbole der tiefgreifenden Erfahrungen von Selbsterneuerung und Ausdehnung der Grundessenz des Selbst zeigen. Uranische Träume sind Vorboten der Zukunft; sie weisen den Weg nach vorn, sie inspirieren zum weitermachen, sie ermuntern die ichgebundene Seele zu neuen Möglichkeiten. Plutonische Träume können eine Reflexion des erwachenden Bewußtseins sein, das wirkliche Schritte zu innerer Entfaltung und Seelenwachstum unternimmt. In negativer Hinsicht können sie den Schmerz und die Verzweiflung der Seele aufdecken, die (wenigstens zeitweise) versagt hat, und vielleicht zeigen sie den Abgrund, der vor einem liegt und die finsteren Schattenfiguren, die in dieser Unterwelt zugegen sind. Wenn es auch nur einen weiteren Planeten jenseits von Pluto gibt, was sehr wahrscheinlich ist, dann dürfte er sich auf noch realere und eindeutigere innere Seelenerfahrungen beziehen, die wenigstens bis zu einem gewissen Ausmaß ein integraler Bestandteil der gottesgleichen Seelen sind — und deren astrologisches Symbol ist die Galaxie.

Jung sagte, daß es mehrere übereinanderliegende Schichten des kollektiven Unbewußten gibt. Insofern besteht eine riesige Hierarchie von Ebenen, auf denen Menschen bewußt und kreativ handeln können. Auch die Galaxie, ich wiederhole, ist nur einer von den Millionen Spiralnebeln, aus denen sich das Universum zusammensetzt; und selbst das Universum kann nur Teil eines noch viel gewaltigeren Kosmos sein. Es gibt kein faßbares Ende für die Möglichkeit, auf einem jeweils höheren kosmischen Stadium ein bewußtes Individuum zu werden. Aber jedes Wesen, außer der allumfassenden Gottheit, ist nur ein aktives Zentrum innerhalb eines größeren Ganzen, einer Kollektivität. Es müssen immer Beziehungsmuster in den abwechselnden Phasen zwischen diesem Individuum und der Kollektivität zum Wirken kommen. Wir als Menschen kennen solche Wechselphasen als waches Bewußtsein und Schlaf bzw. körperliche Existenz und Tod. Aber diese Begriffe gewinnen lediglich im Verhältnis zu unserer menschlichen Erfahrung eine Bedeutung.

Die hinduistischen Philosophen sprachen von den Tagen und Nächten Brahmas. Brahma ist der Schöpfer des Universums, in dem sich Bewußtsein entfaltet. Er ist genauso der Urheber eines absoluten Nicht-Seins, in welchem nichts existiert. Für den Weisen gibt es jedoch hinter diesen kosmischen Tagen und Nächten, hinter Bewußtheit und Unbewußtsein noch etwas, das beides enthält. Die Hindus nannten dies symbolisch »den großen Atem«, der die Welt in unermeßlichem Frieden einatmete und zum Sein ausatmete. Demzufolge erleben wir, wie unser bewußtes Ich in die Welt der Alltagsaktivität ausgeatmet wird, wenn wir aufwachen, und wie es andererseits in den Schlaf eingeatmet wird, wenn wir uns zur Ruhe legen. In gewissem Sinne sind wir beide Zustände; wir sind auch das, was beides umfaßt. Die Planeten von Sonne bis Saturn treiben uns zu bewußter Aktivität an; aber die Planeten außerhalb von Saturn führen uns, wenn der Tag vorbei ist, in die unendlichen Weiten der Galaxie, wo wir unser größeres Selbst kennenlernen, die Sterne, die wir sind. Wenn uns der alternierende Rhythmus zum Tagesbewußtsein zurückführt, dann trachten Uranus, Neptun und Pluto immer danach, uns daran zu erinnern, daß wir nicht nur ein von Saturn gefesseltes, auf die Sonne fixiertes und individuelles Selbst sind – sondern daß wir ebenso der größeren Sternengemeinschaft angehören.

Kapitel 16

Große Wendepunkte im Leben

Wir wissen alle, daß der menschliche Körper während einer Lebensspanne verschiedene Phasen durchläuft: er wächst heran, reift und verliert dann schrittweise seine Elastizität und Lebensenergie. Seine Organe, vor allem die endokrinen Drüsen, die wichtige Hormone produzieren, unterziehen sich von Zeit zu Zeit Erneuerungsprozessen; ihr harmonisches und zerbrechliches Aktivitätsgleichgewicht wird verschoben, und dann (wenn alles gut geht) wieder neu eingestellt. Zu den wichtigsten Perioden organischer und hormoneller Neuorientierung gehören die Adoleszenz und die Wechseljahre, denn hier kommt es ganz offensichtlich zu den nachhaltigsten Auswirkungen auf Gefühlsleben und Verhalten der betreffenden Person. Es gibt noch andere Wendepunkte in der Entwicklung eines Individuums, die, auch wenn sie weniger eindeutig mit körperlichen Veränderungen verbunden sind, von größter Bedeutung für die Herausbildung des Charakters sind. »Charakter« kann man auf verschiedene Weise definieren. Für dieses Kapitel werde ich folgendes vorschlagen: das Wort bezieht sich auf alle Einstellungen einer Person zu ihrem Selbst (oder ihrer Individualität) in Relation zur Welt im großen und ganzen, und besonders im Verhältnis zu den Leuten, mit denen sie eng verbunden ist, sei es freundschaftlich, verwandtschaftlich oder geschäftlich.

Lassen sie mich dies näher erklären: der Charakter wird festlegt durch das, was man im Innersten als sein Selbst fühlt, das, was man als Person ist. Man kann sich unterlegen oder erhaben fühlen, frustriert oder selbstbewußt, man kann von der eigenen Erfolglosigkeit niedergeschlagen sein, oder schwungvoll und voller Bereitschaft, die Welt zu erobern. Man kann sich als ein einmaliges Individuum empfinden, erfüllt mit einem Missionsdrang. Man kann vielleicht instinktiv und aus Angst oder Unsicherheit die Bequemlichkeit in einer konformistischen Einstellung suchen. Oder man man liebt es vielleicht, sich durch sein Tun, seine Kleidung oder durch ungewöhnliche Gefühlsreaktionen auf verschiedene Lebenssituationen abzusondern; oder aber man fürchtet sich aufzufallen, ist schüchtern, haßt es, im Rampenlicht zu stehen und beharrt auf Tradition.

Ich zähle nur die offensichtlichsten Charaktergegensätze auf, aber es gibt davon noch endlose Variationen. Jedem Charaktertypus entspricht nicht nur ein bestimmtes inneres Gefühl dessen, was man als ein Selbst ist, sondern auch eine spezielle Art, menschlichen Beziehungen und den großen oder kleinen Herausforderungen des Alltages zu begegnen. »Selbst« und »Beziehung« sind die zwei Pfeiler allen menschlichen Handelns; und im astrologischen Geburtshoroskop entsprechen diesen zwei zusammengeschalteten und komplementären Facetten des Charakters der Aszendent und der Deszendent — die Spitzen des 1. und 7. Hauses, die östlichen und westlichen Abschnitte des Horizontes zum Zeitpunkt der Geburt. Die Zeichen, Tierkreisgrade und alle Planeten, die hier »aufsteigen« oder »untergehen« sind wichtige astrologische Indikatoren auf das, was das Selbst dem Geborenen bedeutet und wie er sich besonders charakteristisch menschlichen Beziehungen annähert.

Die zwei oben angeführten Phasen der organischen Veränderung, nämlich Pubertät und Wechseljahre haben tiefschürfende Auswirkungen auf die Entwicklung des Charakters. Was ich jedoch für die fundamentalste Wendemarke halte, tritt nicht zu diesen Zeitabschnitten ein, sondern jeweils Jahre später. Genauer gesagt handelt es sich um eine Art wellenförmige Entwicklungsmuster, welche auf Rhythmen von 7 bzw. 14 Jahren basieren. Schon den antiken Zivilisationen war der 7-Jahres-Zyklus im menschlichen Leben bekannt und wir finden auch Hinweise darauf in unserer christlich-europäischen Tradition. Die Jesuiten pflegten zu sagen, daß es keine Rolle spiele, was später passiert, wenn sie ein Kind während den ersten sieben Lebensjahren in ihre Obhut nahmen. Sieben galt als das »Alter der Vernunft«, danach hielt man das Kind für »verantwortlich«. Einige europäischen Okkultisten haben behauptet, daß in jenem Alter zum ersten Mal die »Seele« in den Körper eintritt und von innen aus der Persönlichkeit des Kindes heraus agiert. Vierzehn gilt normalerweise, je nach Erbanlage und Klima, als die Zeit der Pubertät. Mit 21 kommt ein Junge oder Mädchen definitiv »ins Alter«, verfügt über das Wahlrecht, ist geschäftsfähig usw.

Dann kommt der 28. Geburtstag. Dieser Lebensphase möchte ich besondere Aufmerksamkeit schenken. Man pflegte immer zu sagen, daß die theoretische Lebenslänge 70 Jahren betrage, aber heutzutage liegt die Lebenserwartung darüber. Interessanterweise haben wir nun gerade dadurch, daß Uranus beim Anbruch der industriellen und demokratischen Ära entdeckt wurde, einen neuen Archetypus bzw. ein neues theoretisches Konzept für die Dauer eines Menschenlebens. Denn die Rotation des Uranus um den Tierkreis beträgt ungefähr 84 Jahre, was somit also das alte Vorstellungsbild um weitere 14 Jahre ergänzt. Vierundachzig entspricht 12 x 7, folglich also einem kompleten »Tierkreis« von zwölf 7–Jahresperioden.

Dieser zwölfteilige Tierkreis fächert sich selber bezeichnenderweise wieder in drei Lebensabschnitte von jeweils 28 Jahren auf. Aus dieser uranischen Perspektive heraus betrachtet ist es quasi so, daß ein Widder–Geborener im Löwen 28 und im Schützen 56 wird. Vor vielen Jahren habe ich von diesen drei Phasen in meinem Buch »Das astrologische Häusersystem«[78] als der ersten, zweiten und dritten Geburt gesprochen. Da wäre zunächst die Geburt als physischer Organismus, der durch die elterlichen Erbanlagen bedingt ist und sich biologisch entwikkelt. Dann folgt die psychische Geburt innerhalb einer bestimmten sozialen und kulturellen Umgebung, welche schon von Anfang an die emotionalen und intellektuellen Einstellungen formt. Schließlich die Wiedergeburt als Individuum, die das Selbst in individualisierter Weise zur Geltung bringt, um ein mehr oder weniger einmaliges Schicksal zu erfüllen. Zuguterletzt eine eventuell endgültige Neuordnung dieser Individualität, wodurch eine reifere, sanftere und weisere Teilnahme am Sozialleben ermöglicht wird.

Das bedeutet, daß es zwei entscheidende Umbruchphasen in diesem theoretischen angenommenen Entwicklungsplan von 84 Jahren gibt: nämlich um das 28. und um das 56. Lebensjahr herum. Ganz gleich wie man geboren wurde oder was die Geburtsumgebung und der Körper am Anfang waren, es gibt zwei markante Wendepunkte im Leben des reifen Erwachsenen, bei denen er seinen Charakter und die eigene Beziehungsfähigkeit *neu orientieren und transformieren* kann. Er kann sich selber inwendig »sehen« und als Resultat anderen auf neue Weise begegnen. Dies ist zwischen 27 und 30 möglich und ein zweites Mal zwischen 56 und 60. Selbstverständlich vollziehen sich graduelle Veränderungen wohl im Verlauf des ganzes Lebens, besonders in Abständen von jeweils sieben Jahren. Aber während den zwei gerade erwähnten Lebensepochen ist die Wahrscheinlichkeit für eine fundamentale Umwandlung des Charakters und eine grundlegende Reaktion auf die Menschen und die Gesellschaft besonders groß. Oftmals kann dies so stark zugespitzt sein, daß es zu einer radikalen Krise kommt, und Krise bedeutet eigentlich nichts anderes als eine Phase, in der Entscheidungen gefällt werden müssen.

In diesen Lebensabschnitten finden *mehrere* bedeutende astrologische Zyklen gleichzeitig ein Ende oder nehmen einen neuen Anfang und dies ist auch der Grund, warum ich immer von Zeiträumen (27 – 30 und 56 – 60) spreche. Wenn man die Eigenart und Wichtigkeit dieser Zyklen näher ins Auge faßt, dann sollte sich die Bedeutung dieser zwei großen Perioden der inneren Wandlung besser verstehen lassen. Die wichtigsten in Betracht kommenden sind:

1. Der ungefähr 27½ Jahre dauernde Durchlauf des progressiven Mondes durch den Tierkreis, an dessen Ende der Mond wieder auf seiner ursprünglichen Radix–Position steht.

2. Die periodische Wiederkehr des Saturn, die ungefähr 30 Jahre dauert, bis eine Rotation vollendet ist.

3. Der progressive Lunationszyklus, ein Zyklus der Mondphasen (vom Neumond zum nächsten Neumond), der zirka 30 Jahre dauert, und nach dessen Vollendung Sonne und Mond im gleichen Aspekt zueinander stehen wie bei der Geburt.[79]

Man sollte weiterhin festhalten, daß Jupiter und Saturn mit 30 in einem Aspekt zueinander stehen, der dem Natal–Aspekt komplementär entgegensteht. Waren sie zum Beispiel bei der Geburt in Konjunktion, dann befinden sie sich mit 30 in einer Opposition. Dies ist wichtig, denn bei der zweiten großen Wendezeit individueller Entwicklung um das 59. Lebensjahr stehen sie wieder im gleichen Winkelverhältnis wie bei der Geburt, und darüber hinaus auch beinahe auf den gleichen Positionen im Tierkreis. Der große Jupiter–Saturn–Zyklus ist im Grunde ein 60–Jahre–Zyklus, auch wenn die zwei Planeten sich alle 20 Jahre begegnen.

Eine ähnliche, aber weniger bekannte Situation finden wir hinsichtlich der Mondknoten, die eine sehr wichtige Achse im Horoskop bilden, beinahe so bedeutend wie Aszendent oder Medium Coeli. Der nördliche und der südliche Mondknoten stehen natürlich immer in Opposition zueinander, da die Knoten die Endpunkte einer Linie bilden, welche den Tierkreis schneidet. Die Mondknoten sind die Schnittpunkte von Ekliptik (eigentlich der Erdumlaufbahn) und Mondbahn. Die Mondknotenachse setzt den scheinbaren Jahreslauf der Sonne mit dem monatlichen Mondumlauf in Verbindung, folglich also auch die solaren Grundbestandteile der Gesamtpersönlichkeit mit den lunaren. Der nördliche Mondknoten ist vorwiegend ein Punkt der Energieaufnahme und der Anpassung. Der südliche Mondknoten ist ein Punkt für Entladung und Loslassen, sei es nun die Ausscheidung nicht assimilierten und unerwünschten Materials oder die Aussetzung von Samen. Dabei kann es sich genauso um geistig–psychische Saat (wie in den Werken großer Künstler oder Propheten) als auch um biologische Samen handeln.

Die Mondknoten benötigen nicht ganz 19 Jahre für einen

vollen Umlauf durch den Tierkreis und dieser Zyklus wurde im Altertum, vor allem in Persien, in großen Ehren gehalten. Er ist noch heute die Grundlage für den Kalender der Bahá'i-Bewegung, die im letzen Jahrhundert von persischen Propheten initiiert wurde, sich inzwischen weltweit verbreitet hat und ein »neues Zeitalter« verkündet. Drei dieser Mondknotenzyklen ergeben zusammen im Schnitt beinahe 56 Jahre, was sich als sehr interessante Tatsache verbuchen läßt. Folglich sind die Tierkreispositionen der Mondknoten bei einer Person von 28 Jahren im Vergleich zur Radix-Position genau umgedreht: 1½ Zyklen haben stattgefunden. Der nördliche Mondknoten steht auf dem Platz des südlichen und umgekehrt. Das heißt konkret, daß zwischen 28 und 30 Jahren eine eindeutige Inversion des Verhältnisses zwischen Jupiter und Saturn eintritt und auf ganz ähnliche Weise auch zwischen den Mondknotenpunkten. Andererseits beendet der progressive Mond zur selben Zeit gerade seinen ersten vollständigen Zyklus. Die Beziehung zwischen Sonne und Mond ist in der Progression wieder ähnlich wie zum Zeitpunkt der Geburt. Außerdem steht die Saturn-Revolution bevor, d.h. auch dieser Planet näherte sich wieder seinem Ausgangspunkt bei der Geburt. Wenn wir diese zyklischen Hinweise zusammenfassend interpretieren, dann können wir sehen, wie sie wenigstens theoretisch zu dem passen, was einem Menschen zwischen 28 und 30 widerfährt. Mond und Saturn repräsentieren die Eltern, oder in genereller und psychologischer Hinsicht, zumindestens die Vorstellung, die sich ein junger Mensch im Bewußtsein von *Mutter* und *Vater* macht. Die wirklichen Eltern können sich von diesen Idealisierungen gewaltig unterscheiden; aber die Bilder geben die Wirklichkeit des Verhältnisses wieder, welche sich in all den Jahren zwischen dem Kind und seinen Eltern aufgebaut hat. Diese Beziehung wirkt in der Regel weit über die Eltern hinaus; sie dehnt sich auf das Verhältnis des Jugendlichen zu Religion und Gesellschaft aus (das erweiterte »Mutterbild«) und auf den Umgang mit Symbolen der Autorität und der Legalität (»Vaterbild«).

Zwischen 28 und 30 geht eine Ära im Hinblick auf diese Beziehungen zuende. Die erste Wachstumsperiode von Charakter und Individualität wird abgeschlossen und eine neue beginnt, oder *sollte* wenigstens normalerweise anfangen. Die erste Phase, die mit der Geburt einsetzte, war ganz offensichtlich von der körperlichen Entwicklung beherrscht und der kontinuierlichen Aneignung von kulturellem, sozialem und religiösem Erbe aus dem Umfeld des Geborenen. Der Jugendliche hat sich entweder bereitwillig in seine Umwelt und die Traditionen seines Volkes eingefügt; oder er hat in mehr oder weniger großem Ausmaß gegen das getrotzt, was seiner wachsende Persönlichkeit vorgesetzt oder aufgezwungen wurde. In beiden Fällen ist er durch dieses biologische, soziale und kulturelle Einflußregister gebunden, denn das, was wir ablehnen oder hassen legt uns genauso fest wie das, was wir lieben oder passiv verfolgen.

Die Periode der ersten 28–30 Lebensjahre läßt sich als eine Art *These* verstehen; sie wird ganz natürlich von einer *Antithese* abgelöst. Das will sagen, daß der Jugendliche in diesen ersten 30 Jahren, tatsächlich den *kollektiven* Einflüssen unterworfen war, ob er es wollte oder nicht. Jetzt gelangt er an den Wendepunkt, von dem aus er beginnt, seine *wahre Individualität*, seine einmalige Bestimmung, seine besondere Aufgabe im Universum, und seine kreative Begabung geltend zu machen. Aber es ist überhaupt nicht sichergestellt, daß er diese individuelle Selbstbehauptung auch wirklich durchzusetzen vermag. Er kann lediglich als einer unter vielen leben, und sowohl unentschieden als auch verworren passiv auf alten Wegen treten. Aber wenn er seine Individualität ausficht, dann deshalb, weil er eine neue Sichtweise von seiner Tradition gewonnen hat. In der Astrologie wird dieses Erlangen einer neuen Lebensperspektive durch den Oppositionsaspekt abgebildet.

Die Winkelbeziehung von Jupiter und Saturn ist konträr entgegengesetzt zu derjenigen des Radix–Horoskops. Beide Planeten symbolisieren soziale Prozesse und das Verhältnis der Person zu Gesellschaft, Kultur und Religion. Diese Umpolung verhilft dem reifenden jungen Menschen zu einer *objektiveren* Betrachtung der Traditionen. Er erlebte schon einen ähnlichen

Umschwung, als er 14 war, also während oder unmittelbar nach der Pubertät. Aber mit 30 sollte sich die pubertäre Aufsässigkeit mehr stabilisiert haben, da sich der transitierende Saturn jetzt wieder an der Geburtsposition befindet. Der 30–Jährige berührt den Boden, er kann nochmals seine Wurzeln erschließen, aber jetzt vermag diese saturnale Stärkung auf einer neuen Ebene zu wirken. Ich sollte noch hinzufügen, daß es einen Jupiter–Uranus–Zyklus gibt, der 14 Jahre dauert, und der sich zu diesen Veränderungen des Sozialbewußtseins, die alle 14 Jahre und somit auch mit 28 potentiell vorkommen, in Beziehung setzen läßt.

Mit 28 hat sich ferner auch die Mondknotenachse einer Inversion unterzogen. Man könnte beinahe sagen, daß die solaren und lunaren Kräfte ihre Plätze getauscht haben. Die in all den Jahren empfangene solare Vitalität kann durch die lunaren Vermittlungsstellen freigesetzt werden, d.h. indem die Persönlichkeit den Alltagsproblemen der Lebensanpassung schöpferisch entgegensieht. Eine vergleichbare Situation liegt im neunten und im dreizehnten Lebensjahr vor. In dieser Zeit kommt es oft zu einer wichtigen Wende im Schicksalsmuster. Allerdings tritt dies nicht offen zutage, wenn das Leben schon im frühen Alter festgelegt und dadurch für die *Möglichkeiten* der Transformation weniger empfänglich wurde. Und was das Geburtshoroskop offenlegt, sind eben mehr die Möglichkeiten und Anlagen, als schicksalshafte Ereignisse.

Der Mondknotenumlauf von 9–10 bzw. 18–19 Jahren begründet auch die strukturelle Abfolge der Eklipsen. Wenn es also zur Zeit der Geburt Finsternisse mit einem Winkelverhältnis zu Radix–Planeten oder Kardinalpunkten gab, dann ereignen sie sich in den oben erwähnten Lebensjahren erneut. Und Eklipsen sind äußerst stimulierende Wirkfaktoren, auch wenn sie oft Probleme und Zwangslagen verursachen — vor allem die Mondfinsternisse, bei denen Sonne und Mond in *Opposition* (Vollmond) stehen.

Heutzutage sind die Menschen mit 56 Jahren oft noch im »mittleren Alter«. Zumindestens theoretisch ist es so, daß man zwischen 56 und 60 entscheidet, ob die kommenden Jahre eine Zeit der Erfüllung und Ernte sein sollen, oder eine Phase schritttweiser Verkalkung und des allmählichen Nachlassens der geistigen und körperlichen Kräfte. Was sich während der Pubertät mit 14 Jahren ereignete, führte zu den organischen und psychischen Faktoren, welche den Rahmen für die Charakterkrise zwischen 28 und 30 abgaben. Genauso wird all das, was sich mitte Vierzig abspielt (normalerweise der Beginn des »Lebensumschwunges«, wenigstens auf psychischer Ebene) überwiegend bedingen, wie das Individuum (wenn es wirklich ein Individuum ist) den Herausforderungen zwischen 56 und 60 entgegentritt. Etwa mit 59 kehren Saturn und Jupiter an ihre Radix–Position zurück, Saturn zum zweiten Mal, Jupiter zum fünften Mal.

Mit 56 ist der Zyklus von Jupiter zu Uranus zum vierten Mal abgeschlossen. Ein fünfter Zyklus setzt ein und damit eine neuerliche Chance, seine sozialen und religiösen Einstellungen zu verändern. Gleichzeitig ist der dritte Mondknotenumlauf vollendet und ein vierter wird eröffnet. Dies deutet auf eine potentielle Erneuerung der Schicksalstrukturen und der Persönlichkeitsintegration auf einer vierten Ebene (von 56 bis 74½ Jahren) hin. Im 55. Lebensjahr hat der progressive Mond (bezogen auf den siderischen Umlauf) seine zweite Wanderung durch das Geburtshoroskop abgeschlossen. Aber die natale Sonne–Mond Verbindung wiederholt sich etwa mit 59 durch die Progression des Lunations–Zyklus. Das Alter von 59 Jahren scheint also tatsächlich in der Mehrheit der Fälle einen Wendepunkt zu bedeuten; was sich da aber seinen Höhepunkt nähert, setzte oftmals schon mit 56 Jahren ein. Wenn man mit 60 ein weiteres Lebenskapitel aufschlägt, dann sollte die neue Richtung schon klar geworden sein. Ein Leitgedanke wurde für die verbleibenden Lebensjahre festgelegt, oder zumindestens für die nächste 14–Jahres–Periode, nach der heutzutage das eigentliche »Alter« einsetzt. Selbstverständlich kann dies auch schon mit 60 Jahren eintreten, wenn der Betreffende keine *positive* Haltung zu den Veränderungen des Lebensgefühls einimmt.

Diese positive Einstellung kann sehr unterschiedliche Bedeutungen annehmen, je nachdem, ob die auf den zweiten großen Wendepunkt zuschreitende Person ein wirklich *individualisiertes* Leben geführt hat, also ein Leben, welches nicht von herkömmlicher Routine und kollektiven Normen strukturiert wurde. In Griechenland galt 60 als das »Alter der Philosophie«, weil Philosophie in tieferem Wortsinn eine Suche nach Grundbedeutung und fundamentalen Werten umfaßt. Wenn man die ersten 30 Jahre als »These« und die zweiten 30 Jahre als »Antithese« auffaßt, dann sollten die Jahre nach 60 Anstrengungen von der »Synthese« bezeugen. Die eigentliche Bedeutung des Verhältnisses von *kollektivem* Leben (These) zu *selbstbehauptender Individualität* (Antithese) müßte dann klar in Erscheinung treten. Auf der Grundlage dieser Bedeutung kann ein Individuum weiser handeln, es kann anderen zeigen, was sie verpaßt haben, oder es kann ihnen helfen, leistungsfähiger und produktiver zu sein und dabei heiter zu bleiben. Man kann in der Tat ein »Philosoph« oder ein »großer alter Mann« werden, der es vermag, den Sinn konfuser Ereignisse vor dem Hintergrund seines nahenden Todes (Saturn Perspektive) und dem Überdauern von Gemeinschaft und Nation (Jupiter Perspektive) zu erkennen.

Die verschiedenen Zyklen transitierender und progressiver Planeten, die zwischen 56 und 60 einsetzen, eröffnen dem Betreffenden die *Möglichkeit* einer »dritten Geburt«. Ich wiederhole, die erste Geburt ist der Beginn der biologischen Existenz, die Geburt als Körper und Persönlichkeit, basierend auf der Ausübung von Körperfunktionen und deren Obertönen in der Psyche. Die »zweite Geburt«, die sich zwischen 28 und 30 vollzieht, ist der theoretische Anfang des individuelllen Reifungsprozesses. Die »dritte Geburt«, falls es überhaupt soweit kommt, ist eine Geburt in »Licht« und Weisheit auf dem Niveau einer überindividuellen Seele, in der kollektive und individuelle Werte ihre Abstimmung auf das Schicksal finden. Der Betroffene bringt die spirituelle oder soziokulturelle Ernte seiner Erfahrung in seine Gemeinschaft ein. Er kann dadurch Ehre und Ruhm erlangen, oder zumindestens bis zu einem gewissen Ausmaß soziale Sicherheit. Im negativen Fall kann sein Volk oder die geistigen Führer der Gesellschaft auch den Wert seiner Ernte nicht wohlwollend aufnehmen, und die letzten Lebensjahre werden zwangsweise in zunehmender saturnaler Isolation verbracht.

Eine Überprüfung der planetaren Transite und Progressionen zu Beginn einer jeder dieser Perioden, welche mit 28–30 oder 56–60 starten, sollte dem Astrologen, der den Puls solcher Zyklen »spürt«, sagen, was sich von der Entwicklung des Individuums in diesen Abschnitten erwarten läßt und was kommt: wie die Entwicklung am ehesten sein könnte, in welche Richtung sie verläuft, wie leicht oder steinig der Pfad sein wird.

So wurde Franklin D. Roosevelt beispielsweise kurz vor seinem 29. Geburtstag in den Senat gewählt. Saturn bewegte sich im Transit vor- und rückläufig über seine Radix-Position auf 6° 05' Stier. Gleichzeitig ging Pluto retrograd über den Geburtsmars auf 27° 01' Zwillinge im 10. Haus. Zwillinge herrschen über das Nervensystem, das 10. Haus steht für öffentliches Leben. Elf Jahre später erkrankte er an Polio, einer Krankheit bei der die Nerven zum Teil gelähmt werden. Sein politisches Wirken fiel in die Zeit der großen Wirtschaftskrise und später die des Zweiten Weltkrieges, was durch diesen Plutotransit zum erhöhten Mars ziemlich exakt symbolisch angedeutet wurde. 1941 wurde F.D.Roosevelt 59 Jahre alt und Jupiter und Saturn näherten sich unter erneuten Konjunktionen im Stier wieder ihren Positionen im Grundhoroskop. Bei der Geburt hatte Roosevelt Saturn, Neptun, Jupiter und Pluto im Stier. 1940–1942 kam es nicht nur zu Konjunktionen von Jupiter und Saturn, sondern auch von Saturn und Uranus. Erstere vollzogen sich in der Nähe seines Radix-Neptun; letztere standen beinahe genau über seinem Natal-Pluto, etwa sechs Monate nach Pearl Harbour — bedrohliche Hinweise, aber auch Aussicht auf eine weltweite Verantwortung.

Schon 1930, also noch lange vor Ausbruch des Zweiten Weltkrieges (Roosevelt befand sich im 48. Lebensjahr) überquerte Neptun seinen vermutlichen Aszendenten. 1938 kreuzte Uranus die Radixstellungen von Jupiter und Neptun, während die Mondknoten gleichzeitig kurz vor seinem 56. Geburtstag (1938) an ihre Ausgangsposition im Grundhoroskop zurückkehrten. Jupiter regte die Venus/Sonne–Konjunktion in seinem 5. Haus im Wassermann an. Die laufende Venus befand sich abermals in Konjunktion mit der Sonne; Mond und Jupiter standen gleichfalls im Wassermann. Demzufolge war der ganze Lebensabschnitt von wichtigen und einschneidenden Transiten gekennzeichnet. Dies könnte gut etwas von seinem Schicksal nach dem 56. Geburtstag und die Möglichkeit eines tragischen jedoch glorreichen Endes heraufbeschworen haben.

Als Franklin D. Roosevelt mit 28 Jahren die politische Bühne betrat und Senatsabgeordneter von New York wurde, wurde das in die Wege geleitet, was bei ihm mit ungefähr 56 Jahren und beim Ausbruch des Zweiten Weltkrieges einem Höhepunkt zustrebte. In seinem Fall trug die Midlife–Krisis besonders tragische Züge: sein Kampf gegen die Lähmung. Aber auf der Basis dieses Ringens gewann er echte Charakterstärke, was ihm das Tragen von so ungeheuren Verantwortungen ermöglichte. Saturn bildete eine Konjunktion mit seinem Aszendenten, als er an Kinderlähmung erkrankte und Saturn ging über seine Sonne/Venus–Konjunktion, als er die Präsidentschaft antrat.

Kapitel 17

Der Krise erfolgreich begegnen

Eines der Hauptcharakteristika des persönlichen und sozialen Lebens der Gegenwart ist der Nachdruck, der auf die Psychologie gelegt wird. Diese Konzentration des Interesses dehnt sich beinahe auf alle Bereiche menschlicher Aktivität aus, angefangen bei der Psychiatrie über Psychologie und Werbung, bis hin zu psychologischer Kriegsführung. Es existieren viele psychologische und psychotherapeutische Schulen, und es gibt praktisch keine Wirtschaftsbranche, soziale Institution oder Regierungsstelle, wo sich nicht die Anwendung irgendeiner psychologischen Technik finden ließe.

Wenn wir an das europäische Mittelalter, an die Zeit der Kreuzzüge und die Erbauung der großen Kathedralen denken, dann fällt uns sofort auf, welch gewaltige Rolle die Religion zu jenen Zeiten im Alltag spielte. Das heutige Leben unterliegt dagegen immer stärker psychologischen Ideen und Einflüssen. Unser 20. Jahrhundert kann eher als das »psychologische Jahrhundert« in die Geschichte eingehen, noch bevor es als das Atomzeitalter in den Annalen verewigt wird. Eigentlich bezieht sich sowohl die Entdeckung der Atomenergie als auch das Hervorheben der Psychologie auf die gleiche historische Tatsache: unsere westliche Zivilisation, die von unseren Vorfahren selbstverständlich und fraglos hingenommen wurde, befindet sich in einem tiefen *Krisenzustand.* Nicht nur, daß die Menschen von einer persönlichen Krise zur nächsten und in einem Zustand psychischer und ökonomischer Unsicherheit leben; auch Nationen stehen einer nicht enden wollenden Serie von Konflikten und politischen Zwickmühlen gegenüber. Die Wurzel für dieses beinahe allgemein übliche Dilemma liegt in den enormen sozialen und ökonomischen Veränderungen, die von moderner Wissenschaft und Technologie angebahnt und vorbereitet wurden.

All dies ist wohl bekannt, aber ein anderer Punkt wird in der Regel nicht eindeutig genug verstanden. Ich rede davon, daß die vermehrt um sich greifende Schwerpunktsverlagerung auf den praktischen Einsatz von psychologischen Techniken ein direktes Folgeergebnis des Bedürfnisses ist, mit dieser allgemein üblichen Krisenlage fertig zu werden. Psychologie ist ein Versuch, mit Krisen umzugehen — keine Krise heißt kein Bedarf an Psychologie!

Es gibt viele verschiedene psychologische Schulrichtungen, aber sie lassen sich anhand ihrer Einstellung zu Krisen grob in zwei Kategorien einteilen. Was *ist* eine Krise, sei es im Leben eines Einzelnen oder im Leben der Gesellschaft? Welche *Bedeutung* hat eine Krise? Ganz offensichtlich hängt das Problem, wie man zu einer »Lösung« findet davon ab, was die kritische Lage in den Augen des Psychologen (oder sozialpolitischen Reformers) nicht nur *verursacht* hat, sondern auch, was damit *beabsichtigt* werden sollte.

Mit dem Wort »beabsichtigt« kommen wir zum springenden Punkt der ganzen Thematik. Manche Psychologen akzeptieren die Vorstellung, daß *alle* Krisen grundsätzlich sinnvoll sind. Sie sehen in der Krise eine *Wachstumsphase*, sei es nun des Individuums oder der Gesellschaft. Die Krise hat ein eindeutiges Ziel und einen Sinn bezüglich der Gesamtentwicklung der jeweiligen Persönlichkeit oder Gesellschaft, die in ihr drinsteckt. Sie ist für einen Entwicklungsprozeß von Wichtigkeit, so wie z.B. die Pubertätskrise für die Entwicklung des Körpers und der Persönlichkeit entscheidend ist. Die Krise ist unentbehrlich, aber sie nimmt keine unentrinnbare Gestalt an. Wechselzustände und Übergangsphasen, aber auch Störungen sind Erfordernisse der menschlichen Erfahrung; aber soziale Veränderungen bedeuten nicht zwangsläufig eine gewaltsame Revolution, genausowenig wie eine persönliche Wachstumskrise zwangsläufig

Krankheit, Neurosen oder Wahnsinn hervorrufen muß. Wenn jedoch eine akute Neurose und eine mehr oder weniger andauernde bio-physische Krisensituation vorliegt, dann erhebt sich natürlich die Frage: Was soll das Endziel der Behandlung sein? Welche Resultate will der Psychotherapeut oder Heiler erzielen? An diesem Punkt gehen die verschiedenen psychologischen Schulmeinungen weit auseinander. Der Hauptunterschied liegt in den Schlußfolgerungen, die aus den zwei Grundauffassungen über die menschliche Natur gezogen werden. Zudem aber auch darin, welche Bedeutung bzw. Absicht dem Verhältnis von Individuum zu Gesellschaft, Universum oder Gott seitens der betreffenden Ansätze beigemessen wird.

Gemäß der einen Form von Psychologie besteht das Ziel darin, den Normalzustand wieder herzustellen, der durch die eine oder andere Ursache gestört wurde. Für die andere Schulrichtung ist eine Behandlung nur dann sinnvoll und eindeutig, wenn der Patient danach wieder als umfassenderes menschliches Wesen in Erscheinung treten und dadurch *den implizierten »spirituellen« Zweck der Krise erfüllt.* In der von Freud eingeleiteten Psychologie lassen sich diese zwei Einstellungen klar erkennen, obwohl beide manchmal irgendwie kombiniert werden; dies dürfte auch für jeden Astrologen von großem Interesse sein, der sich als Psychologe und Helfer des Menschen sieht. Denn auch er muß seine Zugangsweisen und Interpretationen von vergangenen und zukünftigen Krisen klar definieren, wenn er sie im Horoskop eines Klienten feststellt.

Es lassen sich verschiedene Krisen mittels astrologischer Techniken vorhersehen, und wie ein Astrologe diese interpretiert, hängt zwangsläufig davon ab, was er generell über Entscheidungssituationen denkt. Er kann Krisenmomente als Ablenkung, schlicht und einfach als Tragödien oder als heilbare und schnell zu vergessende Zwischenspiele ansehen. Er kann sie auch als lebenswichtige Wachstumsphasen betrachten, als Erfahrungen, aus denen sich eine reiche Ernte sammeln läßt, und als Ereignisse, ohne die keine »Reife« möglich ist — wie düster, tragisch und scheinbar destruktiv die Krise auch sein mag.

Den zuerst erwähnten Typus von Psychologie kann man als *normativ* bezeichnen: das Ziel der Heilung und Behandlung lautet, die gestörte Person »wieder normal« zu machen. Normalität ist aber ganz eindeutig eine relative Angelegenheit und läßt sich nur im Hinblick auf die allgemeinen Standards der jeweiligen Kultur und Gesellschaft definieren. Demzufolge sind die meisten Sozialpsychologen normative Psychologen. Auch Sigmund Freud gehört in diese Kategorie, da seine Auffassung grundsätzlich pessimistisch und ohne einen wirklichen Sinn für die spirituelle Bestimmung des Individuums ist.

Die zweite Richtung kann man als *metamorph* bezeichnen, da sie — wenigstens potentiell — *alle* Krisen für Auslöser einer inneren Transformation hält. Darüberhinaus verlangt das menschliche Leben auch unbedingt nach wiederkehrenden und periodischen Metamorphosen, sprich Krisen. Ohne Lebenskrisen bleibt die Person bloß »eine unter vielen«, sie bleibt vielleicht normal, aber geformt nach einem kollektiven Vorbild oder nach einem kuturell akzeptablen Zuschnitt. Ein Individuum zu sein heißt dagegen, den kollektiven Normen der momentanen Gesellschaft zu entwachsen, und dies vollzieht sich nur durch das Überwinden von Tiefpunkten, durch ein Grunderlebnis der Metamorphose. Besagte Erfahrungen sind in der Regel sehr aufreibend, schmerzvoll und immer verwirrend. Aber man muß sie *willkommen heißen, verstehen und annehmen*, wenn es zu echter individueller Reife kommen soll ... und vielleicht in gewissem Maße zu »Genialität« oder den spirituellen Errungenschaften eines »Jüngers Christi«, der zwar »auf dieser Welt lebt, aber nicht von dieser ist.«

In der Astrologie muß man diese zwei Sichtweisen von persönlichen oder sozialen Krisen in Bezug zu den »sozialen« Planeten (Jupiter und Saturn) und den transzendenten oder »metamorphen« Planeten (Uranus und Neptun) setzen. Jedes dieser Planetenpaare wirkt auf einem speziellen Bewußtseinsniveau und einer bestimmten Aktivitätsstufe. Auf der Jupiter–Saturn Ebene erscheinen die Krisen aufstrebender Individuen und potentieller Genies, Heiliger oder Apostel als *Abweichungen von der sozialen Norm.* Auf der Ebene von Uranus und Neptun werden sie als mehr oder weniger tragische, aber notwendige *Wiedergeburts- und Selbstentdeckungsprozesse* angesehen.

Die gleiche Unterscheidung läßt sich auf Kriege oder Wirtschaftskrisen von Nationen anwenden. Von dem metamorphen Standpunkt aus liegt die größte Tragödie nicht darin, daß es Kriege und Revolutionen gibt, sondern darin, daß die Regierung und das Volk nach Beendigung der Notlage nur einen Grundgedanken verfolgt — in den Normalzustand und die »gute alte Zeit« *zurückzukehren*, das alte gewohnte und »normale« Verhalten wieder anzunehmen, *so als ob nichts passiert wäre.* Gerade wir in Amerika wissen nur zu gut, was dies bedeutet, denn wir als Volk haben uns nach jedem der beiden Weltkriege exakt in der Form verhalten. So haben wir zwar die Kriege gewonnen, jeodch in ganz realer Hinsicht die Nachkriegszeit verloren — verloren insofern, als wir nicht in der Lage waren, den Katastrophen des Krieges die Bedeutung eines großen, inneren Wachstumsprozesses der Menschheit abzugewinnen.

Kein Krieg ist wirklich gewonnen, der mit der Idee endet, den »Status Quo« und das Vorkriegsniveau an Normalität wieder herzustellen. Es ist sicherlich angebracht, die Grundstrukturen der als richtig erkannten Lebensweise beizubehalten; aber es gäbe keine Depression und keine Kampfansage an das Wachstum, wenn etwas aufrecht erhaltenen werden müßte. Wachstum entspringt neuen schöpferischen Akten, also den erforderlichen Transformationen, um den Ansprüchen der Krise erfolgreich entgegenzutreten. Wenn es zu einer Herausforderung durch Gott oder das Leben kommt, dann deswegen, weil ein neuer kreativer Impuls zwingend wird, oder weil alte Antriebe festgefahren sind und eine Reinigung oder Katharsis notwendig wird.

Mit Uranus und Neptun befinden wir uns auf der Ebene von Katharsis und Metamorphose, von Reinigung und Wiedergeburt. Sind wir durch Jupiter und Saturn hypnotisiert, dann sehen wir die Aktivitäten von Uranus und Neptun gezwungenermaßen als destruktiv an; doch diese zwei entfernten Planeten sind tatsächlich unsere Befreier. Sie treiben uns dazu, unsere

Individualität zu erweitern und sie fordern uns auf, dadurch zu wachsen, daß wir unsere eigene zukünftige Größe als Individuen erschaffen. Solche Aufforderungen bringen Krisen. Gott sei Dank für diese Krisen! Wir müssen allerdings siegreich sein, andernfalls ist die Niederlage kostspielig und zwingt uns in die Knie. *Wie* können wir als Sieger hervorgehen? Worin besteht der Sieg? Die Antworten auf diese Fragen unterscheiden sich von Fall zu Fall und hängen in besonderem Maße davon ab, in welchem Alter die Betroffenen mit den uranischen und neptunischen Umbruchphasen konfrontiert werden. Hier kann die Astrologie dem Psychologen eine große Hilfestellung bieten, indem sie das Eintreten und die vermutliche Dauer von kritischen Lebensumständen *zeitlich festlegt.* Sie kann den Zweck der Krisen und das, *was sie im Leben und Temperament des Individuums umwandeln sollen*, aufzeigen. Kennen wir dies, und sei es nur in ganz allgemeinen Begriffen, dann können wir *bewußt* mit der Metamorphose arbeiten, anstatt dagegen anzukämpfen.

In der Geologie sind »metamorphe« Steine von intensiver vulkanischer Hitze umgewandelt worden. In der Psychologie entspricht die metamorphe Uranus–Krise ebenfalls einer Freisetzung von starker spiritueller und psychischer Hitze, welche die Grundbestandteile der Persönlichkeit verschmelzen und rekristallisieren kann. Sie *kann* dies tun, muß es aber nicht. Die erweckten Energien, die äußerst gestörten Lebensbedingungen und Gefühle können sich nach dem kritischen Höhepunkt wieder setzen und nur Narben, Überdruß oder eine resignierte Wiederanpassung an die soziale Normalität entlang alter Schemen hinterlassen. Ja, alles ist wie zuvor: der Friede ist wiederhergestellt, die alte Routine hat sich auch wieder eingeschliffen, der Patient ist »geheilt« — aber Gott wurde abgewiesen.

Es existiert keine größere Niederlage als ein bedeutungsloser Sieg; und die größte Tragödie ist eine Krise, die nutzlos war. Wir halten Leiden, Katastrophen und Krankheiten aus, die Persönlichkeit wird »umgepflügt«, die Strukturen des Ichs werden losgerüttelt und das Endergebnis ist *nichts*: kein Wachstum, keine Wiedergeburt, lediglich ein nervöses oder selbstzufriedenes

Wiederherstellen des gleichen Egos, das sich in denselben alten Gleisen bewegt, jedoch mit dem scheußlichen Gefühl — so unerkannt und unterbewußt es auch sein mag — *daß alles vergebens war.* Die Menschheit krankt heute an solchen kollektiven Gefühlen, einer Mischung aus Schuld, Hoffnungslosigkeit und seelischer Ermüdung. Unsere psychiatrischen Anstalten sind überfüllt. Die einzige Lösung bringt eine neuartige Psychotherapie und Astrologie, die das vorsätzliche Erwecken des kreativen Faktors im Individuum in den Mittelpunkt stellt.

Astrologisch kreist das Problem zuerst um ein besseres Verständnis der Bedeutung von Uranus und Neptun im Geburtshoroskop, und dann um die zyklischen Transite beider Planeten. Ich rede nur von den Transiten, da beide sich zu langsam bewegen, um bei den Sekundärprogressionen etwas zu bedeuten, abgesehen von den ganz wenigen Fällen, wenn sie in engen Aspekten zu anderen Planeten stehen. Nur solche Winkelabstände werden dann im weiteren Verlauf durch direkte oder konverse Progressionen exakt. Eine ganze Reihe von astrologischen Textbüchern schreibt den sogenannten »schlechten« Aspekten von Uranus und Neptun völlig negative Bedeutungen zu; selbst ihre Gegenwart in den Geburtshäusern wird vorwiegend destruktiv gedeutet. Wie bereits ausgeführt, taugen diese Interpretationen bestenfalls dann etwas, wenn das Leben und seine Bestimmung einzig vom Standpunkt der Jupiter/Saturn »Normalität« aus betrachtet werden, also wenn Behaglichkeit, statisches Glück, Bequemlichkeit und sozio-ökonomischer Erfolg als die höchsten menschlichen Werte angesehen werden. Aber wir leben in keiner statischen Gesellschaft, sondern in einem sehr dynamischen Epoche — einem Zeitalter von Umwälzungen, konstanten Schwankungen und der spirituellen, aber auch der sozialen Metamorphose.

Das 20. Jahrhundert dürfte das plutonische Jahrhundert sein. Aber bevor Pluto auf positive und konstruktive Weise zugänglich und erfahrbar wird, müssen die Menschen erfolgreich gelernt haben, die Umwälzungen und Wachstumskrisen von Uranus und Neptun zu bestehen. Wenn Pluto die Grundlagen für eine Wiedergeburt in einer umfassenderen Lebenssphäre schaffen soll, dann muß das Individuum zunächst von Uranus erneuert und von Neptun gereinigt werden. Diese letzten beiden Planeten sind die Symbole für »die Schwelle«. Man kann über eine Schwelle stolpern und im Hospital landen, oder man kann aufrechten Ganges über sie in ein neues Leben eintreten. Den von Uranus und Neptun repräsentierten Aufgabenstellungen kann man erfolgreich und mit einem Minimum an Störfaktoren entgegentreten, wenn man die zweite Alternative *nicht nur als eine Möglichkeit, sondern als das einzig wünschenswerte Ziel erkennt.* Es ist die Rolle des Uranus, dem Individuum die Zielrichtung durch eine Welle von neuem Licht zu offenbaren. Sobald die neue Vision und das neue Ziel akzeptiert wird, kann Neptun konstruktiv daran weiterarbeiten, die Chemie und eigentliche Substanz der Persönlichkeit zu verändern. Verweigert sich die Person einer Wandlung oder räumt nicht einmal die Möglichkeit zu einer Änderung ein, dann wird das Leben sie zerbrechen oder gestrandet in ihrer kleinen egozentrischen Welt zurücklassen, mit kontinuierlich geringerem Erfolg.

Schaue anhand der Radixstellung des Uranus nach Erlebnisbereichen, in denen tiefgreifende persönliche Veränderungen, Selbst–Transformationen oder tragische Umstürze am ehesten eintreten können; versuche den Zweck der Metamorphose zu verstehen und zu akzeptieren — und arbeite bewußt damit. Stelle anhand der Position von Neptun im Horoskop jene biologischen und psychischen Funktionen oder jene persönlichen Erfahrungs- und Entwicklungsbereiche fest, die in deinem Leben erneuert, repolarisiert und umgewandelt werden sollten. Hierzu muß jedoch eindeutig klargestellt werden, daß Uranus etwa sieben Jahre und Neptun etwa dreizehn Jahre in ein und demselben Tierkreiszeichen verweilt. Folglich bezieht sich jede Ausdeutung dieser Planeten in den Zeichen auf alle Personen, die während dieser sieben bzw. dreizehn Jahre geboren sind. Das heißt konkret, daß die Interpretation dieser Planeten sehr allgemein bleiben muß, weil sie sich einfach nicht auf spezielle Krankheiten oder Charakterzüge anwenden läßt, denn diese sind ganz eindeutig nicht allen in diesen Zeiträumen Geborenen gemeinsam.

Nehmen wir als Beispiel Uranus im Skorpion. Uranus durchlief dieses Zeichen zwischen 1891 und 1898. Jeder, der in diese Epoche hineingeboren wurde, ist mit den Merkmalen von »Uranus im Skorpion« ausgestattet. Man muß »einen gemeinsamen Nenner« in all diesen Menschen finden, wenn »Uranus im Skorpion« überhaupt eine Aussage haben soll. Was könnte dies sein? Es muß etwas genauso schwer Faßbares sein, wie die Eigenschaften, die einen Engländer »englisch« und einen Franzosen »französisch« erscheinen lassen. Diese *kollektiven Charaktereigenschaften* lassen sich schwer definieren und erst recht nicht in nur wenigen konkreten Begriffen. Aber die Generation, die Ende letzten Jahrhunderts überwiegend mit Uranus im Skorpion (und gleichzeitig immer mit Neptun und Pluto in den Zwillingen) geboren wurde, gehörte nach dem Ende des Ersten Weltkrieges zu den Twens und lebte in der »Jazz–Ära«. Sie lernte eine allgemeine Auflehnung gegen sexuelle Tabus kennen. Dies trifft nicht auf jeden Einzelnen gleichermaßen zu und es wäre sinnlos zu behaupten, daß jeder die sexuellen Konventionen brechen wollte. Man kann aber sagen, daß der Umgang der astrologisch mit Skorpion verknüpften Lebensschwingungen für diese Menschen durch die uranische Aufforderung zu Selbst–Transformation in eine Krise geriet — doch Sex ist nur einer von den verschiedenen Aspekten der bio–psychischen Funktionen, die mit Skorpion in Bezug stehen.

Jede Generation (d.h. eigentlich »Altersgruppe«) sucht einen eigenen Weg, um die Grundprobleme persönlichen Wachstums zu lösen. Die Vorgehensweise ist von vergangenen kulturellen und sozialen Einflüssen, von dem Verhalten der Eltern und dem sozio–ökonomischen und politischen Druck abhängig. Die über mehrere Jahre bestehende Anwesenheit eines der äußeren Planeten im selben Tierkreiszeichen symbolisiert die jeweilige Verfahrensweise. Der Planet setzt einen Akzent im Bewußtsein, der auf zweierlei Weise wirkt: erstens hinsichtlich der unbewußten oder irrationalen Grundenergie (den Tierkreiszeichen, in welchen diese Planeten bei der Geburt stehen) und andererseits bezüglich des bewußten Verhaltens (die Zeichen, welche die Planeten in Krisenzeiten durchlaufen).

Demnach basierte die Jazz–Ära und ihre uranischen Krisen, ihre ruhelose Rebellion, ihre Selbst–Transformation und ihre Befreiung aus viktorianischen Maßstäben ganz typisch auf einer Uranus–im–Skorpion–Grundschwingung; aber sie trug schon die äußere, bewußtseinsmäßige Akzentuierung von Uranus in den Fischen (1920–1927) mit sich, zu deren deutlichsten symbolischen Merkmale die Mißachtung der Prohibtionsgesetze, die Suche nach Aufregung und Rausch, ein dramatischer Selbstausdruck usw. gehören. Die Altersgruppe der Geburten mit Uranus in den Fischen erlebte in ihren Zwanzigern die brutalsten militärischen Massenvernichtungen des Zweiten Weltkrieges und sie mußte das Weltgeschehen durch die Rettung oder Desintegration der »Fische–Kultur« fortführen — und überließ den mit Uranus im Widder Geborenen die Aufgabe, einen neuen kreativen Impuls freizusetzen (Widder).

Was das Einzelindividuum anbelangt, so ist die Gegenwart des Uranus in dem einen oder anderen Haus des Geburtshoroskopes meist ein aufschlußreicher Faktor. Er sorgt für eine *persönliche Erlebnisebene*, auf der sich uranische Selbst–Transformationen am ehesten antreffen lassen — man könnte gewissermaßen von einem Krisenherd sprechen. Das Natal–Haus von Neptun deutet auf die Art der Konfrontationen hin, durch welche der Geborene die Grundsubstanz (oder »Chemie«) seines Wesens, seinen Charakter und sein Ich besonders leicht erneuern kann. Durch solch eine Gegenüberstellung (und jedes Radix–Haus verkörpert einen anderen Lebensbereich) können die Beschränkungen des Ichs aufgelöst werden und der Betreffende kann seine spirituelle Freiheit erkennen. Als nächstes Problem erhebt sich dann die Frage, wozu diese Freiheit gut ist. Diese Anzeichen, kombiniert mit jenen, die sich aus dem Symbolismus der Tierkreisgrade der Radix–Planeten ergeben, sind beinahe immer äußerst aufschlußreich.

Werden Transite von Neptun und Uranus untersucht, dann

sollte man beide Planeten immer zusammen betrachten. Ernsthafte Krisen treten eindeutiger auf, wenn diese beiden Himmelskörper gleichzeitig Aspekte mit anderen wichtigen Natal–Planeten eingehen. Manchmal stehen Uranus und Neptun im Transit zur Radix–Sonne, zum Geburtsherrscher oder dem Mond, während Sonne und Mond zugleich *ein Quadrat in Progression* zum Uranus und Neptun des Grundhoroskops bilden. Dies sind meistens einschneidende Situationen, bei denen die Herausforderungen sowohl von innen als auch von außen an einen herangetragen werden. Das Innenleben ist zu einer Veränderung bereit; und durch den Druck dieser inneren, spirituellen und vielleicht auch biologischen Notwendigkeit zur Wandlung (»Progressionen«), wird eine Kette einschlagender Ereignisse die Angelegenheit auf einen Punkt konzentrieren und das soziale und familiäre Leben des Geborenen gewaltig durcheinanderbringen (»Transite«). Auf alle Fälle ist es für den Betroffenen wichtig, den Prozeß der Metamorphose zu verstehen, ihn zu akzeptieren und damit zu arbeiten, anstatt sich dagegen zu wehren oder in Angst und Schrecken zurückzuweichen. Hierfür bedarf es jedoch meistens sehr viel spirituellen Mutes und eines stabilen, objektiven Verstandes oder eines starken Glaubens an Gott. Wo dies fehlt, bricht das überwältigte Ego entweder zusammen und öffnet sich einer Invasion irrationaler und destruktiver Mächte, oder es schottet seine Pforten so dicht ab, daß es sehr schwierig werden wird, sie überhaupt wieder zu öffnen. Im Extremfall wird tragischerweise eine weitere Krise notwendig, um die verbarrikadierten Tore zu erschüttern, und den unterbrochenen Wachstumsprozeß wieder in Gang zu setzen.

Die Voraussetzungen der familiären und sozialen Umgebung üben eine starken Einfluß darauf aus, ob wir erfolgreich mit der selbsttransformatorischen Persönlichkeitskrise umgehen können. Ist dieses Umfeld chaotisch, wie zu Zeiten von Kriegen oder Revolutionen, dann wird die Tendenz zu einem individuellen Zusammenbruch wesentlich erhöht. Es gibt andererseits auch Seelen, die *gerade weil* die Welt im Chaos ist, ihren eigenen inneren Kraftkern aufbieten, um fest und entschlossen diesem äußeren Wirrwarr zu trotzen. Ob eine Person solch eine innere Stärke abrufen kann oder nicht, läßt sich auf astrologischer Basis allein nicht feststellen, denn *jeder* astrologische Hinweis kann im Endeffekt konstruktiv oder destruktiv sein.

Der kombinierte Zyklus von Uranus und Neptun dauert ungefähr 171 Jahre. Die Konjunktion im Schützen des Jahres 1650 wurde häufig mit den bekannten Umwälzungen in England assoziiert. Beide Planeten hatten 1821 zu Beginn des Zeichens Steinbock eine Konjunktion miteinander; die nächste findet 1992 mitten im Steinbock statt. Das Jahr 1821 markierte die ersten Anfänge der Industriellen Revolution und der Romantik sowie den Tod von Napoleon I. Die Opposition von Uranus und Neptun war das weltweite Symbol für die erste Dekade dieses Jahrhunderts. Die globale Metamorphose begann für die Menschheit um 1821 und erreichte mit der Opposition dann ihren potentiellen Erfüllungspunkt. Weil die Menschheit jedoch kein besonderes Glück darin hatte, mit den furchterregenden neuen Energieschüben, die nach der Konjunktion von 1821 auf sie losgelassen wurden, weise, ethisch und spirituell verantwortlich umzugehen, setzte die Opposition der zwei »metamorphen« Planeten einen ungeheuren Teilungs- und Zerstörungsprozeß in Gang. Der Aufstieg Japans, gefolgt vom deutschen Kaiserreich und die erste (erfolglose) Russische Revolution nach Rußlands Niederlage in der Mandschurei waren der Startschuß für die Zerstörung. Unsere »Weltkriege« sind eigentlich globale »Bürgerkriege« einer Menschheit, die sich an die sozial-politischen Geister des »Imperialisimus« und der »absoluten nationalen Souveränität« klammerte. Damit gestattete sie diesen Gespenstern, den Verstand sowohl jener zu vergiften, die Sklaven der Gier und Lust nach Wohlstand und Macht waren, als auch jener, die sich an veraltete Institutionen, Ideologien und soziale bzw. religiöse Vorurteile klammerten.

Das letzte Quadrat des gegenwärtigen Uranus/Neptun-Zyklus (1821–1992) wurde im Oktober 1953 exakt (dazu kam eine Konjunktion von Saturn und Neptun) und wiederholte sich 1954 und 1955 (diesmal in Verbindung mit einer Jupiter/Uranus–Konjunktion). Ziemlich augenfällig war eine Zeit der Katharsis unvermeidlich (ein »Reinigen« der festgefahrenen, toten Materialien im sozialpolitischen Körper der Menschheit). Solcherart ist die weltweite Krise, die durch unsere Vorfahren und aufgrund unserer eigenen Verrücktheiten und »Sünden« gegen den kreativen Menschengeist notwendig gemacht wurde; und sie kann ganz unterschiedliche Formen annehmen. Die Menschheit wird offensichtlich »getestet«; aber während das letzte Viertel eines Zyklus einerseits eine Zeit des Zerfallens von nicht mehr lebensnotwendigen, überlebten und alten Strukturen sein kann, so ist es andererseits auch eine Phase, in welcher der *Samen* für den nächsten Zyklus eine konkrete Gestalt annimmt; zwischen 1955 und 1992 kann man das Gedeihen dieses »Samens« erwarten.

Eigentlich handelt es sich um einen Samen, der durch sein Wachsen in der Frucht die Pflanze tötet, die ihn hervorbrachte. Die Zukunft macht die Vergangenheit überflüssig. Dies ist der Sinn aller Krisen. Diejenigen, die gewinnen, gehen furchtlos der Zukunft entgegen, während sie gleichzeitig ihre eigene Substanz und ihre Erinnerung an die spirituellen Werte der Vergangenheit beibehalten, und sie zögern nicht, die äußere Haut dieser Vergangenheit abzustreifen. Jede Krise ist ein Tod des »Gewesenen«. Sie ist die Reifung dessen, was »sein muß«, wenn das Individuum, die Nation und die menschliche Gattung sich vollenden will. Wer dieser Vollendung keinen freien Lauf läßt, muß leiden und Katastrophen oder Tod erleben — solange bis er die göttliche Bestimmung klar erkennt und annimmt. Diejenigen, die diese neuen Entwicklungsziele akzeptieren und in sich aufnehmen, werden zu »Samen« des neuen Zyklus. Sie sind gewissermaßen die »Eltern« eines größeren Morgen, die Quellpunkte für ein reicheres Leben.

Kapitel 18

Die Rolle des Astrologen als Berater

Ich erinnere mich daran, vor Jahren ein Magazin für Werbetechnik durchgeblättert zu haben und dabei von folgender Behauptung gefesselt gewesen zu sein: »Wir befinden uns im Zeitalter des Beraters«. Der Artikel besagte weiterhin, daß die Menschen in einer Gesellschaft, die äußerst komplex ist und großen Wert auf Spezialisierung legt, mit vielen Problemen der sozialen oder geschäftlichen Organisation konfrontiert werden. Deshalb sähen sie sich von Zeit zu Zeit gezwungen, sich an geschulte Spezialisten und Ratgeber zu wenden, um ein klareres Bild dieser Schwierigkeiten zu erlangen, um ihre Fähigkeiten zu verbessern oder um sich lediglich rückzuversichern, daß sie auf dem richtigen Wege seien.

Was auf die Geschäftswelt oder die unendlich risikoreichen Tätigkeitsfelder von Regierung und Diplomatie zutrifft, das gilt auch für das Privatleben des heutigen Menschen. Überall wenden sich verwirrte und zermürbte Personen an »Beratungsstellen« — seien es Psychologen, Ernährungsspezialisten, Eheberater, medial Veranlagte und Hellseher oder Astrologen. Die Menschen brauchen heute viel genauere Ratschläge, als in der guten alten Zeit, als man sich zum Pfarrer oder Hausarzt begab. Sie fragen viel detaillierter und »wissenschaftlicher« um Rat, denn je zuvor. Das heißt sie erkundigen sich nicht auf der Basis allgemeiner ethischer, religiöser oder hygienischer Prinzipien, sondern in klar umrissenen Begriffen, wie sie sich eine zuverlässige Technik zur Lösung ihrer Probleme aneignen können. Der

Riesenerfolg von »Wie macht man...« Büchern ist ein weiterer Gesichtspunkt dieser Sehnsucht nach technischer Information; aber Ratgeberwissen ersetzt nur selten den Platz eines Beraters, weil die Menschen allmählich erkennen, daß das Grundproblem hinter allen anderen Schwierigkeiten *sie selber* sind; und niemand kann sich ehrlich und objektiv selbst kennen, außer im Spiegel der Augen eines anderen. Dazu sind Bücher zu sehr von Tinte geschwärzt, als daß sie dem Leser das Bild seines ängstlichen Blickes widerspiegeln könnten!

Es gibt ganz verschiedene Arten von Beratern. Ganz offensichtlich besteht ein riesiger Unterschied zwischen dem Unternehmensberater, der von einem Geschäftsführer konsultiert wird, dem bedeutenden Wissenschaftler, dessen Rat für die Konstruktion eines komplizierten Apparates eingeholt wird und dem Berufsastrologen oder angesehenen Hellseher, den ein Klient mit Beziehungsproblemen in der Hoffnung auf eine erfreuliche Prognostizierung der Zukunft aufsucht. Nichtsdestoweniger gibt es gewisse Grundfaktoren, die bei jeder Beratungssituation beachtet werden sollten, wenn der Berater erfolgreich sein will — und zwar nicht nur oberflächlich, sodaß es ihm gelingt, den entscheidenden Hinweis zu erteilen, sondern indem sich die Beratung auf einer tieferliegenden psychologischen Ebene auch auf den Ratsuchenden auswirkt. Der Klient will vermutlich meistens genaue Informationen. Aber er braucht sehr oft mehr: er will beruhigt werden und sich nach der Beratung besser fühlen. Mit anderen Worten, der Berater sollte nicht nur Information geben können, das kann ein Buch oder eine Maschine genausogut, sondern auch Selbstvertrauen.

Vor geraumer Zeit stellte ein Planungskommitee des Roten Kreuzes acht Qualifikationen zusammen, die den Berater und seine wesentlichen Grundaufgaben definieren. Der Berater ist demnach eine Person, die (1) um Hilfe aufgesucht wird; (2) die zur Selbsthilfe hilft; (3) die über ein breites Wissensspektrum und einen objektiven Standpunkt verfügt; (4) mit einer speziellen Ausbildung und Fähigkeit; (5) Experte ist, um eine geeignete Atmosphäre für das Hilfsbegehren zu schaffen; (6) deren Ratschlag entweder angenommen oder zurückgewiesen werden kann; (7) die weder Handelnder noch Wirkender ist; (8) die genügend Zeit für ihre Tätigkeit braucht. Diese Aufzählung paßt recht gut auch zu der Person, die aufgrund ihres astrologischen Wissens und ihrer Begabung zu Deuten konsultiert wird.

Schon seit vielen Jahren habe ich darauf hingewiesen, daß die Geburtsastrologie eine Technik ist, die den Menschen bestimmte Hilfestellungen zur Lösung ihrer Probleme anbietet, welche sie ohne Beistand oder durch rationale Methoden, weder verstehen noch beseitigen könnten. Aber das Wort »Problem« kann eine vielschichtige Bedeutung annehmen. Wenn ich es hier verwende, dann bezieht es sich auf alle Situationen, in denen die Einzelbestandteile unklar, verwirrend oder konfliktbildend sind — Umstände, die eine Entscheidung abverlangen, die jedoch nicht genügend adäquates Wissen mitliefern, auf dem dieser Entschluß logisch begründet werden könnte. Eine fundierte Entscheidung setzt voraus, daß wir die Ursachen der Sachlage objektiv verstehen; und wir können nur dann eine richtige und »freie« Wahl treffen, wenn wir hinreichende Entscheidungs- und Bewertungsgrundlagen haben. Aber sehr oft müssen wir im Leben neue Schritte unternehmen, ohne das geringste rationale Wissen, was die darin verwickelten Menschen tun werden oder können, was in nächster Zukunft in unserer Umgebung geschieht oder wie wir selber reagieren werden, wenn wir uns mit den direkten oder indirekten Ergebnissen unseres Handelns auseinandersetzen müssen. Dadurch wird selbstverständlich die Vorstellung einer »Wahlfreiheit« ziemlich doppeldeutig.

Ist man in seiner Entscheidung »frei«, wenn es keinen normalen Weg gibt, um die Ursachen einer zu entscheidenden Situation oder die möglichen Ergebnisse der getroffenen Wahl zu kennen. Das Tier wählt die richtige Reaktionsweise aufgrund seiner zwanghaften Instinkte. Wir Menschen haben Intelligenz entwickelt auf Kosten von zumindestens einiger unserer Instinkte. Aber Intelligenz setzt bewußte Entscheidungsmaßstäbe voraus und allzuoft sind diese eben nicht vorhanden; und die berühmte »Stimme der Intuition« ist nicht immer zuverlässig, denn sie kann auch die Stimme von etwas anderem sein — ein psychologischer Komplex, Angst, Faulheit oder gar ein inneres »Gespenst«, das einen vielleicht verfolgt. Wo die Intelligenz uns keine logischen Hintergründe anbietet, kann die Astrologie uns zuhilfe kommen — und wir brauchen wirklich Hilfe! Aber es gibt Hilfe und *Hilfe*! Wir können uns irrational und zwanghaft an einen Helfer ausliefern oder man kann uns beistehen, damit wir uns selber helfen. Im ersten Beispiel haben wir blind die Vorschriften einer autoritären Informationsquelle übernommen, die sich unseres heiligen menschlichen Privilegs der Entscheidungsfähigkeit bemächtigt hat. Im zweiten Fall haben wir eine neue Perspektive und einige Anhaltspunkte erhalten, auf denen wir nun eine eigene Entscheidung fällen können, und zwar einen objektiven, bewußten und informierten Entschluß.

Es gibt mehr als genug Astrologen, die im Bunde mit verschiedenen »inspirierten« Medien und »Wunderheilern« nur zu gern und bereitwillig verkünden, was sich ereignen wird, welchen Verlauf etwas nimmt, was gut oder schlecht für einen ist usw. Die Leute rennen ihnen nach, weil die meisten Menschen eben allzu gerne »Autorität« anerkennen und »die Wahrheit wissen wollen« (und zwar nur die hundertprozentige Wahrheit). Andere Astrologen sind dagegen echte *Berater*. Sie besitzen «ein breitgerfächertes Wissen und einen objektiven Standpunkt«, genauso wie »eine spezielle Ausbildung«; es liegt nicht in ihrer Absicht, »Handelnder« oder »Wirkender« zu sein. Sie sorgen für eine Beratungssituation, in welcher der erteilte Ratschlag vom Klienten »entweder angenommen oder zurückgewiesen werden kann«. Allerdings bestehen sie darauf, oder *sollten* unter vertretbaren Umständen darauf bestehen, daß sie »genügend Zeit für ihre Tätigkeit« haben. Denn die astrologische Beratung sollte eine Art Ausbildung, und deswegen eine wiederholte Erfahrung sein, da es keine Erziehung ohne den Wiederholungseffekt gibt. Was für eine Art Erziehung könnte dies sein? Eine, bei der die Betreffenden lernen, ihrem ganzen Leben objektiv gegenüber zu stehen und sich der Grundrhythmen ihrer Existenz als Einzelperson bewußt zu werden. Diese Rhythmen lassen sich anhand ihres Wirkens während der verflossenen Lebensjahre feststellen und sollten sorgfältig analysiert werden. Nur auf der Basis eines *lebhaften Verständnisses der Vergangenheit* kann man die Aktivitäten unverzüglich auf eine konstruktive Zukunft hin ausrichten, in der sich die angeborenen Talente des Geborenen vollkommener und harmonischer *verwirklichen* lassen.

Der Astrologe kann nicht die *genauen* zukünftigen Ereignisse prognostizieren; wenn er es könnte, dann wäre dies tödlich und zerstörerisch für die Integrität der Person. Niemand kann solche persönlichen Ereignisse genau vorhersagen, nicht einmal Gott; und wann immer man Geschichten über solche Prognosen erzählt, werden wesentliche Punkte unter den Tisch gefegt. Was die berühmten antiken Astrologiebücher in Indien anbelangt, in denen das genaue Schicksal vieler Menschen, ja selbst heute Geborener, schon vor Jahrhunderten niedergeschrieben wurde, so ist dazu zu sagen, daß nur sehr streng ausgewählten Personen erlaubt wurde, die Prophezeiungen für ihren Geburtstag zu hören. Anders ausgedrückt, einer von Tausenden an diesem Tag Geborenen mußte sich bewähren, damit er in diese spezielle archetypische Schablone des Seelenlebens hineinpaßte. Astrologie kann sehr wohl die Lebensstrukturen eines Individuums und die Grundrhythmen des Daseinsprozesses von der Geburt bis zum Tod aufdecken. Aber wenn eine *Struktur* festgelegt ist, so heißt dies deshalb noch lange nicht, daß auch die tatsächlichen existenziellen *Ereignisse*, die dieses Grundschema auffüllen, ebenfalls schon vorherbestimmt sind. Ein Glas kann mit Gift oder einem süffigen Wein gefüllt sein; beide Substanzen werden von der Form des Glases gestaltet. Jeder Mensch hat eine Grundmatrix des Seins, die eine Vorlage für sein individuelles Selbst abgibt. Sie ist auch das »Schicksal«, wenn wir darunter den Fahrplan verstehen, demgemäß die Geburtsanlagen während des Lebens verwirklicht werden können; und ich sagte bewußt »können«, weil viele Menschen nur einen Bruchteil ihrer mitgebrachten Kapazitäten realisieren.

Astrologie sagt einem, was verwirklicht werden »kann«, nicht was sich ereignen »wird«, aber da sie die *vererbte Ordnungsstruktur* der individuellen Selbstheit aufdeckt, kann sie das Individuum dazu »erziehen«, den alltäglichen Konfrontationen mit Ordnung und Objektivität zu begegnen — d.h. mit all seinen ganzen Seinsmöglichkeiten, mit dem, was im Zen als »Buddha-Natur« bezeichnet wird. Der Astrologe ist ein Fachmann für strukturelle Werte der Persönlichkeitsentfaltung, ein Spezialist für das menschliche Schicksal. Man kann ihn bei allen Fragen bezüglich der Verwirklichung eines individuellen Potentials hinzuziehen, also immer dann, wenn man sich auf die Frage bezieht: »Wie kann ich zu dem werden, was ich von Geburt aus als organisches Ganzes bin?« Er kann wenigstens theoretisch diese Frage und ihre indirekten Folgen *als Berater* beantworten. Aber in seiner Funktion als Berater darf man nicht von ihm erwarten, daß er seinem Klienten sagt, was nächsten Montag oder in einem Jahr passieren wird oder was jener exakt tun soll; das wäre die Domäne eines Wahrsagers oder eines Orakels. Diese Unterscheidung ist eminent wichtig und sollte ganz klar vollzogen werden, um Selbstbetrug und Illusionen zu vermeiden.

Ein astrologischer Berater, ich wiederhole, sollte ein breitgefächertes Wissen von der menschlichen Eigenart und den sozialen Begleitumständen des Klienten haben; er sollte einen objektiven Standpunkt vertreten können, also subjektive Einstellungen oder persönliche Vorurteile aus dem Spiel lassen. Es versteht sich von selber, daß er geübt und fähig sein sollte. Er muß eine Reihe von Grundtatsachen erkennen, die seiner Rolle als Berater zugrundeliegen. Da wäre zunächst die Feststellung, daß er, selbst wenn der Klient ihm vertraut, sich nicht an dessen Stelle versetzen kann. Eine objektive Betrachtungsweise erscheint jemanden, der gerade selbst emotional und persönlich in eine aufregende Situation verwickelt ist, immer seltsam verdächtig. Der Astro–Berater sollte auf irgendwie vergleichbare strittige Punkte in der Vergangenheit seines Klienten zurückgreifen und ihm als scharfsinniger Psychologe zeigen, was die inneren und äußeren Resultate einer erfolglosen Bewältigung früherer Krisen waren. Er muß dem Klienten beweisen, daß er »Einfühlungsvermögen« hat, und daß er die tiefsten Emotionen seines Klienten »mitfühlt«. Dadurch schafft er eine vertrauensvolle Atmosphäre über das rein technische Niveau hinaus, nämlich auf menschlicher Ebene.

Der Berater muß des weiteren erkennen, daß sein Klient generell dazu neigt, sich jeder Anregung zu widersetzen, die eine grundlegende Einstellungsveränderung zur Folge hätte. Es ist sehr menschlich, Situationen wirklich verändert wissen zu wollen, aber nur unter der Voraussetzung, daß *wir* uns dabei nicht selber zu ändern haben. In diesem Zusammenhang dürfte eine umfassende astrologische Gesamtschau des Lebens eines Klienten von größter Wichtigkeit sein (seine planetaren Transite, der progressive Mondphasenzyklus, die numerologischen Zyklen wie der fundamentale 7-Jahres oder 28-Jahres-Zyklus). Eine »Person« möchte sich nicht ändern, weil sie vom gegenwärtigen Augenblick hypnotisiert ist. Aber diese *Jetzt-Situation* hat absolut keine Bedeutung für das individuale Selbst des Klienten, solange sie nicht auf die Struktur und die rhythmische Entwicklung seines Gesamtlebens bezogen wird. Die erste Menstruation eines Mädchens wäre eine sehr vernichtende Erfahrung, wenn man ihm nicht erzählen würde, daß diese ein Gesichtspunkt der körperlichen Geschlechtsreife und seines weiteren Lebensweges als Frau und Mutter ist. Die »Gegenwart« ist lediglich eine dahineilende Phase der zyklischen Zeit; sie kommt nur zu Bedeutung, wenn sie in die zyklischen Prozesse eines ganzen Lebens von der Geburt bis zum Tod gestellt wird — und theoretisch sogar über Geburt und Tod hinaus, wenn Reinkarnation eine Tatsache ist, die man vernunftmäßig und wissend leben kann.

»Warum muß gerade *mir* das passieren?« fragt der zermürbte Klient. Was kann ein Berater ihm hierzu Bedeutungsvolles erzählen, außer daß er ihm aufzeigt, welchen Platz und welche Aufgabe diese peinigende Erfahrung innerhalb des gesamten Lebensschemas zur Verwirklichung der Geburtsmöglichkeiten einnimmt und erfüllt? Zu sagen: »Oh ja, Saturn geht gerade auf dein Mars/Venus–Quadrat zu« ist ein schwacher Trost. Freilich, die Situation erhält dadurch einen objektiveren, unausweichlicheren und furchterregenderen Charakter. Falls Saturn tatsächlich mitspielt, dann untersucht der Berater besser zusammen mit seinem Klienten den ganzen Zyklus dieses Planeten, alle seine Transite, seine Bewegung durch ein Haus nach dem anderen; vor allem aber veranschaulicht der Berater die *komplette* Transit- und Progressionssituation des Horoskops und greift nicht nur einen aufreibenden Aspekt heraus. Alle Planeten sind ständig aktiv, ob es exakte Transit–Aspekte gibt oder nicht. Was zählt, ist das allzeitige totale *Wechselspiel ihrer zyklischen Bewegungen* in Relation zur Grundstruktur des Geburtshoroskops.

Ein weiterer Punkt, auf den in der Berater/Klient–Beziehung besonderer Wert gelegt werden muß, ist die übliche Begierde des Klienten, *sofort* eine Lösung für seine Problem zu entdecken. Der Wunsch nach schnellen Ergebnissen und leichten Patentlösungen ist der Fluch des modernen Lebens. Der Zeitfaktor wird von jemandem, der heutzutage in Schwierigkeiten steckt, kaum mehr in Erwägung gezogen, denn diese Gesellschaft hat die Berührung mit dem Grundrhythmus der Jahreszeiten und der langsamen, Jahre dauernden biologischen Entfaltung verloren. Da wir alle spüren, daß wir in einer Ära enorm beschleunigter Veränderungen und in einer Übergangs phase zwischen zwei Epochen leben, sind wir ungeduldig bei Verzögerungen. Wir sind uns auch nicht mehr der Notwendigkeit eines Heilprozesses bewußt, der auf der untersten Schicht der Geistessubstanz aller Menschen einsetzen muß und nur langsam die Oberfläche erreicht, wenn er gesund verlaufen soll. Der Geist der Menschheit hat in den letzten zwei Jahrtausenden bittere Wunden erlitten — eine Periode, in der die Menschheit aus dem alten Stammessystem mit seiner Einbindung von Boden und Tradition heraus, in einen noch halbdunklen Zustand von globaler Organisation und harmonischer Kooperation hineingewachsen ist. Ganz ähnlich sind die Seelen erwachsener Klienten in der Regel von alten Komplexen, Erinnerungen und Ängsten entstellt oder vernarbt, wenn der Astrologe oder Psychologe nach einer Lösung für ein besonders pikantes und akutes Problem befragt wird.

Der Gegenwartsmensch wurde mit der Zeit daran gewöhnt, die Psychoanalyse oder psychische Behandlung als einen langwierigen und kostspieligen Prozeß anzusehen; aber er erwartet noch immer, daß der Astroberater ihm innerhalb von ein bis zwei Stunden Trost, Hoffnung und Glauben an sich selber gibt. Die astrologischen Berater stehen unter dem Druck, sofort die Wunderfaktoren aufzudecken, die den Geist von Angst befreien und bewirken, daß alles sich zum Guten wendet — und zwar *sehr bald*. Selbstverständlich ist dies eine völlig unmögliche Situation; sie entspringt der Tatsache, daß die meisten Leute noch immer meinen, die Astrologie sei eine mysteriöse Kunst, die alle Ängste und Unsicherheiten kurieren könne. Es ist zwecklos, so etwas von der Astrologie verlangen zu wollen. Astrologie ist eine Verständnistechnik und Denkdisziplin, dank derer eine Person einen neuen Ausblick auf ihr Leben gewinnen kann und ein objektiveres und strukturierteres Verständnis von der Funktion ihrer wichtigsten Lebenserfahrungen und Krisen. Astrologie kann eine scheinbar bedeutungslose Lebenskrise in einen Prozeß der Katharsis, in ein Vorspiel für die Wiedergeburt auf einer höheren und umfassenderen Stufe umwandeln. Sie kann aufzeigen, ob der Klient am Anfang, in der Mitte oder am Ende gewisser Zyklen steht — und ob es weise ist, sofort loszustürmen oder besser auf einen günstigeren Zeitpunkt zu warten.

Es gehört nicht in den Aufgabenbereich des Astroberaters, sowenig wie irgend eines anderen Beraters, dem Klienten Entscheidungen abzunehmen. Der Berater ist im wesentlichen ein Erzieher und Ratgeber. Er sollte seinem Klienten Hilfestellung bieten, ihn vielleicht sogar trainieren, daß er einen neuen Zugang zu seinen Lebensproblemen und vor allem zu seinen menschlichen und sozio-kulturellen Kontaktschwierigkeiten findet. Selbstverständlich setzt dieser Beistand voraus, daß der

Berater und sein Klient sehr ehrlich miteinander kommunizieren. Für den Astrologen ist es oftmals recht schwierig, über die in den astrologischen Horoskopen relevanten Punkte zu reden. Die Schwierigkeit liegt darin begründet, daß die Astrologie eine spezielle Sprache gebraucht, deren interne Symbole sich nicht einfach in die Umgangssprache übersetzen lassen, damit ihre Worte für den Klienten eine mehr oder weniger konkrete und vertraute Semantik besitzen. Die astrologische Sprache ist gerade für akademisch geschulte Wissenschaftler besonders schwer verständlich, da sich ihre Begriffe (Planeten, Zeichen, Häuser, Knoten usw.) analog auf ganz unterschiedliche Entsprechungsebenen beziehen und in vielen Fällen eine gleichzeitig positive oder negative Bedeutung tragen können. Folglich kann das, was der Astroberater über die Situation seines Klienten gemäß dem vor ihm ausgebreiteten Horoskop »empfindet«, häufig nicht in eindeutigen und konkreten Handlungen dargelegt werden. In dieser Hinsicht ist die Position des Astrologen ähnlich zu der eines aufrichtigen Hellsehers, der bei einer Fragestellung ein Symbol (oder eine symbolische Szene) »sieht«, das seiner Meinung nach die Lösung des eigentlichen Problems repräsentiert. Aber das tatsächliche Problems ist eben nicht immer identisch mit dem, was der Klient ihm gerade erzählt, sodaß sich die in dem Symbol ausgedrückten Lösungsmöglichkeiten nicht ganz einfach in solche Worte fassen läßt, die dem Ratsuchenden die wahre Bedeutung der Situation mitteilen.

Dies kann jedoch bei jeder (medizinischen, psychologischen, astrologischen, soziologischen) Konsultation geschehen, wenn dabei Fragen aufgeworfen werden, die auf Individuen und zwischenmenschliche Beziehungen eingehen; in diesen menschlichen Erfahrungswelten durchdringen sich die Realitätsebenen gegenseitig und bewußte Faktoren sind selten ganz von unbewußten oder halbbewußten Trieben, Hoffnungen und Ängsten getrennt. Dies macht solche Berufe so faszinierend und gleichzeitig gefährlich. Eine Tätigkeit in diesem Bereich setzt nicht nur voraus, daß der Berater eine praktische Befähigung und ein breitgefächertes Wissensspektrum über menschliches Verhalten besitzt. Dazu kommt vielmehr, daß er in einer teilnehmenden Schwingung mit dem Klienten in Gleichklang steht, sodaß er seinen hintergründigen Ratschlag ohne viele Worte vermitteln kann — d.h. allein durch den Einfluß seiner Gegenwart und das, wofür er steht. Darin liegt ein großer Auftrag. Nur wenige Berater erfüllen ihn; aber diese wenigen zählen nicht immer gerade zu der Gruppe, die auch am häufigsten aufgesucht wird. Denn was die Mehrheit der Leute will, sind geschliffene Lösungen und vorgefertigte und einfach formulierte Rezepte, die ihr Verstand schnell erfassen kann — und meistens versäumen oder vergessen sie aus lauter Faulheit und Unentschlossenheit auch noch, danach zu handeln! Es gibt für alles den richtigen Zeitpunkt. Deshalb sollte der Berater ein gutes Gespür für Timing entwickeln. Manche Dinge lassen sich gut am Ende eines Beratungsgespräches sagen, die am Anfang noch schädlich gewesen wären. Hierbei ist der Astroberater abermals durch das klassische Ablaufschema einer astrologischen Beratungssitzung mit Handikaps belegt: ein völlig kurzes Gespräch, im Verlaufe dessen der Fragende erwartet, daß ihm alles gesagt werde.

Ein neues Verhältnis zwischen Astrologe und Klient muß zustande kommen — oder eigentlich ein neuer Zugang zur Astrologie. Die heutigen Anstrengungen von Astrologen, die Astrologie mittels Statistik und anderer analytischer Methoden, die von unseren offiziellen »Wissensfabriken«, den Universitäten, angebetet werden, auf ein akzeptables »wissenschaftliches« Niveau zu heben, tragen nicht viel Konstruktives zu den Problemen der astrologischen Berater/Klient–Situation bei. Es bewirkt lediglich, daß diese Beziehung an Effektivität verliert. Denn um tatsächlich wirkungsvoll zu sein, muß es sich um ein Verhältnis von Mensch zu Mensch handeln — und Wissenschaft befaßt sich nicht mit *individuellen Fällen,* sondern mit *statistischen Mittelwerten.* Wissenschaft setzt sich nicht mit menschlichen Werten auseinander, aber zu dem astrologischen Berater kommt ein Mensch und ersucht um Hilfe. Er fragt unbewußt immer nach Hilfe, selbst wenn er *bewußt* und vordergründig nur von Neugierde angetrieben wird. Er sucht Hilfe im

Hinblick auf seine einmalige individuelle Selbstheit, auch wenn das tatsächlich vorgebrachte Problem ganz allgemeiner Natur zu sein scheint; und in Anbetracht dieses Selbst muß der Berater handeln. Denn wir alle finden unser eigenes Grundproblem in uns selbst; die Astrologie sollte uns helfen, diesem objektiv und ernsthaft zu begegnen, ohne Ausflüchte und ohne das unsichere Gefühl, das unser intellektuelles Ego verursachen kann.

Anmerkungen

1 Dieser Text ist zum großen Teil in Rudhyars Buch, *Astrologie der Persönlichkeit,* (München: Hugendubel 1979) abgedruckt.

2 Dane Rudhyar: *Das Astrologische Häusersystem* (München: Hugendubel, 1987[4])

3 Anm. d. Übers.: Diese Aussage trifft heute nicht mehr ganz zu, nicht zuletzt durch die jahrzehntelangen Bemühungen Dane Rudhyars, diesen Mißstand zu beseitigen.

4 In letzter Zeit wurde in Europa noch eine alternative Geburtszeit vorgeschlagen, bei welcher sich ein Skorpion–Aszendent ergibt. Es bleibt vorläufig noch offen, welches Horoskop korrekt ist.

5 Alfred Adler, *Der Sinn des Lebens,* Frankfurt Fischer Taschenbuchverlag, 1973, p.95

6 Adler, *Der Sinn des Lebens,* p. 35

7 Adler, *Der Sinn des Lebens,* p.55

8 Adler, *Der Sinn des Lebens,* p.87

9 Adler, *Der Sinn des Lebens,* p.112f.

10 Adler, *Der Sinn des Lebens,* p.113f.

11 Adler, *Der Sinn des Lebens,* p.88

12 Adler, *Der Sinn des Lebens,* p.169

13 Adler, *Der Sinn des Lebens,* p.165

14 Adler, *Der Sinn des Lebens,* p.162f.

15 Adler, *Der Sinn des Lebens,* p.112

16 Alfred Adler ›Individual Psychology‹ in C. Murchison (Ed.): *Psychologies of the 1930's,* (Worchester (MA), Univ. Press) p.395–405

17 Adler, *Der Sinn des Lebens,* p.38

18 vgl. Anm. 14, p.403f.

19 Dane Rudhyar, *Die astrologischen Zeichen: Der Rhythmus des Zodiak,* (München: Hugenbubel, 1982)

20 vgl. Dane Rudhyar, *Astrologie der Persönlichkeit,* und *The Sun is also a star,* (New York: Dutton, 1975).

21 C.G.Jung, *Gesammelte Werke, Bd. IX,1 »Die Archetypen und das Kollektive Unbewußte«* (Olten: Walter Verlag) p. 305

22 C.G.Jung, *Gesammelte Werke Bd. IX,1* p.306f.

23 Jolande Jacobi, *Die Psychologie von C. G. Jung: Eine Einführung in das Gesamtwerk,* (Frankfurt: Fischer Taschenbuch: 1988) p. 132

24 Richard Wilhelm und C. G. Jung, *Das Geheimnis der Goldenen Blüte: Ein chinesisches Lebensbuch,* (Olten: Walter Verlag, 1971), p. 8f.

25 R. Wilhelm/ C.G. Jung, *Goldene Blüte,* p. 37

26 C.G. Jung, *Gesammelte Werke, Bd. VI »Psychologische Typen«,* p. 568

27 R.Wilhelm/ C.G. Jung, *Goldene Blüte,* p. 48

28 C.G. Jung, *Gesammelte Werke, Bd. XVI »Praxis der Psychotherapie«,* p.162f.

29 C.G. Jung, *Gesammelte Werke, Bd. XVII »Über die Entwicklung der Persönlichkeit«,* p. 194

30 C.G. Jung, *Gesammelte Werke, Bd. XVII,* p. 197

31 C.G. Jung, *Gesammelte Werke Bd. XVII,* p. 211

32 C.G. Jung, *Gesammelte Werke, Bd. III »Psychogenese der Geisteskrankheiten«, p.95*

33 Jacobi, *Die Psychologie von C.G. Jung*, p.54

34 Jacobi, *Die Psychologie von C.G. Jung*, p.56

35 Jacobi, *Die Psychologie von C.G. Jung*, p.132

36 siehe hierzu vor allem den Aufsatz »Vom Werden der Persönlichkeit« in *Gesammelte Werke, Bd. XVII*, pp. 189ff.

37 Dane Rudhyar und Leyla Rael–Rudhyar, *Der Sonne/Mond–Zyklus: Ein Schlüssel zum Verständnis der Persönlichkeit*, (Wettswil: Edition Astrodata, 1989).

38 vgl. Dane Rudhyar, *Astrologie der Persönlichkeit*, p. 190ff., aber auch in seinem Buch *Occult Preparations for a New Age*, (Wheaton: Quest Books, 1975)

39 vgl. Marc Jones, *Guide to Horoscope Interpretation*, (C.S.A. Press: 1968)

40 Die sabischen Symbole, die ich in diesem Buch verwende, stammen entweder von Marc Jones Buch *Symbolical Astrology* oder von der Kurzversion, die ich in *Astrologie der Persönlichkeit*, p. 282 ff. veröffentlicht habe. Ebenso Dane Rudhyar, *Astrologischer Tierkreis und Bewußtsein: Eine Interpretation der 360 Tierkreisgrade*, (München: Hugendubel 1986).

41 Eine Auswahl der Schriften von Fritz Künkel: *Charakter, Einzelmensch und Gruppe*, (Leipzig: Hirzel, 1933); *Charakter, Leiden und Heilung*, (Leipzig: Hirzel, 1934); *Charakter, Liebe und Ehe*, (Stuttgart: Hirzel, 1973); *Charakter, Krisis und Weltanschauung* (Leipzig: Hirzel, 1935); *Grundzüge der praktischen Seelenheilkunde*, (Stuttgart: Hippokrates 1977 2.Aufl.); *Ringen um Reife* (Konstanz: Bahn 1955); *Die Schöpfung geht weiter*, (Konstanz: Bahn 1957).

42 Fritz Künkel, *Ringen um Reife: Eine Untersuchung über Psychologie, Religion und Selbsterziehung*, (Konstanz: Friedrich Bahn Verlag, 1955) p. 57f.

43 Künkel, *Ringen um Reife*, p. 36

44 Künkel,*Ringen um Reife*, p. 32

45 Künkel, *Ringen um Reife*, p. 158

46 Das in offiziellen Publikation angegebene Datum 20. Mai beruht auf einem Irrtum, welcher auf der Umrechnung in den Gregorianischen Kalender basierte. (Anm. d. Übers.: zu Morenos Geburtsdatum liegen sehr widersprüchliche Angaben vor. So gab Ledford J. Bischof in seinem Buch *Persönlichkeitstheorien* (Paderborn: Junfermann 1983) p. 279 zum Beispiel den 22. Mai 1892 an, die Redaktion korrierte dieses jedoch aufgrund einer von G. Bratescu aufgefundenen Geburtsurkunde auf 18. Mai 1889, Bukarest!)

47 Die Prinzipien der Soziometrie formulierte Moreno in seinem Buch *Die Grundlagen der Soziometrie,* (Opladen: Westdeutscher Verlag, 1954, 1974[3])

48 Zu seinen Hauptwerken zählen *The Act of Will,* (Baltimore: Penguin: 1974) und *Handbuch der Psychosynthesis: Angewandte transpersonale Psychologie,* (Freiburg, Aurum Verlag: 1978).

49 persönliche Korrespondenz mit dem Autor.

50 Assagioli, *Handbuch der Psychosynthesis,* p. 56

51 Assagioli, *Handbuch der Psychosynthesis,* p. 58

52 Assagioli, *Handbuch der Psychosynthesis,* p. 59

53 Assagioli, *Handbuch der Psychosynthesis,* p. 68f.

54 Künkel, *Ringen um Reife,* p. 56

55 Künkel, *Ringen um Reife,* p. 61

56 Künkel, *Ringen um Reife,* p. 67

57 Künkel, *Ringen um Reife,* p. 57f.

58 Assagioli, *Handbuch der Psychosynthesis,* p. 64

59 siehe hierzu Dane Rudhyar, *Von humanistischer zu transpersonaler Astrologie,* (München: Hugendubel, 1982[2]) und *The Sun is also a star,* (New York: Dutton, 1975)

60 C.G. Jung, *Gesammelte Werke. Bd. XVI,* p.162

61 siehe hierzu Fritz Künkel, *Charakter, Wachstum und Erziehung,* (Leipzig: Hirzel Verlag, 1931)

62 C.G. Jung, *Gesammelte Werke, Bd.XVII,* p. 194

63 vgl. Dane Rudhyar, *Occult Preparations for a New Age,* vor allem im dritten Teil mit der Überschrift »On Transpersonal Living«.

64 C.G. Jung, »Vom Werden der Persönlichkeit« in *Gesammelte Werke Bd. XVII,* p.192ff.

65 C.G. Jung, *Gesammelte Werke Bd. XVII,* p. 195–209

66 Fritz Künkel, *Ringen um Reife* p. 168f.

67 C.G. Jung, *Gesammelte Werke Bd. XVII,* p. 195

68 Künkel, *Ringen um Reife,* p. 165f.

69 Künkel, *Ringen um Reife,* p. 166

70 Künkel, *Ringen um Reife,* p.166f.

71 Künkel, *Ringen um Reife,* p. 167f.

72 Historisch gesprochen kann man sagen, daß das 20.Jh. einfach nur am 1. Januar 1901 begann; aber mit dem zahlenmäßigen Wechsel von 1800 zu 1900 wurde die neue Schwingung 19 im Massenbewußtsein der Menschheit in Wirkung gesetzt — und das ist es, was eigentlich zählt.

73 C.G. Jung, *Gesammelte Werke Bd. XVII,* p. 209f.

74 C.G. Jung, *Gesammelte Werke Bd. XVII,* p. 211

75 C.G. Jung, *Gesammelte Werke Bd. XVII,* p.210

76 Künkel, *Ringen um Reife,* p. 178

77 vgl. Dane Rudhyar, *Die astrologischen Zeichen*

78 Dane Rudhyar, *Die astrologischen Häuser*

79 Dane Rudhyar und Leyla Rael–Rudhyar: *Der Sonne/Mond–Zyklus*

Über den Autor

Dane Rudhyar (1895 – 1985) geboren und aufgewachsen in Frankreich. Er komponierte zahlreiche Werke für Orchester und Klavier und emigrierte während des Ersten Weltkrieges in die USA. Dort kam er zu der Theosophischen Gesellschaft und befasste sich intensiv mit östlicher Philosophie, Psychologie und Astrologie. Er verfasste 60 meist astrologische Bücher, von denen einige ins Deutsche übertragen wurden. Im Chiron Verlag sind von ihm bisher erschienen *Die Astrologie der Persönlichkeit* (5. Auflage 2001), *Die Planeten der Persönlichkeit* (2005), *Zeichen, Häuser und Planeten* (2. Auflage 2006) sowie *Astrologische Aspekte* (2007).

Standardwerke der Astrologie

DANE RUDHYAR

Die Astrologie der Persönlichkeit

Ein neues Verständnis astrologischer Konzepte in bezug auf zeitgenössische Philosophie und Psychologie.

442 Seiten, Broschur

ISBN 3-925100-63-6

Dane Rudhyar gilt als der Begründer der modernen psychologischen Astrologie. Astrologisches Denken steht immer in Zusammenhang mit unserem Bild der Welt, unserem Verständnis des Menschen und seiner Natur. In diesem Klassiker der modernen astrologischen Literatur gelingt es Dane Rudhyar, die uralte Weisheit der Astrologie und ihrer Symbole mit dem ganzheitlichen Denken der Neuzeit zu verbinden.

Rudhyar erklärt die Bedeutung der Häuser und Zeichen, indem er traditionelle und ganzheitliche Interpretationen gegenüberstellt. Er zeigt die Wechselbeziehung zwischen Astrologie und Kabbala auf, vermittelt ein klares Verständnis der Transite und Progressionen und erläutert ausführlich alle sabischen Symbole der 360 Tierkreisgrade.

Rudhyars »Astrologie der Persönlichkeit« ist mehr als nur ein Klassiker der Astrologie – für mich ist es einer der bedeutendsten Meilensteine in der Entwicklung einer astrologischen Philosophie ... Mit einer unübertroffenen Tiefe und spirituellen Klarheit versteht es Rudhyar, das Wesen der Astrologie vor dem Auge des Lesers zu entfalten.

Christopher Weidner in astronova Mai/ 2004

Standardwerke der Astrologie

DANE RUDHYAR

Die Planeten der Persönlichkeit

Struktur und Inhalt
der menschlichen Existenz
170 Seiten, Hardcover, 10 Abb.
ISBN 3-89997-123-X

Die Astrologie liefert Strukturen, mit denen wir eine Landkarte des Seelenlebens erstellen können. Die Inhalte dieser Strukturmuster sind psychologischer oder sozialer Natur. Es gibt vier Grundbedürfnisse, auf denen die vielfältigen Prozesse des organischen Lebens beruhen. Dane Rudhyar zeigt in diesem Buch auf sehr eindrückliche Weise, dass die menschlichen Grundfunktionen mit den Planetenpaaren Saturn und Mond, Jupiter und Merkur sowie Venus und Mars in Beziehung stehen. Betrachten Sie die Planeten als eine symbolische Entsprechung dieser Grundprinzipien, dann werden Sie sehr schnell erkennen, wo die Bedeutung, der Sinn und die Aufgabe des Individuums in unserem Universum liegt.

»Wer allerdings nach einfachen Deutungsrezepten für astrologische Konstellationen sucht, der wird in diesem Buch nicht fündig werden. Rudhyar beschreibt vielmehr die biologischen, sozialen, psychologischen und spirituellen Dimensionen, die sich z.B. hinter einer Planetenpaarung wie Mond-Saturn verbergen. Das Buch ist hervorragend ins Deutsche übersetzt und mit einem festen Einband bestens ausgestattet. Es ist allen zu empfehlen, die psychologischen Tiefgang schätzen.«

Meridian 5-2005

Standardwerke der Astrologie

DANE RUDHYAR

Zeichen, Häuser und Planeten

Zwölf kosmische Gaben – Zwölf kosmische Prüfungen – Zehn kosmische Chancen
Hardcover, 328 Seiten, 3 Abbildungen
ISBN 3-89997-134-5

Dane Rudhyar beschreibt die astrologischen Zeichen, Häuser und Planeten auf seine einmalige Art und stellt diese in einen transpersonalen Bezugsrahmen. Er befasst sich ganzheitlich mit den Tierkreiszeichen, die er als kosmische Gaben beschreibt. Die Häuser sind die kosmischen Prüfungen und über die zehn Planeten erhalten wir kosmische Chancen. Trotz seiner poetischen und manchmal sogar mystischen Stellen befasst sich das Buch mit den Themen, die für viele Menschen heute durchaus alltäglich sind. So vermittelt der Autor, dass wir uns aus dem Wissen der Astrologie als kosmische Wesen erfahren können. Er zeigt uns die Chancen auf, die sich jedem bieten, der nach spirituellem Wachstum strebt, indem er auf einer transzendenten Ebene Tierkreis, Häuser und Planeten neu interpretiert.

«Sie sind einzigartig in Ihrer Kraft, alle Hauptfaktoren der Astrologie zusammen zu führen und zugleich das ganze Spektrum modernen Denkens und neue Visionen in die Astrologie hineinzutragen.»

Anaïs Nin

Standardwerke der Astrologie

ALEXANDER RUPERTI

Kosmische Zyklen

Planetarische Muster des Wachstums
342 Seiten, Hardcover
ISBN 3-89997-126-4

Alle unsere Aktivitäten vollziehen sich innerhalb der Struktur von Zyklen. Ebenso ist das Geburtshoroskop der Ausgangspunkt eines individuellen Lebenszyklus. Ruperti verleiht der zyklischen Betrachtung des Horoskops eine neue Dimension. Zum einen beschreibt er den so genannten Altersfaktor mit den allgemein gültigen Zyklen und deren astrologische Entsprechungen. Jeder Mensch erlebt z.B. mit 24 Jahren das erste Uranus-Quadrat und mit ca. 29 Jahren die erste Wiederkehr des Saturn. Im zweiten Teil geht er intensiv auf die individuellen Zyklen ein, die sich aus dem jeweiligen Horoskop ergeben. Sonne/Mond-Zyklen oder Venus/Mars-Zyklen werden hier ebenso dargestellt wie die individuellen Umläufe der äußeren Planeten. Entscheidend ist hierbei, dass er auch im individuellen Horoskop jedes Geschehen immer zyklisch versteht. Da sich jeder Zyklus während bestimmter Entwicklungsphasen entfaltet, wird die Deutung der Möglichkeiten und Chancen vielschichtiger. Auf diese Weise wird es Ihnen ermöglicht, ein erfüllteres Leben auf allen Ebenen zu leben.

REINHARDT STIEHLE /
BERTRAM WALLRATH (HRSG.)

Eine literarische Astrologie

2000 Jahre Astrologie in der Dichtung der Welt
278 Seiten, gebunden mit Reliefprägung, 7 Abbildungen

ISBN 3-89997-116-7

Astrologisches Gedankengut blüht und gedeiht, wo man es zunächst kaum vermutet, nämlich in den Werken der Weltliteratur. Zu allen Zeiten fand astrologisches Denken seinen Niederschlag in Romanen, Erzählungen, Dramen oder Gedichten. Dies erschöpft sich aber nicht nur in der Beschreibung von Tierkreistypologien. Es ist geradezu erstaunlich, mit welch profunder Sachkenntnis mancher Schriftsteller bestimmte astrologische Themen darlegt. Und mindestens genauso überraschend ist festzustellen, in welchen Werken der Literatur sich ganz und gar unvermutete Hinweise auf das Horoskop finden lassen. Die Herausgeber haben in diesem Band Textstellen von über 300 Autoren aus 2000 Jahren mit astrologischen Bezügen zusammengestellt und damit eine unvergleichliche Anthologie geschaffen. Der astrologische interessiert Leser wird ebenso auf Neues stoßen wie der Freund der schönen Literatur und wahre Sternstunden der Astrologie erleben.

»Den beiden Herausgebern gebührt großes Lob dafür, mit dieser unvergleichlichen Anthologie der seriösen Astrologie einen nicht hoch genug zu schätzenden Dienst erwiesen zu haben..«

Meridian 1/2005

Standardwerke der Astrologie

LYNN BELL, DARBY COSTELLO, LIZ GREENE UND MELANIE REINHART

Mars im Horoskop

414 Seiten, gebunden, 32 Abbildungen

ISBN 3-89997-115-9

Mars, benannt nach dem antiken Kriegsgott, wird meistens mit Aggression und Gewalt in Verbindung gebracht. In der mittelalterlichen Astrologie galt er sogar als Unglücksbringer. Aber ohne die Energie und Antriebskraft des Mars wären wir passive Opfer, weil wir unfähig wären, uns zu verteidigen oder zu unseren Überzeugungen zu stehen. Ob wir Mars im individuellen Horoskop oder als eine dynamische Energie in der Gesellschaft ansehen, immer ist es wichtig, sich mit dieser archetypischen Kraft auf positive Weise in Beziehung zu setzen. Die vier Autorinnen zeigen Mars von seiner besten und seiner schlechtesten Seite und beleuchten alle Facetten dieses schillernden Planeten. Auf diese Weise erfahren Sie, wie wichtig es ist, dass Sie sich nicht vor seiner Kraft fürchten, und wie Sie mit den Marsqualitäten bewusst und kreativ umgehen können.

»In der Astrologie gibt es eine Tradition, die Mars gerne zum Übeltäter abstempelt. Bis heute gab es jedoch noch kein Buch, das sich ausschließlich mit Mars befasste und dabei seine hintergründige psychologische Dynamik so intensiv untersuchte.«

The Horoscope

Standardwerke der Astrologie

ERNST OTT

Astrologie mit Tarot

212 Seiten, Hardcover, 115 Abbildungen
ISBN 3-89997-122-1

In diesem Buch erfahren Sie, wie Sie mittels der Tarotkarten das eigene Horoskop besser verstehen können. Der Autor stellt alle Methoden und Legetechniken vor, die er im Verlauf von Beratungen entwickelt hat, bei denen er Astrologie mit Tarot kombiniert hat. Die Astrologie zeigt den übergeordneten Sinn- und Bedeutungszusammenhang. Der Tarot hingegen spiegelt als Augenblicksorakel den aktuellen inneren Zustand des Fragers. Zwar nimmt auch er uns nicht die konkrete Entscheidung für unser Tun ab, gibt jedoch durch das gezogene Bild eine sinnlich erfassbare Momentaufnahme des gegenwärtigen Entwicklungsstandes. Vereinfacht ausgedrückt: Die Sterne wissen nicht, wie Sie Ihre Potenziale zur Zeit konkret leben, Ihr Unbewusstes aber weiß es und führt Ihre Hand beim Kartenziehen.

Der Wert des Buches liegt aber vor allem darin, dass der Autor die Verschiedenheit der beiden System deutlich macht und nutzt. Denn gerade weil Astrologie und Tarot so unterschiedlich sind, ergänzen sie sich in der Beratung vorzüglich. Und genau da liegt der Schwerpunkt dieses Buchs. Ernst Ott schöpft aus grosser Erfahrung und zeigt, wie die astrologische Beratung durch Tarot farbiger, vielseitiger und ergiebiger wird. *Hajo Banzhaf in Astrologie Heute Nr. 116*

Standardwerke der Astrologie

HOWARD SASPORTAS

Uranus, Neptun und Pluto im Transit

Die Götter des Wandels
430 Seiten, Hardcover

ISBN 3-89997-120-5

Einschneidende Veränderungen und Krisen in unserem Leben werden meist durch Übergänge von Uranus, Neptun oder Pluto über wichtige Punkte im Horoskop angezeigt: Sie sind Wendepunkte in unserem Leben und bewirken Wandlungen. Howard Sasportas verbindet bei der Darstellung der transsaturnischen Transite tiefenpsychologische Kenntnisse mit der langjährigen Erfahrung seiner astrologischen Praxis. Er beschränkt sich nicht darauf, mögliche Wirkungen zu veranschaulichen, sondern er beschreibt, wie wir möglichst konstruktiv mit diesen Lebenskrisen umgehen, wie wir sie als Chancen für Wachstum und Persönlichkeitsentwicklung nutzen können.

Dieses Buch ist für mich eines der wertvollsten Astrologiebücher in meinem Regal. Es ist nützlich und zugleich inspirierend. Es bietet dem Leser keine grässlichen Vorhersagen. Stattdessen erhalten sie großartige Anregungen, wie Sie sich auf dieses manchmal schrecklichen Transite der äußeren Planeten besser vorbereiten können und diese in den Griff bekommen. *www.cafeastrology.com*

Standardwerke der Astrologie

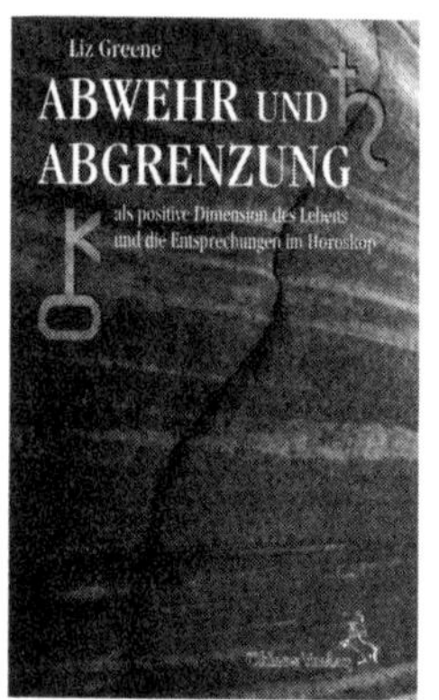

LIZ GREENE

Abwehr und Abgrenzung

als positive Seite des Lebens und die Entsprechungen im Horoskop
3. Auflage, Broschur, 314 Seiten, 5 Abb.

ISBN 3-925100-33-4

Wir verwenden den Begriff »Abwehr« oft recht sorglos. Schreiben wir jemand eine Abwehrhaltung zu, so bedeutet dies in Wirklichkeit meist, daß er unsere Sichtweise nicht teilt. Aber Abgrenzung ist nicht von vorne herein negativ, denn ohne diese könnten wir nicht existieren. Die Autorin geht aus von der klassischen Beschreibung der Abwehrmechanismen und stellt diese in Beziehung zu den Elementen. Ebenso werden die typischen Abwehrhaltungen, die in den Tierkreiszeichen und den Planeten zum Ausdruck kommen untersucht. Im zweiten Teil geht Liz Greene besonders auf die Erfahrungen mit Saturn und Chiron ein. Die Abgrenzungen durch Saturn werden eingehend diskutiert. Dabei wird vor allem die konstruktive Aufgabe Saturns in den Vordergrund gestellt. Chiron und seine Bedeutung für menschliche Verhaltensmuster werden untersucht, wobei hier vor allem die schwierige Frage der kollektiven Wunde zur Sprache kommt.
Liz Greene zeigt dem Leser die positive Seite der Abwehrhaltungen auf und wie er diese positiv in sein Leben integrieren kann. Sie zeigt Wege, wie wir dem Teil in uns kreativ begegnen können, der ursprünglich unser größter Mangel war.

Standardwerke der Astrologie

MELANIE REINHART

Die Hauptachsen im Horoskop

Verankerung der Existenz
150 Seiten, 5 Abbildungen, Broschur

ISBN 3-925100-67-9

Die Hauptachsen teilen das Horoskop in vier gleiche Teile. Aszendent, MC, Deszendent und IC befinden sich an deren Spitze. An den Hauptachsen und den davon abgeleiteten Häusern erkennen Sie, wo Ihr existentielles Potential liegt. Sie zeigen Ihnen, wie Sie in der Welt verankert sind und verdeutlichen Ihnen die Grundmuster, aus denen Ihre Lebensgeschichte besteht. Die Hauptachsen konfrontieren Sie mit den eigentlichen Fragen der Existenz: Wer bin ich? Wer bist Du? Woher komme ich? Wohin gehe ich?

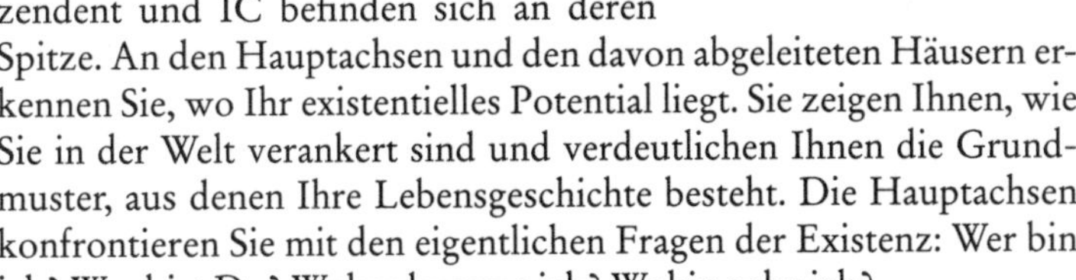

Die Autorin nimmt den Leser mit auf eine Reise um die Eckpunkte des Tierkreises. Sie beschreibt die Bedeutung der zugehörigen Elemente und Qualitäten. Besonders wichtig sind dabei die Transite der äußeren Planeten, da diese mit dem Anfang oder Ende ganzer Lebensabschnitte korrespondieren.

»Noch mehr sind es die Deutungsbilder der Autorin, die man in dieser Gehaltfülle so noch nicht gelesen hat. Melanie Reinhart nimmt den Leser mit auf eine Reise um die Eckpunkte des Tierkreises, auf der sie die Bedeutung der zugehörigen Elemente und Qualitäten einfühlsam und nachvollziehbar beschreibt. Kurzum: Der Autorin gelingt es, die Hauptachsen persönlich erfahrbar werden zu lassen – und zwar durch die Konfrontation mit den eigentlichen Fragen des Seins.«

MerCur – Trends aus Astrologie, Psychologie und Gesundheit

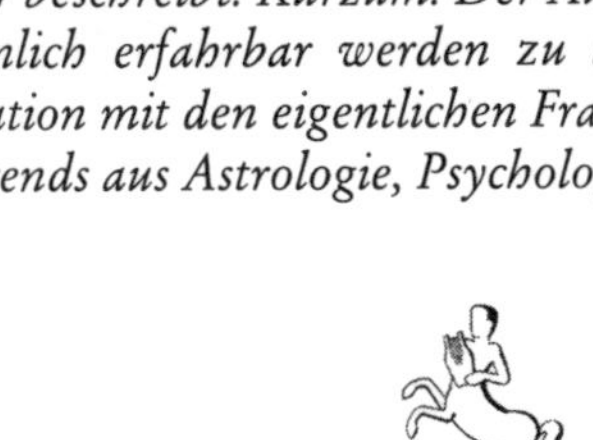

CHIRON VERLAG

Standardwerke der Astrologie

INGRID ZINNEL

Familienkonstellationen im Horoskop

Verstrickungen und Lösungen aus astrologischer Sicht
264 Seiten, kartoniert, 10 Abbildungen

ISBN 3-925100-938

Das Buch von Ingrid Zinnel bietet eine Zusammenführung der Astrologie mit der Arbeit des Familienstellens nach Bert Hellinger. Auf einfühlsame Weise ermöglichst sie den Lesern, systemische Strukturen im Horoskop zu erkennen und Familienkonstellationen zu erforschen. Dabei ist es ihr wichtig, nicht nur Verstrickungen aus dem Horoskop herauszulesen, sondern auch gleichzeitig Lösungswege aufzuzeigen. In einem einleitenden Kapitel werden zunächst die Grundsätze der systemischen Familientherapie erläutert. Anschließend wird das Horoskop als Familienbild aufgeschlüsselt. Dabei stellt die Autorin die Planeten als Symbole ins Zentrum einer Analogiekette. So lassen sich beispielsweise Verstrickungen anhand der Pluto-Stellung erkennen. Neptun verweist auf Familiengeheimnisse und Bindungen aus dem Jenseits, Uranus auf die Ausgegrenzten innerhalb der eigenen Sippe. Der Autorin ist es aber auch wichtig, nicht nur Verstrickungen herauszulesen. Vielmehr zeigt sie dem Leser immer auch Lösungswege und gibt Anweisungen für Lösungs-Rituale.

Ein wertvolles Buch für alle Leser, die den Schatz der Familiengeschichte und ihrer Herkunft mit Hilfe der Astrologie ausgraben, verstehen und bearbeiten möchten. — *Meridian*